Group Dynamic of Small and Large Group

Theory, Structure and Work Method

大小团体动力学

理论、结构与工作方法

夏林清　著

北京师范大学出版集团
BEIJING NORMAL UNIVERSITY PUBLISHING GROUP
北京师范大学出版社

序
大珠小珠落玉盘：社会生活中的群己关系

　　这本书是由两本旧作重新组合而成的。这两本旧作分别为《团体治疗与敏感度训练：历史、概念与方法》（*Modles of Group Therapy and Sensitivity Training：History，Concept and Method*）（1987）和《大团体动力：理念、结构与现象》（2002）。这两本书均是我在台湾辅仁大学心理系任教时，作为教学任务而完成的。我的教学生涯，前39年在台湾辅仁大学。2018年金秋季节，我从台湾辅仁大学退休，应北京师范大学之邀，以资深客座教授身份进入教育学部，成为北京师范大学的一分子，老骥伏枥，再行一程。台湾辅仁大学的前身——北京辅仁大学，于1950年并入北京师范大学。1949年后，台湾的心理学、教育学与社会工作的专业人才培养均受美国影响很大。我1953年出生于台湾，长大后数度赴美学习，因此，20世纪70年代中期开始就学习并逐步熟悉了欧美心理学团体理论与方法。然而20世纪七八十年代工业化的台湾社会的生活场景与欧美相去甚远。对"学"与"用"之间的落差的反省，是我40年来的行路指南。以我的观察，大陆在2000年之后也开始了这一种反思的道路。唯"团体"这一实践取向的知识与方法，十多年来被过度实用化地当成模板或操作工具，从而容易落入"利未得弊已先尝"的后果。所以，在《大小团体动力学：理论、结构与工作方法》这本书中，我一方面想描述清楚欧美若干团体方法的理脉，另一方面也呈现我的经验，作为读者的参考。

　　台湾的团体工作一直是以小团体为主，坊间各种相关的团体咨询及治疗的专业书籍，也清一色都是小团体为主的理论及方法。当我在40年前开始进入心理咨询这一专业时，开始学习的也是小团体的方法。那个时期的我，十分努力地学习如何观察、记录及带领小团体，也深深地为小团体方法所蕴含的改变力量及民主的过程所吸引。小团体方法成为我专业生涯的一个重要奠基石。1974—1980年，我由一名青少年辅导工作者到去美国念完硕士和博士，又在辅仁大学从事了8年的大学辅导中心的工作，因而逐步地积累着小团体工作的经验。在20世纪80年代前期，在大学教书及四处从事教育及训练的工作，使我对"咨询员"及"教师"的角色产生了重要的反省及抉择。

一、小团体方法与"心理热"市场的工具性

"咨询员"的角色使我逐渐被别人视为一个"咨询专家"，但是通过"教师"（称"教育工作者"更合适，因为我同时从事不少社会教育的工作）的角色参与到社会不同群体中去上课的经验，促使我反省小团体咨询方法的局限性，更迫使我面对人们日常生活中各种形式的团体（如班会、周会等各种让人觉得十分无效率的会议）。大约在1982年，我决心面对自己专业生涯中一个重要的内在的认同选择——我选择做一名"教育工作者"而不做"心理治疗与咨询师"。也就是说，我不选择成为一个"咨询或治疗专家"在商业环境中谋生，我选择认同"教育者"（大学及社会教育）的专业身份。这个抉择的意义在于，我选择一组传统的社会角色关系（师生），以此来作为我的专业知识及方法着床的脉络；而这一决定开始让我面对既存教育系统及社会环境中原本存在和运作着的团体，也就是从那时，我开始注意大团体知识。这个抉择其实指向了我对"变与不变之间关系"的观点立场，那就是改变人们"维持不变"的行动逻辑与对质群体与组织固着或潜存的巩固"不变"的机制，这是一个根本的道理。

对于希望自己能切实掌握团体方法的专业工作者而言，多年从事与推动团体工作的经验，更令我确信下面三个课题是极为重要的：

（1）不被心理咨询与治疗小团体既定的操作形式局限了对团体场域中人类现象的理解与探究；

（2）避免成为操弄团体活动的"专业技工"；

（3）有意识地走入团体经验发生及运作的生活场域，敏感地观察与体会。

在大陆，团体工作在过去10年当中已逐渐被社会工作、咨询辅导、教育工作以及部分人力资源管理工作所广泛"学习着"。熟悉这一范围的工作者会发现会心团体（成长团体）、心理剧团体以及心理动力（分析）团体是最常见的三种模式。最近，塔维斯托克团体亦开始传入大陆。我将"学习着"用引号引起来，一是大陆的商业课程市场的规模之大，是台湾无法比拟的，内地的商业课程市场的规模之大也是香港无法比拟的；二是改革开放迄今40年巨大的社会改变的速度与幅度，使得"心理咨询与治疗"不由分说地被追求与夸大，甚至错置地被援用，以至欧美各路人马纷纷竞逐于商业化的培训市场中。这些强劲的动能吸引了众多人才的投入，并促进了心理治疗与服务市场的发展。放眼全世界来看，大概也找不到如此火的"心理热"市场。

这个现象反映了实务工作者所需面对的工作挑战会是：市场导向所导致的强烈的工具性，工作者快速但缺乏思考地拿来自己曾参加过或看过的团体工作模式，并使用它当作了自己的工作计划。这样一来，小团体经验的某一特定模式不仅未成为工作方法，反而让工作者画地自限，甚至错置地发生了滥用的后果。

二、塔维斯托克大团体的台湾践行路径

自1987年迄今，除了中间停顿了四五年，我每两年便在台湾辅仁大学大学部开设让学生体验大小团体过程的"大团体动力实验室"课程；除了台湾辅仁大学心理系外，我也在台湾芦荻社区大学数次开展过这一课程；2010年我也在"快乐学堂人民连线"设置这一课程。这门课陪我走过30余载与台湾大学生相遇、相熟的心境及历程，伴随着我于过去30多年在台湾社会内部的参与和体悟。欧美近代心理学所发展出来的大小团体方法，被我落回置放到"社会生活"与"群己关系"的概念中。这就是说，我在不同操作形式的团体方法中遇见参与到不同社会活动中的人们，与他们所存在的社会条件和身心形构的样态相遇，容不得我只是漂浮于工具性地抓着所谓"团体方法"。在大学校园之外的工作场景中，在团体与社群经验的现象场中，工作者被挑战与要求的是：如何"随顺众生"地，在研究现场中研发出下一过程的社会活动与方法进路；在大学里，则是在课程结构的限制中，在与学生一起体认"大学生日常生活"的某些折射影像时，引导他们认识团体方法的要义。本书除了介绍塔维斯托克大团体外，亦特别对法国的大团体论述进行探讨。法国不只是心理分析的起源处，亦是多次革命的重镇，对群众运动的体悟与理解绝对长于美国。① 有关我自己以大学生与研究生为教育对象而进行长达 30 余年的课堂实践经验，将在第十一章进行总结。

我特别用序言部分说明我在台湾辅仁大学的课程起源，是希望自己能成为大学教授团体课程的教师的参考点。课程的知识与方法是在教学践行中发展出来的，宁可面对自己不知道如何上好一门课，也不应任意挪用团体活动的模块而填塞了课堂空间！

三、社会田野中的群际动态关系与活动介入

一个人是不能独立弄一个方案或活动的，我总是和一小群朋友一起，与另一群生活在不同社会处境中、承受着某种痛苦辛酸的人们互动影响。这种方法，专业上可归纳为"团体方法"。但说它是一种团体方法时，就会将自己和对方是怎样不同的社会群体去脉络化而不见踪影，自己被对方生命经验冲撞的影响也易被抽离忽略。自 1986 年，从我推进中小学教师群体的专业成长开始，便一路展开了与不同社群的协作。到 1999 年，我在台湾创立行动研究学会；同年，创立了芦荻社区大学。团体动力与创发性的

---

① 有兴趣的读者可参阅 ［法］古斯塔夫·勒庞：《群氓心理学》，陈璞君译，北京，北京师范大学出版社，2018 年。

运作形式，就在不同的社会田野中被工作者小团队实验与演变前进了。

四、社会改变取径的团体动力

广义地说，任何一种心理、教育或社会工作团体方法的目的，都朝向个人与群体在其生活处境中自立互助（包括相互依靠支持）的能力增长，那么"叙说表达、经验对照、脉络化理解、认识转化与行动实验的学习历程"就是团体方法的精要之处。这也是对库尔特·勒温（Kurt Lewin）研发的"训练团体"（training group）、"生命空间"（life space）、"动力场域"（dynamic field）、"社会改变"（social change）与"行动研究"（action research）概念的体悟。更准确地说，自1975年，我在吴就君老师所带领的训练团体中初识团体动力开始，40多年来，团体动力的方法被我去芜存菁地、依不同社会田野群际动力的发展现状，以不同形式的团体运作方式整合在群体发展与社会改变的工作过程中。库尔特·勒温于美国英年早逝，他对于社会改变的知识路径，并没有在其美国弟子的工作中有明确的彰显。20世纪50年代至70年代，与世界风起云涌的社会变革风潮脱落隔离的台湾长成的我，反而在对抗台湾政治压制之抵制性自主的追寻历程中，靠着"社会变革"发展着心理教育的方法。

这一种社会改变路径的做法，使"团体方法"转化成了系列社会活动：一组或多组参与者经验学习的活动形式，它可以名之为"人际敏感度学习""工作坊"，也可以是"论坛"与"展演"。简而言之，去其固定形式，以如何有利于特定对象的学习，由某一社会群体的问题处境、生活困境与身心困顿的转变为考虑点来设计介入方法，开展一场共同学习的实验，就是"团体方法"。我会以"群际动态关系与活动介入"的观点，介绍几个团体方法实验方案的示例。方案践行过程中，工作者与参与者的转化，会激发团体的成立或接续的社会实验方案。我视1983年以前的实践经验，为自己实践方法粗胚形成的阶段（夏林清，2004a）。

在团体中"认识"不同的人，特别是不同人的社会存在的位置，和这些位置间所存在的社会关系构形（configuration）的表现样态与运作机制，同时返身自省地觉察与运用自己作为改变的促动者，是社会改变取向团体方法的基本功夫。当工作者将实践定向于社会改变取径，我所说的"社会改变取径"是指在看待与理解个人与群体现象时，要关注含个体之内、人我之间、团体作为一个整体（group as a whole）与群际之间的经验，这四层经验是相互流动影响着的。工作者依凭这一种不切割的眼光，才能适切地协助团体。工作者的实践不要只依靠或操作某种他所习得与精熟的团体模式，团体中隐然涌动的群际关系才可能得以如实、适时地被参与成员辨认、揭露与对话，这也就是社会学习与共同体（社群）开展的探究历程了。依对团体方法的如上界定，在不同时间点上，我曾具体设计与使用团体方法到教师社群、工人社群、离婚女性群体、残疾人群体与其他成人学习者社群。

库尔特·勒温在1941年提出了场论（field theory），践行其场论的方法则是他在美国发展出来的训练团体。勒温"训练团体"方法的核心，即在于对"团体过程的动态变化"与"此时此刻"（here and now）互动建构的觉察、反映与适时恰当地介入。勒温场论的创发来自他在第一次世界大战中的参战经验。同样，英国团体知识与方法的领航者比昂（W. R. Bion）与福克斯（S. H. Foulkes），亦筑基于第一次世界大战后的社会复原的动能要求中。英国因其社会权威关系模式稳固，同时与欧陆心理分析理论与方法的关系亦比美国直接，所以比昂与福克斯所发展成形的小团体与大团体方法，融合了心理分析、客体关系、系统理论。与勒温的方法相同的是，二者皆以无结构的团体过程取向为其操作方法，但无论是比昂还是福克斯都试图反映并解构权威关系模式中固着的情感结构，这种结构是指团体成员情感与行为模式中和权威角色之关系模式的紧密相连，正是社会关系中存在的这种联系维持了动态平衡（dynamic balance）却实则不变的人际行为世界结构。当然，若往欧陆看去，法国与德国亦皆于20世纪60年代末到70年代，分别由集体潜意识与意识形态的分析，对团体方法发生了重要的"破"英、美心理治疗团体方法模式化操作形式的贡献。接上这一"破"处，人们日常生活与社会运动的田野中，便处处见得到团体动力的展现了!

我对欧美大小团体方法的理解与使用,便是由这一"破"处转折生根的。简而言之,我在1974年开始接触小团体方法后,便一路按图索骥,对于操练这一种教育介入方法,对一个社会内部不同社群成员如何由其自己社群参与经验中细化深刻其学习的立基式作用未曾松手。对一个社会内部不同社群成员如何细化和深化自己的社群参与经验而来的学习,对这样一种立基式的作用,未曾松手。在我的实践中,它是我的视框(frame of seeing),同时亦是介入的方法(method of intervention)。只是对我而言,"团体方法"的操作已不是一种咨询与治疗情境中的运作形式,它已转化成不同的运作形式,是开展认识历程的重要取径。换言之,只要有人群在、有对话发生,转化团体既有结构变与不变的参与机会即存在了。

五、社会田野中的团体工作实验者

我使用"社会结构性生活环境""体制化存在处境"与"群际社会关系脉络的构形"的概念来架构起任何一位团体工作者的行动实验。

对一名实践者而言,社会田野不是人类学家参与观察、建立扎根理论的田野,也不是批判教育民族志学者参与观察的现场与反馈讨论的关系;它是实践者在投身涉入与他者发展关系的过程中,得当机立断将其当时的理解转化成可介入的行动与活动,因而对他来说,名之为"田野"的社会场域中的复杂与流动的现象信息,是要被他由一个行动探究的关注点来组织整理的,即形成自己对个体、群体及制度的理解。这一理解没有必要要求实践者做出论述式的复杂化的学术表达,而是要能被实践者转化成自己往前探究的实践行动,但也不能是去脉络化的简化认定。这一个知识辨识与转化为行动的关注点,便是实践者能自己拮抗主流意识形态与学院知识权利的立足点。站上这一个立足点,磨炼自己对当事人社会结构性生活环境、体制化存在处境与群际社会关系脉络构形的辨识理解,并同时思考如何转化成自己的实践行动,这就是在地实践的专业能耐。这一组概念呼应着社会处境、体制化社会机制等社会学概念。语词差别说明，对实践者而言，这三个概念是要被用来理解个人与群体存在与生存的样态，而实践者的理解是和他可以如何生产介入行动，以助于自己与他人协作地朝向"自立自强与参与改变"的方向发展。正是这一实践旨趣的价值立场，使得这三个概念之间的关联方式和多数社会学概念的作用不同。

期望本书中介绍的欧美大小团体方法能带给人文社会科学领域中的专业工作者多一些理脉的认识，我的经验得以成为读者的一个参考点。全书分成三个部分。第一部分导论由两篇我自己的文章组成。我将自己的两篇文章放在第一部分导论中，是想让阅读者能共振地回观自己的实践与各种团体工作的实务经验。第二部分由五章组成，概略介绍了以美国为主的大小团体方法。

本书有关小团体理论与方法的内容，仰赖约翰·谢弗（John Shaffer）与戴维·加林斯基（David Galinsky）于1987年所著的《团体治疗与敏感度训练：历史、概念与方法》一书。因原台湾翻译版本业已绝版，且无法再寻找到原书出版公司与原作者，拖延近10年后，我决定选择其中部分内容详加介绍，以补足当前团体治疗书籍对小团体方法发展理脉之基本认识。第三部分则为我于2002年出版之《大团体动力：理念、结构与现象》一书的统简修改版。将欧美大小团体方法合于一书，是因为构成我们社会生活内涵的团体运作形式是大大小小无所不在且又相互关联、彼此作用着的！最后，要感谢李青。2018年初秋，她特意从山东到北京，帮助我完成本书编选重组与增补删改的工作，同时第七章"社会工作团体"，亦由她润饰修改完成。

目　录

第一部分　导　论

第二部分　小团体方法：欧陆影响下的美国团体方法

第三部分　大团体方法：社会学观点与英法心理分析团体理论的交会

第一部分

导　论

第一章　社会系统母子盒与团体动力的系统层次

动员月会场景之一

林校长："各位老师，大家好！这个月的动员月会我们将要讨论如何使我们的学生更有礼貌……我最近发现小朋友缺少应有的礼貌，仪容也不大整齐……我想在校内发起礼貌运动，每班选一名礼仪代表……并且让他们戴上彩带，表扬他们……"

（会场一片沉静）

一股迟滞而又熟悉的气息马上淹没了孙老师。动员月会是孙老师最不想被动员的时刻。"暂时停止思想"是孙老师多次开会中修炼成的安身之法。在一片沉静中，孙老师迅速地进入老僧入定的状态。

张主任在大家沉默了二三分钟后说道："校长，那我们要用什么标准来判断哪个学生最适合当选礼仪楷模？是制服最整洁，还是跟师长打招呼时声音最洪亮？各位老师不妨表达一下意见。"

沈老师厌恶地看了一眼张主任，头撇向一边望着窗外，心想："又是这个应声虫、马屁精，每次都想把我们搞得累死！选个楷模有什么用！……反正你规定你的，我班上的学生你别想管！到时我再随便选个学生报上去，我才不浪费这种力气。"

沈老师想起上学期结束时，孙老师鼓励自己去参加主任选拔时的情景，最后还是决定当班主任好。因为，当班主任自己经营一个小王国，带学生带得顺的时候真像当皇帝一样舒服！这些主任一会儿一个活动，一会儿又有什么个案报告，真是侵扰了自己围墙内的小王国。

萧棉扬的成功之道

　　小学三年级的萧棉扬："王老师，李达宏偷拿王美丽的橡皮擦！"

　　高二的萧棉扬："报告班主任，我们班打扫完毕，请您来检查。"

　　大学的萧棉扬："何教授最喜欢学生有空去找他讨论书中的看法，这学期我选了两科他的课，我应该多运用这个机会。"

　　成为上班族一员的萧棉扬升迁顺利的诀窍便是接近老板，了解他的喜恶标准，然后投其所好。当萧棉扬逐渐成为老板心腹的同时，他和同事间的关系也微妙地变化着。李根进开始找寻各种机会和萧棉扬做朋友，萧棉扬不免因同事们设法接近和奉承自己而陶醉不已！但陶醉之余，他隐约感到来自办公室另一端张不为的嘲讽和不屑。"这种人就是酸葡萄心理！"萧棉扬心想。

　　表面上看来，孙老师和沈老师并没有呼应林校长的建议，但事实上，孙老师的"暂时停止思想"以及沈老师的"围墙内的小王国"却都是对林校长及张主任的一种回应。无疑，老师们的沉默及低参与度所造成的迟缓与凝滞的会议气氛，也一定影响了林校长对老师们的看法；成年后的萧棉扬在人群关系中所表现的模式，和他八岁时在学校的人际关系极为类似。孙老师及沈老师两人与张主任及校长之间的相处之道和萧棉扬对待同事、老板间的方式，都可以视为"社会角色关系的某一特定模式"。"我眼中有你，你眼中有我"不是只存在于你侬我侬的关系中。事实上，它指出了人际形式（2人、3人或团体）所共享的特点——人与人相互影响的本质。只要你参与了这个社会，就无法逃避自己影响了别人，也受到他人影响的这个事实（不论你是多么孤独或脱俗）。人在"不沟通"时仍旧在沟通的这个道理和"沉默也是一种语言"一样，都在说明相同的本质。

　　在日常生活的各种团体中，最常见的现象便是人与人在相互对待之间产生了许多固定的模式。比如，小圈子、派系的形成，这都涉及人们如何执着于自己对他人的看法及做法，但通常我们不易察觉到自己的假设及做法是如何建构的一个"我以为我看到"的"现实"(reality)。人们在小团体发言时所承受的不安全感与冒险感，远比在大团体中要轻得多。我们日常生活中的大团体经验到底是怎样的一个历程，为什么个人在大团体中不容易轻松地表现自己？大团体经验的重要性在哪里？在探讨大团体动力之前，需要先简单地对大团体有个界定。以社会系统观点来分，可划分为下列两大类(Kreeger, 1975)。

(1)初级结构(成员可进行面对面的沟通)

①3～20个人的小团体。

②20人以上的团体，但成员可以直接地听到和看到彼此。

(2)次级结构

①多重团体结构，如各种复杂的组织。在这种团体中，成员的联系非常薄弱，成员依靠组织团体所形成的较小团体而建立彼此的关联。比如，一家大公司中可能有一个因"互助会"而形成的小团体，或其他性质的社团。

②较大的社区，如乡、村所形成的社区。

③社会、国家等更大的社会系统。

在我们的日常生活中，典型的初级结构团体便是班级团体、会议与周会等集会团体。回想一下，当你4岁左右走出了最熟悉的家庭及左邻右舍的小玩伴圈子后，是否就跨进了"集体"的团体生活中？由幼儿园、小学、初中、高中到大学，一路在人群中前行。进入了成年生活的你，或许在生命追寻的历练中，长成了独特而完全的一个"我"，但在大团体中、会议中又是一个怎样的"我"呢？圆的？方的？钝的？这一部分的你，又是如何主导了自己的学习、团体的发展及事物的进步呢？

如果行为可以比喻为一套制服的话，我们每个人也都有多套在大团体中换穿的制服，如会议中的沉默，课堂中的冥想遨游等。会议中的沉默，是建立在一种共享的大家所赋予的对该情境的定性上的。在大团体中经常容易出现的集体沉默或状似冷漠的现象，似乎是必然存在的一个现象。但这并不是说个人应对这些行为负有责任，因为它们仍是个体在群体中所拥有的行为。相同的沉默行为对于不同的人，在意义上也许大不相同，但它们却可能共享对某一特定外界情境或人物的假设与认定。在集体的行为现象中，我们也可以探究大团体、集会等社会系统的维持与改变，是如何与个人的知觉及行动相互影响的。落实到个体的知觉与行为基础上来探讨大团体的动力是十分必要的，因为在面对大团体的复杂人类现象时，我们容易逃避到概化及简化的想法当中。在谈论大团体的经验时，成员常以"团体"作为一个单一的对象，用"团体"一词便涵盖了细致繁多的个人与人际现象。这个情形是因为在大团体当中，个人和他人的接触常是未完成式，因不完整的或是被中断的互动而来的挫折感使得个人容易借着"团体"这一个含混、简化的对象来避开强烈的挫折感。所以，大团体动力的探讨不能只在团体现象的辨识与归类上，而应该探究大团体情境中个人的心理基础、行为表现，以及当相似或相异的许多个人行为的集合，形成了某些种特定的关系模式时，这些特定的关系模式又如何回过头来巩固了个人既存的认识方式。

一、团体动力与成员参与行动中的认识历程

团体动力学是一门实践的理论，亦是一种思考的方式。团体动力是融和了开放系统（open system）、脉络主义（contextualism），以及辩证改变（dialectical change）的思想所形成的一种思考模式。它主要指涉的人类经验范畴是：团体情境中的个体现象、团体现象与人类生存发展及变革经验之间的关系。

作为一门实践的理论（a theory for practice），团体动力学的目的在于增加体制内教育者、辅导者与社会工作者，以及体制外社会组织等实务工作者的团体运作能力，从而促进个体成长和社会进展。因此，团体动力学与各种团体运作的不同操作模式是相辅相成的实践理论与方法。团体动力学的理论需要通过团体运作的实际资料来验证、充实；团体动力学的知识则帮助实务工作者理解团体现象的概念架构。团体动力学是人们生活中原本就存在的丰富现象，并非只能在实验性质的团体或情境中才能被观察、发现以及研究。生活中本就有丰富的团体经验足以让我们对这样一门学问加以探究。试图探究团体动力学的人，对下面三个基础观念的理解是很重要的：

(1)任何团体一定包含一个"人际互动的行动世界"。

(2)任何一个"人际互动的行动世界"都是建基在互动双方或多方如何认识外界现象与信息的历程上。

(3)任何一个团体都是嵌属于某一特定的社会脉络中。

有关认识历程的观念可以协助我们诠释社会心理学家库尔特·勒温所说的"生命空间"概念。简而言之，生命空间即指个人和他在心理上所知觉的环境(psychological perceived environment)互动而形成的一个系统；这一系统的维持及运作依靠个体的行动，而行动也是让我们得以探究个体生命空间与认识历程的一个指标。

团体绝对不可能孤立于社会脉络之外而运作，因此对团体动力的探索也不能只视为抽离出外在环境的人际互动历程而已。暂且不论每个成员对团体情境中所发生的任何现象有多大的歧异性，团体就是其成员所共享的生命空间。个体的生存、适应与发展都与这个共享空间(共同建构的生命空间)有着密切的关系。团体动力学是一门探讨以下基本问题的学问：

(1)个体在团体中的感觉、认识及行动。

(2)当每个个体(成员)之间产生相互的关联时，团体这一个体的集合体是如何运动的。

(3)团体作为一个整体，它和外界的环境发生着怎样的一种联系及作用。

（一）行动中的认识历程

借前面动员月会的场景来说，孙老师和沈老师并没有呼应林校长的建议，但事实上，孙老师的"暂时停止思想"以及沈老师的"围墙内的小王国"却也都是对林校长及张主任的一种回应，老师们的沉默及低参与度所造成的迟缓与凝滞的会议气氛，也一定影响了林校长对老师们的看法。一个人，要逃避属于自己的责任是十分容易的，但要看清自己存在的方式并对它们负责任，反而是十分困难的（特别是在 20 人以上的大团体中）。在大团体中，团体的中心既像一摊泥泞，又像一盆烫水，谁也不愿轻易踏进去捡起属于自己的那一份。

在我所带领的一次为期 5 天的团体（25 人）动力研习会的第 2 天，团体成员审视自己在团体中的沉默行为到底反映了什么时，陈述了他们对团体初期暧昧不明状态的感觉及反应方式。（见表 1-1）

表 1-1　对团体沉默现象的知觉

大团体现象	成员当时心中的感觉	行动反应策略
沉默	・不安、怕出丑 ・孤单 ・担心不被接纳 ・焦虑 ・不安全 ・害怕 ・生气 ・无奈	・按兵不动、等待 ・挣扎、度量人我的距离，在团体中保留自己的挣扎（不露出它们） ・对由过去经验中学习到的团体规范，予以妥协 ・试探

由表 1-1 的陈述，我们大约可以看到团体成员如何感觉大团体中所出现的沉默现象，以及这一共构的沉默反映了一个怎样的认识历程；所有成员独自运作的认识历程共同参与了构建大团体初期的暧昧不明状态。不论内心是挣扎的、观望等待的，还是妥协的，每个成员都共同分担了他们对团体的影响力，亦即建构团体当下现状的责任平均分担在每个人身上的事实。更清晰地说，"团体"只是提供给个人一个当下的脉络（context），针对当下在团体中发生的现象，每个个体各自进行着认识的历程，而团体现实的建

构，是在每个人同时进行的认识活动中形成的。那么，为了探究团体这种个人的集合体，我们有必要先对在他我之间发生的认识历程做进一步的了解。

"团体"这个字眼时常是十分含糊的用语，不同的人在说"团体"如何如何时，所指的团体可能代表不同的内容。不过，不论团体的发展有多大的差异，任一团体都是建基在一个人际互动的行为世界之中，所以，对人际互动本质与历程的理解，是探讨团体动力的基础。在这里，我把人际互动的世界视为一个由参与互动的双方或多方所共同建构的世界。这个世界是在团体成员相互对待与回应的行动中形成的，而不论成员们相互对待的内容如何，这些相互对待的行为本身，均共享了相同的结构，这一"人我对待"的基本结构可以被描述成表1-2的历程。

表1-2 人我对待历程的基本结构

当事人观察到的 外在现象	→	行动策略	→	当事人对自己、 他人及情境的 基本假设	→	行动后果： 对自己、他人及 情境的影响

再以孙老师和张主任为例：

孙老师之所以能那么迅速而熟练地进入隔离的状态，是因为他在一进入会场的瞬间便自动地对情境、对他人和对自己立下了清楚的设定。相对地，张主任也对当下的情境有他的假设。（见表1-3）

表1-3 孙老师与张主任对当时情境的假设

	瞬间成立的基本假设	行动策略
当孙老师进会场，听到林校长熟悉的语气及方式时	孙老师 对当下的情境： ·这里的权力结构是无法改变的：校长＞主任＞老师 ·行政位置的高低决定了权力的大小，决定了意见被接受的程度 对张主任：他的权力大于我，他的意见比我的意见会被接受 对校长：他只听取与意见相同者的看法	暂时停止思想

	瞬间成立的基本假设	行动策略
当孙老师进会场,听到了林校长熟悉的语气及方式时	对其他老师:没有人会表达他真正的、不同意校长的看法	暂时停止思想
当团体以沉默来回应校长的建议时	张主任 对情境:行政位置的高低决定了权力的大小 对校长:再沉默久一点的话,校长就要不高兴了 对其他老师:真不敏感!都没体会校长的心情 对自己:我是敏感、体谅别人的,场面的维持多靠我	场面维持

表1-1及表1-2基本上反映了人们认识历程中常见的隐藏的历程:孙老师和张主任对自己及他人的认定虽然大不相同,但他们共享一套对会议情境的假设(权力主宰一切的小世界)。在这个小世界中,孙老师为了避免自己被权力大的一方所打击而落入"失败"的劣势,因而选择暂时停止思想的自我隔离策略,以避免任何可能导致自己失败的机会。张主任则为了避免校长与教师间出现冲突而努力维持和谐的场面。尽管孙老师和张主任各自在自己的世界中知觉对方,但因为他们共享对情境的根本假设(权力取决一切),所以双方均不会在团体中表露出对自己及他人的看法。

(二)自圆其说的认识方式与学习环路

前面所描述的孙老师与张主任对自己、他人及当下情境的设定是一个很重要的历程,因为它们是根植于过去的经验而形成的假设。这些对人、物、情境的基本假定是看不见的,但却主导了我们行动的变化。因此,个体在认识与回应外在现象界时,有可见的、可被观察到的行动策略,以及不可见的、观察不到的假设及推论历程。而当我们想要去影响或改变一个人对待自己与他人的行为方式时,若未能增加他对自己行动背后假设的觉悟与反省,根本的改变便不易发生。

"我眼中的你,你眼中的我"基本上说明了人际行为互动世界的建构基础是互动双方对彼此及情境的设定，而跟随着这一套假设而来的，便是实践这些假设的行动策略。以孙老师为例，他的"暂时停止思想"的对策，很可能形成一种自圆其说的效果（见表1-4）：如果孙老师在团体中不时运作着上面的历程，那么，事实上他对外界或团体现象的认识是被自己的基本设定及行动策略所限制住的。这时的孙老师便一再依自己所建构出来的行为后果来认为那就是他所看到的"真实世界"，孙老师的认识历程便形成一个封闭且无法发现自己在自圆其说之失误的系统。相反地，倘若孙老师一开始便改变自己一贯的行动策略，进而突破了自圆其说的认识历程时，孙老师的行动便对他以及他所知觉到的环境产生了转移的功能（transactional function），即新的行动方式会带来新的后果及经验，因而影响了孙老师原先对环境的知觉。

表1-4 自圆其说的认识方式

情境条件	基本假设	行动主导变数	行动策略	行动后果	他人的反应
熟悉的会议形式	当孙老师感到自己人微言轻，不易有赢的机会时（参照前面的基本假设）	尽量减少自己失败的机会（输／赢规则）	"思想暂停"策略：保持对外界的信息不敏感、不反感	·增加自己与他人间的距离感 ·低参与 ·减低自己对他人认识的机会，自己对他人及团体无任何意见上的影响	·忽略了孙老师的存在 ·距离感大，不知如何与孙老师相处、接近，认为孙老师没有什么看法……

支持了孙老师对自己的假设 ◄───────

基本上，团体成员在团体中的所作所为，都是该成员与其所知觉到的环境的互动，而团体中所有成员间的互动便建构了一个"社会—心理脉络"（social-psycho context）。在一个团体中，每个成员对现象可能各有其不尽相似，甚至极端差异的知觉，因而不同成员对自己行动的方向、目标的认定均可能不同。如此一来，团体便像一个充满能源的小磁场，不同成员所认同的相似或不同的目标及其行动之间便形成互相促进、相互抑制或其他的种种关系。如果，我们视每个成员为团体的一个元素或一个小系统，那么这些元素或小系统间的"关系"对团体过程与动力的影响，要甚于个别元素(个人)的特殊属性(如人格特质)。这也就是勒温的"力场理论"(force-field theory)最基本的概念。"力场"这样的用词，可以使我们很快地捕捉到勒温想表达的观念，但却未能清楚地描绘出团体中这种力量相互牵动的关系到底是怎样在运作。下面，我以一个班级团体互动实例以及学习环路(learning loop)(Argyris, 1982)的概念来描述团体中相互牵引、制约的关系。

在一个以自由讨论为主的、拥有 25 人的大学班级团体中(男性 6 人，女性 19 人)，男女同学在讨论课进行的前三周便形成了以两位男同学之间的意见争辩为焦点，而绝大多数同学都处在沉默观看的参与形态。针对这一班级团体现象，我引导学生探究每个人在当时的行动策略及内在历程后，发现这一班级团体中的成员对待引发争论的两名男同学的方式，使得两位男同学的争辩，成为团体中一种持续存在的现象。现在，我们以 X、Y 来代表这两名成为焦点的男学生，以"行动地图"(action map)的方式描绘出这一班学生的行动方式(见图 1-1)。

图 1-1 由实线到虚线的反馈路径被称为团体中的学习环路；而 X 与 Y 之所以成为团体的焦点也是在多数成员沉默、退缩及保留态度等行为的烘托下出现的。如果教师在此时选择介入与改变 X、Y 继续成为团体焦点，但却未引导其他成员省察到他们既定的学习假设，那么 X、Y 成为焦点的团体现象或许改变了，成员可能不再厌烦、不再挫折，但团体成员既定的"学习来自教师"的学习导向却未受到挑战。换言之，这门强调自由讨论的课堂，就失去了一次反映探究(reflective inquiry)学生自主学习的机会。再者，如果班级成员未能反观到自己对两性的固定看法是如何成为解释自己与他人行为的理由，这一班级团体的经验一定更加深了班上男女同学对两性的固定看法。这个班级团体的实例呈现了两性互斥但又互相增强的行动系统，这种互斥却又互相增强的关系若一直持续存在于这一团体中，那么这一班级的团体动态便被这种关系所决定了。学习环路的图解概念，帮助我们理解某种特定的关系是如何维持不变或改变的。

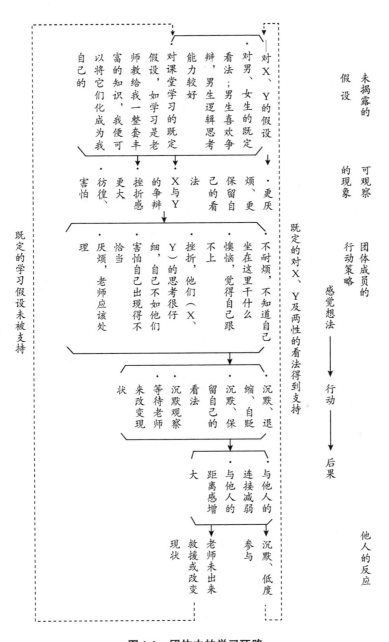

图 1-1　团体中的学习环路

二、团体行为的四个层次与多层次社会系统母子盒

力场与学习环路的概念让我们落实到行为的层面上来了解团体动力，但当一群人为了解决人的问题而产生一个特定结构的团体时(企业组织、学校或是成长团体、治疗团体)，原有社会系统中既有的角色、关系及规范便不可避免地影响了团体的动力。个人在过去的生活经验中对角色和关系的认定，影响了个别成员在团体中对自己角色、位置的设定以及对其他成员的应对。比如，我们会发现不论年龄增长了多少，一旦我们进入班级式的学习情境时，单向沟通、顺从权威的师生关系模式就出现了。换言之，即便是你今天进入一个新的班级团体，但既存在你心中的"师""生"角色、关系及规范行为，便很快在你的行为中运作起来了。若如此，我们可以说班级团体是一个不断地制造既定社会关系模式的场合。这样便产生了两个问题：①生活经验中原有的、既存的角色、关系和规范是如何影响了个人在团体中的参与，亦即个人是如何运作一个社会关系再生产的历程？②任何一种社会关系的既定模式再生产的历程，如何在团体中改变，朝向深化人们学习、解决问题和社会进展的方向发展？

(一)团体行为的四个层次

第一个有关"关系再生产"的历程在前面讨论个体的认识历程时已触及，所以暂不深入讨论；而第二个问题则不只是讨论到个体认识历程的改变就能涵盖的，因为个体在团体中的行为绝不单纯地只等于个体的行为，它们中间具有团体的意义。在这里，系统理论(the system theory)可以协助我们了解团体动力的复杂层面。简单地说，任何一个团体都有四个抽象存在的系统同时发挥作用，团体动力的运作可以由这四个不同层次系统间的交互影响来探究。这四个系统是(Yonne M. Agazarian, 1982)：

(1)个人系统(person system)；

(2)成员系统(member system)；

(3)团体系统(group system)；

(4)团体整体的系统(group as a whole system)。

可以说,这四个系统是用来了解个体在团体中的行为以及了解团体动力的四种视角(perspective),当我们采用任一视角时,我们对团体中的个体行为便产生不同的解释。前两个系统是由个体的视角在看,而后两个系统则是以团体的视角出发。图1-2可进一步说明这四个系统的区别。

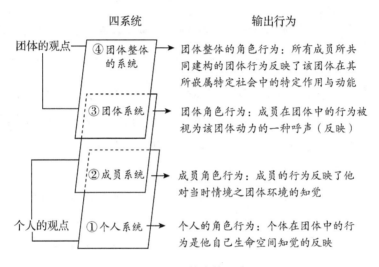

图1-2　团体中的系统

我们可以从两方面来了解并看待团体中个人行为的四种视角:第一,所谓"抽象存在"是指我们赋予团体中个人行为的四种不同的解释,因此在抽象概念的层次上存在着这四个系统;第二,产生行为的当事人,本身是否能由这四个视角来意识到自己的行为则是另一个问题。以前面沈老师的例子来看(动员月会场景),我们可以从四个不同层次的系统视角来了解他的行为。(见表1-5)

表1-5　沈老师的四层次系统视角

事件描述 四层次系统的视角	沈老师对张主任的负向情绪与不同的看法未在会议长中表达;沈老师选择隔离的策略来保有自己对班级的独立控制权
个人系统	揭露负向的情绪对沈老师来说是具有威胁性的,所以沈老师的行动目标指向避免负向情绪的流露

成员系统	沈老师对团体情境的知觉是，团体中甚少表达不同意见的对立与负向情绪，团体有一贯保持和谐、避免冲突的气氛，所以沈老师选择顺从、符合团体的规范
团体系统	沈老师的自我隔离策略像是一种团体的呼声：保持一定的安全距离，团体才能获得稳定
团体整体的系统	表面上看来，沈老师的策略使她获得了自主的生存空间，但若视团体为一整体的系统来看，沈老师的隔离自保行动反而更"稳固"了张主任附和权威的行为。沈老师、张主任与校长行动策略的相互作用，形塑了学校教师群体所共构的"维持现状"的系统功能

对沈老师来说，从上述四个不同视角来增加他对自己在团体中行为角色和功能的认识，可以带动沈老师挑战自己一贯的反应模式从而得以改变既定社会关系的动力。若沈老师只意识到自己发挥隔离作用的行动策略是个人对负向情绪的处理方式，自然会觉得没有必要在和张主任的关系中尝试做一些改变，因为这个关系对沈老师个人而言并没有那么重要。但若沈老师认识到原来自己的隔离策略是更"固着"了张主任的附和行为，看到自己的"隔离抗拒"与张主任的"附和顺从"像是 +5 与 −5 的关系，相加起来对团体系统产生了"0"(无改变、无变化)的效果时，沈老师或许会对"挑战自己的行为方式"有较强的动力。这里所涉及的问题便是团体中改变与进展的力量到底从哪里来？沈老师的例子所点出的是：不同层次的系统视角提供了个人重新理解团体中个人行为的意义，而对新的意义的意识与认定，引发了个体在团体中挑战自己固有行为习惯的历程。越多的团体成员开始对自己的惯有行为模式挑战时，新的不同的人际经验才得以产生，团体中的关系模式才增加了更多不同的选择性。如此，团体的运动与改变的历程才得以发生。从个人认识历程的角度所描述的学习环路概念说明了团体中人际行为世界的变与不变；系统概念让我们得以用多重的眼光去看到个体行为在团体中意义的复杂层面。我将此两种概念综合成图1-3，作为了解团体动力的一个概念架构。

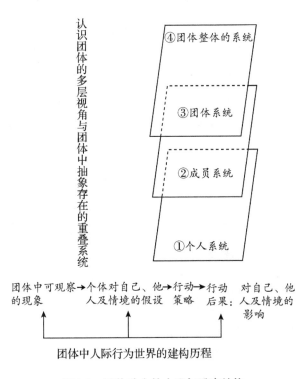

团体中可观察的现象 → 个体对自己、他人及情境的假设 → 行动策略 → 行动后果 对自己、他人及情境的影响

团体中人际行为世界的建构历程

图1-3　团体动力的水平与垂直结构

(二)团体沉默中的惯性压抑

故事一

年轻的李老师说："在我的小单位里，每个人都只管自己的事。上级说什么，他们能做就做，不能做的就不管它。虽然我比较喜欢表达自己的意见，可是每次都只有我说话，他们有意见也不敢说。刚开始时，我常做他们的代言人，但到现在也懒得讲了……才毕业两年的我，却有逐渐老化的感觉！"

故事二

在与自然科其他老师商量过后，黄老师征得大家的支持，决定在第二天的早会上，向校长提出争取参加校外研习会名额的意见。星期三早会时，黄老师鼓足了勇气说："感谢校长和主任给我一个说话的机会。研习会对我们自然老师是难得的学习机会，前几天听教务主任说有兴趣的都可以参加，所以我们几位老师特地把星期二下午的课都调开了，想一起去参加。可是昨天又通知我们说只能一位参加，不知道为什么会有变化？校方能否让我们一起去？"王校长听完后，问道："有几个人想去？"四位老师举起手来。王校长看了一下又说："举手看不清楚，站起来好吗？"沉默一二秒后，黄老师发现只有她一个人孤单地站着！王校长环视会场后说："那这是个人问题，很容易解决，你要去就去，不要占用大家的开会时间！"说完，王校长便宣布其他事项。黄老师抑制住自己对同事、对校长的气愤，沉默地坐下了。

教育环境原本应是最易引发改变及成长的环境，但对了解教育体制的人来说，在学校系统内各种不同形式的团体（如班会、早会、行政会议）中，压抑与迟滞的沉默却是最令人熟悉不过的团体气氛。这也是过去我作为研究者从事教师训练工作中最深刻的体验。这种弥漫在教师团体中的迟缓气氛到底是怎么回事？在这一部分中，研究者从25位中小学教师组成的团体在长达半年的发展过程中所发生的现象，来探讨这种团体现象的意义。

1. 在团体沉默中观察、试探与等待

R团体背景资料：

成员：25人（6男、19女）

年龄：35~45岁　13人

　　　25~35岁　12人

背景：小学教师　12位

　　　初中教师　8位

　　　高中教师　5位

R团体组成性质：

R 团体是在"学习团体动力"的目标下，由学员报名而组成的一个学习团体；团体的设计着重在运用团体成员在团体中的参与行为作为成员学习的素材。领导者介入与催化的方向有两个：①反映成员的参与行为，使成员能由自我及团体的行为资料中，察觉与面对自己的行动方式，并重新选择如何参与。②要求成员在团体中提出有关自己或团体的案例素材，作为自我与团体学习的资料；成员在提出自己的案例时，其他成员则在团体中练习如何协助当事人(提出案例者)认清自己的问题及困难。

领导者对 R 团体的设计，使得团体成员要为自己及他人的学习负责，领导者主要的催化功能发生在当成员在团体参与及互动中产生困难时，反映与揭示成员彼此的互动行为如何建构了他们在团体中所经验到的困难。对 R 团体的教师而言，R 团体的经验是一个充满矛盾性的经验，多数的教师原本期待到团体中听"教授"传授"团体动力"的知识及能力，换句话说，自己是一个"被动的吸收者"，但来到团体后却发现"自主的参与"是学习的唯一要求。

R 团体的初级阶段便是在沉默及时常中断的参与现象中度过的，团体成员沉默或被动的行为表现包含了上述成员对团体情境的知觉及反应策略。

从表1-6 中，我们大约可以看到成员对团体初期暧昧不明的发展状态知觉及反应策略共同建构了等待、观望与试探的团体气氛。在领导者的协助下，R 团体对表中自己与他人对团体情境的知觉及策略有所反应后，成员开始较为自由地选择在团体中出现自己及与他人的互动。

表1-6　对团体沉默现象的知觉

大团体现象	成员当时心中的感受	行动反应策略
沉默	·不安、怕出丑 ·孤单 ·担心不被接纳 ·焦虑 ·不安全 ·害怕 ·生气	·按兵不动、等待观望 ·挣扎、度量人际的距离，在团体中保留自己的挣扎(不显露出，掩饰自己的挣扎) ·对由过去经验中学习到的团体规范予以妥协，无奈地"存在"，不做什么 ·试探领导者的规范、标准及意图

对这本书所关注的主题而言，R团体最大的特色并不在于初期的暧昧状态，而是在中后期团体中所发生的一个重要的动力结构，我称之为"人际冲突的惯性压抑"。

2. 惯性压抑

当R团体进行到中期时，成员间的差异性已清晰地在团体中出现，但R团体的成员很少在团体中表达出自己对某位成员的不满。团体中潜藏着成员间的不同意与不满意，导致团体气氛的迟滞及压抑。研究者把成员在团体中处理自己内在对某位成员不满情绪的方式，称为一种"惯性压抑冲突"的行为模式。在R团体结束后，研究者对成员进行访谈，特别针对成员在团体中处理内在矛盾或不满情绪的部分进行了解。由团体过程的记录及访谈资料中发现，当团体中某位成员的言行令自己不满意或强烈地不同意时，几乎毫无例外地，大家选择"不表达"自己不满情绪的方式。这种外显十分一致地对不满现象采取"不表达"及"保留观望"的行为方式，有几种不同的认知及反应策略：

（1）压抑"生气"的情绪，因为"表达了也不会有用"。

（2）"不耐烦"但不会表达出来，因为"我不可能在他身上获得什么学习，也不可能改变他，我就先把门关起来，就是把自己收起来，然后再很客套地进行或是称赞他"。

（3）"忍受焦虑"，因为"不喜欢听他讲话，又不敢拒绝他"。

（4）"害怕"冲突会发生；发现"原来你是这样，和我不同类。如果冲突起来，我可能被拒绝"。

（5）"被焦虑折磨"，因为"想出来说话，却再压抑下去，我应该要说，但团体还不太了解我，我若出现，团体会认为我和他们不在同一线上，我担心别人认为我不够好"。

（6）表现出"困惑不解"的样子以"逃避可能的冲突"，因为"冲突性其实很大，而我不见得会赢"。

(7)和前面六种压抑负向情绪方式不一样的是，当事人在团体进行中甚至"不觉得自己生气了"。但事后从自己在团体中的表现发现，自己其实是在"掩饰自己的生气"，而掩饰自己生气情绪的行为，使得自己无法觉察到自己的确有生气的情绪。

R团体在进行中，有一两位成员的参与方式独占了团体的时间而令其他成员不满，部分成员选择用间接暗示、迂回引导的方式，试图改变这一两位特定成员；而多数成员则在压抑自己情绪的同时，出现沉默、保持距离以及观望保留的参与姿态。R团体从中期一直到结束，都被成员们"压抑负向情绪表达"的方式所共同建构的迟滞与压抑的团体气氛所困扰。重点是，成员似乎十分习惯这种气氛，尽管不满却可以忍受！几位成员在团体结束的访谈中，提到自己生活经验里这种压抑的来源。

H教师(男性，在学校担任行政角色)提到自己在团体里及日常生活中都习惯出现"顺从"的行为模式。在别人的眼中，自己是一个"很能忍"的人。H描述自己顺从、能忍的性格被塑造的来源为幼年从事辛苦农活的生活背景与学校教育体制中的权威管理方式：

> ……有人对我说，我这个人平常看起来很能忍，其实我的内在还是很紧张的；有时感觉自己有种爆发力，似乎一触即发，弄得我自己也很紧张，自己的内在常花力气冲突半天……这和我的出身可能有关……我家在中部海边，只产稻米，生活很辛苦……每天放学一回到家马上就到田里工作，父母也不会让我先去写功课……功课没写、没交，老师就打……后来升上师院，也是有名的军事化管理，每个学生都是乖乖的……长久下来，就不知不觉地变成这种生活方式，反正别人不要太过分，我忍一下就好了……

R团体中另一位年轻的男性教师C，亦提到类似的压抑方式，但与H相比，C清晰地觉察到自己内在的两股矛盾力量：在人际关系中不希望自己受权威的扭曲，敢表现出自己的动力以及面对冲突时害怕原有关系的改变而孤立。在 C 的语言中，这两股矛盾拉锯的力量分别被 C 称之为"理性批判"与"情感失落"。与 H 相同的是，C 也提及师专体制中的保守性对自己思想自主的压抑：

> ……我在师专时，参加校外活动，回到学校和同学们谈此事，他们每个人都说我是偏激分子，我马上就不再多说了！我没有这个意思，我不是要反抗，只是说想要了解这些事情为什么会是这样？

C 所谓"理性批判"就是对抗这种压制的能力；而"情感失落"则除了前述的害怕被孤立之外，也包含了对避免因关系破坏而损害自己利益的考量。

> ……当我在谈理性批判时，会担心人际关系的问题……像我看杂志《我们的》，许多文章谈到人是和谐的，或是如何和长官相处之类的，或是吃亏就是占便宜，我常去研究这些行为，以达到我日后能够发展的途径。

当我描述 R 团体中存在一惯性压抑冲突的人际行为世界时，是想要说明三件事：①绝大多数成员在团体中压抑自己负向情绪的表露；②这种压抑负向情绪与回避冲突的行为模式，不只是个人的适应策略，它同时是学校组织文化的一个构成部分；③当一名成员在团体中试图逃避冲突时，其他成员选择不去协助他面对冲突，反而与他联盟成一气，而共同建构了一个回避冲突或压抑冲突的行为世界。后面我将使用行动图解的方法，以成员 Y 的例子来进行说明。

3. 回避冲突的联盟

Y 在团体的初期，曾和数位团体成员谈到自己的宗教信仰。Y 本身是一个虔诚的基督徒，在她和其他成员的交谈中，Y 感觉到团体中某些成员"对宗教抱持着很深的偏见"，这使得虔诚的基督徒 Y"有点难过，并想利用机会改变他们的想法"。所以当团体进行到中后期，大家轮流提出自己的案例讨论时，Y 选择提出一些与自己家庭经验——特别是 Y 和父亲间矛盾关系的经验——作为案例呈现的主题。Y 主观的期待是想借着谈自己如何由对父亲矛盾与不满的情感关系中度过的经验(在这个过程中，宗教信仰发生了重要的影响)，来影响团体中某些成员对宗教的观点。因此，Y 一开始在团体中提出自己的案例时，是一种隐含地诱引团体进入宗教经验的策略，团体成员对 Y 这一策略的回应及其后的互动发展，如图 1-4 所示。

从图 1-4 中我们可以看到，团体成员对隐含冲突的处理方式，共同建构了一个抑制冲突明朗化的人际行为世界。在 R 团体中，这种回避冲突的行为方式在 6 位男性成员身上也特别明显，年轻男性教师对年长男性教师(负责行政工作者)以一种"尊敬"的方式观察年长者在团体中的反应，而后再选择自己如何出现。与其说这是年轻者对年长者的"尊敬"，还不如说是教师角色对行政角色(主任与校长)的一种关系模式。R 团体的后期，团体

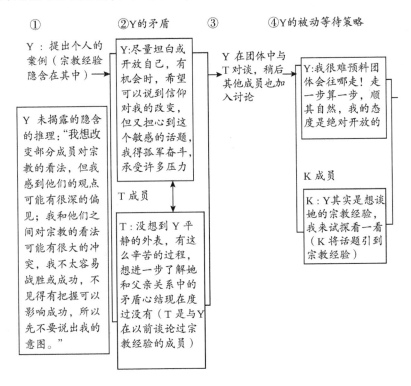

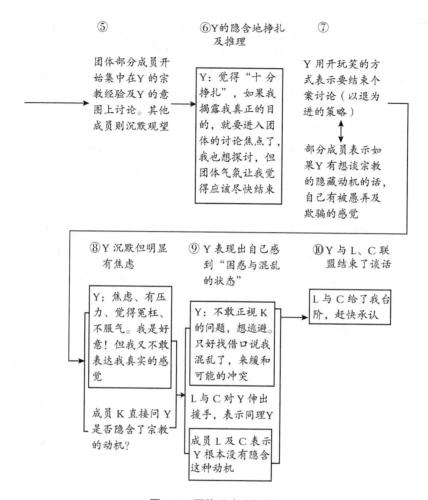

图1-4 团体反应流程图

注：流程图中未加框的部分为成员外显的行为，加框的部分则为成员在当下未表明的隐含内在推理。

中的女性成员 K 即针对成员 L 一贯出现的"间接迂回"的沟通方式表示轻微的不满，女性成员 J 则在团体外戏称 L 为"老江湖"（意指行政手腕很高）。在这里，我们再回头看看 H 及 C 成员（也为两男性成员）在成长过程中所经验到的教育体制所产生的压抑经验，可以发现，R 团体的男性教师在团体中的参与仍清楚地被学校体制中的角色关系所规约着，正如 C 所说：

……在团体外，我碰到 L，一定称呼他 L 校长，打电话给 R（另一
位男性主任），就叫 R 主任……在团体内，我有时说太多话就会停下
来看 L，他年纪比我大，又是校长，他都没说话，我说太多不好！

另一位年轻的男性教师 G，则在访谈中表示自己对权威角色（包括父
亲及行政者）是害怕的，而这种害怕使自己在团体中，不敢清晰出现（G 自
称为"和稀泥"的出现方式）。

R 团体的故事是从人际行为世界的角度对阻碍团体发展的动力做了一
个切片式的素描。它所想要凸显的是，教师在团体学习情境中回避冲突的
人际联盟，不只是阻碍了学习的深化，同时也维持了学校环境中角色关系
的既定模式。如前文所描述的，每一位成员在当下的推理历程便是建构
"回避冲突人际联盟"的基石；但在当下，成员对引导自己行动的内在推理
却是未觉察到的。对 R 团体的成员来说，对压抑及迟滞团体动力的学习，
也是由成员的隐含推理逐渐被揭示及觉察的时候才开始了一个转折。

(三)大团体的社会治疗功能

前面提及大团体的情境特别容易引发个人投射出自己对生存威胁的知
觉，进而相互影响形成某些特定的动力结构；这些动力结构又回过头来验
证了个人对生存威胁的知觉。这也是一个自圆其说的认识历程。尽管如
此，我们教育制度中班级团体固定的教学形态，频繁的权威管理式集会都
一再地巩固了大团体中既存的僵硬模式。或许我们早已"习惯了""麻木
了"，也"适应了"。但不能不看到的是这些"麻木"的适应行为也冻结了多
少团体中自由思想、独立思考与自主行动的学习机会！当我们习惯了在迟
滞、僵硬的大团体中无声无息地生存着时，"我"长成为独立思考、自主自
动个体的生机也就在不知不觉中丧失了！"发展""成长"的契机来自既存生
存适应模式的突破。团体不论大或小，个人行动中所存在的认识历程以及
与他人在沟通中所相互构建的模式化的互动历程，是我们在探究团体动力
与改变如何得以发生时的核心关注。很多时候，在团体中个人得到情绪宣
泄与经验表达的机会，但这种一时的疏解，或许可以让困顿良久的个人重

获行动的动能，但若他的行动方式所蕴含的认识方式未被自省考察过，可以预期的是，他极可能在后续的人际与群体的互动中，再次回到过去既存的关系互动的方式里，因为他以往遇过的"问题"，极可能是他与其他人的行动策略(认识方式)所相互调动且共同形塑的一个问题形成(problem formation)的脉络。大团体动力探讨与班级团体辅导、会议形式革新的意义也就在此。拉皮特(Rapport)(Kreeger，1975)描述一个大团体若能发展出下列四种功能的话，它对个人会有不同的社会治疗性的效果：

(1)包容性(permissiveness)的大团体功能

团体允许个体做真正的自己(to be his real self)。

(2)自治性(communalism)的大团体功能

每个人分享、探索、实验和经验一个共享的社区生活。

(3)民主(democracy)的大团体功能

所有成员都有权利决定社区(团体)政策，并且成员能控制这一自主的决定历程。

(4)对质(confrontation)的大团体功能

成员随时得面对自己到底在团体中做了什么，并对自己的感觉、思想及行动负责。

和成长团体及其他形式的小团体最明显的差别在于：大团体的经验特别对我们"社会人"的这一部分提供了丰富的挑战与学习的机会。当我们在教育工作中强调"群"性的重要时，更需要探讨如何创造教育系统中的大团体情境成为个体独立、思想与自主行动的"群"体经验，而非麻木生存、顺从适应的"集合"而已。从集体的行为现象中，我们也可以探究大团体、集会等社会系统的维持与改变是如何与个人的知觉及行动相互影响的。落实到个体的知觉与行为基础上来，探讨大团体的动力是十分必要的，因为在面对大团体的复杂人类现象时，我们容易逃避到概化及简化的想法当中。在谈论大团体的经验时，发现成员常以"团体"作为一个单一的对象，并认为这一对象涵盖了细致繁多的个人与人际现象。这个情形是因为在大团体当中，个人和他人的接触常是未完成式，这些因不完整或是被中断的互动而来的挫折感，使个人易借"团体"这一含混、简化的对象，来避开强烈的挫折感。所以大团体动力的探讨不能只在团体现象的辨识与归类上，而应该探究大团体情境中个人的心理基础与行为表现，以及当相似与相异的许多个人行为的集合形成了某些特定的关系模式时，它们又如何回过头来巩固了个人既存的认识方式。这些是我对团体动力这门学问的基本论点。

结语： 拉开叠压的社会系统母子盒

团体行动的四个层次是欧陆团体心理分析[特别是比昂的塔维斯托克会议(Tavistock Conference)]的理论与方法的贡献，但对团体现象场同时存在的四个系统功能层次的觉识与介入改变的能力却一定得靠日积月累的功夫练习。团体成员参与团体行动的行动策略所共构的学习环路则是我由我的老师——创发组织学习与行动科学理论的克里斯·阿吉里斯(Chris Argyris)处所习得的。阿吉里斯终其一生致力于对个人与群体行动逻辑的探究。他的行动科学其实就是一门在群体中介入与拆解人们共构之人际行为世界的固着模式的实践之道。我们不能不知道的一个背景是，阿吉里斯在到哈佛大学任教前，在耶鲁大学任教，曾担任国家训练实验室(NTL)[1]训练团体的领导者。后来，他写文对"训练团体"促进改进之核心概念"文化孤岛"(culture island)有所批判。当他去往哈佛任教并与唐纳德·舍恩(Donald A. Schön)结为终生挚友后，两人便于20世纪70年代后期到80年代早期，共同开创了行动理论这一支实践方法论的知识路径。

我幸得机缘于1982—1990年亲受阿吉里斯与舍恩的教导。舍恩的"反映实践者"[2]与阿吉里斯的"行动科学"[3]恰如一把足以呼唤芝麻开门的钥

---

① 国家训练实验室(National Training Laboratory，NTL)是库尔特·勒温的学生为延续与发展他的团体动力学，在缅因州贝兹镇设立的研习基地。

② 感兴趣的读者请参阅唐纳德·A.舍恩：《反映的实践者：专业工作者如何在行动中思考》，夏林清译，北京，北京师范大学出版社，2018年。

③ 感兴趣的读者请参阅克里斯·阿吉里斯、罗伯特·帕特南、戴安娜·麦克莱恩·史密斯：《行动科学：探究与介入的概念、方法与技能》，夏林清译，北京，北京师范大学出版社，2020年。

匙，它不只让团体现实中的四个不同层次的功能系统概念可以落地到个别成员与成员之间具体互动的行动材料上来理解，且提供了一个不同于 20 世纪 60 年代至 80 年代流行之小团体理论的探究改变之道。

在欧陆与美国，与大小团体理论与方法相关联但在学门知识科目分类上另成一家的心理治疗与"家族治疗"，一样深入地探讨着"改变"的课题。我在序文中曾提及的多层次社会系统母子盒的源头即来自心理治疗与家族治疗的研究团队。① 原初的概念为《变的美学》一书作者所提出的概念"母子盒"，然而读者若循线追索美国心理分析团体和家族治疗团体方法的理脉源头，就会遇见格雷戈里·贝特森（Gregory Bateson）这一名重要学者的贡献。我将"母子盒"的概念扩充为"多层次社会系统母子盒"来使用。若说团体行为的四层次功能系统协助我能透视团体，那么社会系统母子盒的概念则提供了一个翻土、培土的锐角，让我得以针对"家庭"这一个具有养育功能的特定团体的经验进行工作。②

同理，我对本书出版的期待，亦是能让欧美大小团体方法得到在中国专业实践的群体中获得审视转化与创造改变的机会。

附录一：开放系统（Open System）

原著者：戴维·J. 玛丽昂（David J. Marion）
夏林清　编译整理

一、什么是开放系统的思考方式

（一）对存在（existence）的重新框定（reframing）

开放系统的思考涉及了我们将"过程"或"改变"当成存在的一个基本事实。例如，双手的运动是和较长与缓慢的身体运动相对应的一组短促及快

---

① 感兴趣的读者请参阅布拉德福德·P. 基尼：《变的美学：临床心理学家的控制论手册》，杨韶刚译，北京，北京师范大学出版社，2020 年。
② 感兴趣的读者请参阅夏林清：《斗室星空：家的社会田野》，台北，台湾财团法人导航基金会，2011 年。

速的行动波流。从这个观点来看，人们在时间中的行动（改变）像是实实在在地延伸在空间中的某件事情；它是真实存在但变动不定的。这种思考打破了我们视人与人之间是封闭、隔离的想法，物质也不再只是"客观实体"；而需要、感觉、关系及行为方式也像山、房子及汽车等，都是客观存在的一部分。在系统思考中，事物的质地不是指它的物质基础，而是指它的冲刺力量及方向——它将成为什么、实现什么，以及停止成为什么（不会成为什么）。

（二）对因果性（causality）的重新框定

如果我们视一件事物的实体并不是某种"东西"而是展现"改变"的某一方式时，在我们的眼中，就不会视原因为单一事件或力量，而是一个具有整体、延伸及变化的情境。这种思考角度使得我们能由较广的人类动机、欲望及行为方式来对"正义"（justice）进行考察。换言之，人类行为的原因不是单行道，人们行动的原因可以同时来自内在世界及外在环境；沟通则是你我世界之间的交互作用。

上面这两个观点对我们的思考方式具有深刻的影响，使我们所看到的人类行为变得自由而开放。人类的活动并不是肇始于前因（事件），而是个体投身在事件持续发生的系统中，由个体之间互为因果的参与行为所共同建构出来。

二、开放系统模式中的成长及发展

（一）历史脉络的转化观点

开放系统模式对成长（growth）的看法是和机械论极端相左的。机械论视成长及发展为：依据事先设定的计划而依序发生的各个部分的组合；而开放系统模式则视成长及发展为通过独特及个别化的历史所转化推进的。一个人的才智、敏感度及能力并非天赋或是各自分开独立存在的；它们存在个人身上，和个体的其他部分是息息相关的，而且我们只有在这个人生命发展的历史脉络中才能看清它们的发生及变化。同理，一个组织的结构、任务及方法，也是由该组织与其进进出出的成员以及环境互动的历史中转化出来的。

（二）秩序（order）不是固定和既定的，而是可变化及发展的

在机械论的观点中，秩序是固定不可变动的，这种保守的取向是因为它视整体为其所有各个部分的一个"结构"，所以每个部分不可任意变更而影响了结构。但开放系统则以为整体是能够结构或修正的，这也是开放系统的思考模式是倾向进步与发展性而非保守的道理。

三、开放系统的三个基本要素

一个人、一个团体或组织会在某个程度上发展成一个开放系统，有赖于三个要素的展现。

（一）反馈（feedback）

反馈反映了系统产生与运用评估性信息的能力，一个系统若缺少了这种信息，对自己行动的后果便盲目而不自知了。理性及稳定状态的维持并非自动、固定不变的；它们反而较像是一组组不断改变的动态关系，而检视与修正是互动关系，因此就需要评估性信息的反馈了。如果在该系统的行动中能发展出问题认定及问题解决的进步循环阶段，这种反馈就成功地被生产出来了。换言之，自我导引及自我维持系统的建立有赖于这一过程。

（二）理性（rationality）

理性指这一系统的行动具有目标性及因应性；当行为是防卫或发挥解构组织的理性性质时，该系统就缺少了理性的特质了。

有目标与因应行动要求系统的组成元素能被整合成一个"整体"，进一步来说，该系统能适应环境及机会的要求。

无法将部分整合（拉）到一起，或未能适应环境的话，该系统就容易出现重复、固定或非理性的行为。确实的知觉及有效的行动，有赖于该系统使用其感觉、思考、想象、意愿及行动的各种力量。

（三）稳定状态的维持（steady-state maintenance）

这是指一系统累积及使用"资源"的能力。

一个开放系统所使用的资源是物质的、能量的、信息的，以及有张力的。随着开放系统的发展，这些资源渐渐高度地分化成部分。这些分化及

差异性的细部发展是创造性的张力（creative tensions），它们代表了行动的源泉以及改变的力量。

四、小结

在现代社会，人们常常未能理解隐藏在发展过程之下的系统模式。组织及个人常被改变的强烈本质所威胁到，易陷入权力斗争及对未知恐惧的非理性需求中，而忽略了问题认定、深入及考察的过程。如此一来，张力（tension）便容易变成破坏性而非创造性；个人、团体及组织的整合功能与适应的程度就降低了。

附录二：辩证的意义

原著者：贝特尔·欧尔曼（Bertell Oilman）

夏林清　编译整理

目前有关辩证的概念，有许多错误的信息，所以，我先从它不是什么来说起。辩证不是正—反—合三段论式的逻辑论证，它既未提供能让我们预测及评价任何事的公式，也不是历史的机械式力量。辩证其实没有解释任何事情，也未提供什么来预测事物，未能导致某些事情的发生。比较适合的说法是，辩证是一种思考的方式，它将世界上可能发生的改变及互动全貌，带入人们思考时的焦点，它包括了为了研究的目的，运用前述的观点去组织一个现实，以及如何对那些未具辩证思考方式者呈现新的发现。

在罗马神话"卡库斯"（Cacus）中，辩证思考所欲揭示的主要问题清楚地被引用着。住在山洞中半人半兽的卡库斯，夜间出来偷了人们养的牛，然后他让牛倒着走回山洞内而利用这些足迹来误导追逐他的人。清晨，牛的主人在寻找牛时只发现这些足迹，于是便认为他们的牛走出了洞穴，但当他们跟随蹄印走到草原中间时，便发现足迹不见了。如果这些追寻者曾在大学里学习过方法论的话，他们可能会仔细地数足印并测量每一步的深浅，但他们可能达到同一结论，不论一个人多仔细，当他的注意力集中在表象，或全然地专注在最直接令他印象深刻的证据时，他可能全然地被误导。这个例子中的错误并不少见，这是我们社会中多数人了解世界的方法。多数的人是依据他们所看到、听到的事物，来立即反映他们当下的处境。但这往往会令他们得到一个和真理完全相反的结论。大多数与中产阶层意识形态相关的扭曲认识都是这一类的错误。

要了解"牛的足印"的真正意义，就得发现那晚曾发生了什么，以及洞内到底有着什么样的情境。相同地，要了解我们日常经验中的任何事，我们必须认识到某一事是如何发生、发展的，以及它是如何嵌在较大的脉络与系统当中的。但是，仅仅看清这个道理仍是不够的，因为人们很容易退回到对事物表象的执着上去。事实上，很少人会去否认世界上每件事都无时不以某种方式、某种速度在进行变化，并和外界互动着，而这些变化与互动的方式与外在真实世界有着历史及系统的联结关系。但往往困难的是，我们"如何思考它们而非曲解它们，以及如何给予它们应得到的注意与重视"，辩证思考正是试图解决这个困难的方式。它试图从两个向度去扩大我们对事物发展变化的认识——由发生及转化过程以及事物存在其中的更宽广的互动脉络。只有在这一方式之中，我们对事物的研究会立即涉入对其自身历史及包括其存有系统的探讨。

辩证思考重组我们对"现实"的思考，使我们视"事情"为具有其历史以及具有与其他事物间的外在联系。由"过程"的观点来综观过去的历史及可能的未来，以及由"关系"的观点洞察自己亦身为其中一部分的关系脉络。简言之，它是一种思考个人与世界关系的方法。辩证思考的假设是：人们的五官知觉到的均是自然界的一部分，而人们赖以区辨在时间和空间中事物的起源、发生和结束的概念，都是社会及心理的建构。不同文化及不同哲学背景的人，在认识现象世界时会勾绘出不同的界限。

当我们"抽象"了解资本为一种"过程"和抽象理解为一种"关系"时，它使我们看到了存在于劳动、货品价值、资本的联系。马克思对资本主义的了解，均是借由"过程"与"关系"这两个抽象的概念而来的。基于这一辩证概念，对"事物变化发展"的探索从来不在追寻为什么某些事开始改变，而是这一改变设定了哪些不同的形式，以及为何它们状似"停顿"。例如，不问这一关系是如何建立的，而是以什么不同的形式展现出来，以及为何一种既存关系的各层面看来像是各自独立的。

除了作为看待世界的方式，辩证方法包括了它研究世界的方式，研究者组织他所发现事物的方式，以及他呈现这些发现、给他所选择的听众的方式。但是，一个人如何探究已被抽象成两个相互依靠过程的世界？他可由哪里开始，他应看些什么？非辩证的研究是由某些小部分的研究开始再通过建立它的联结，试图去重组较大的整体；而辩证研究则由整体系统开始研究，或是在了解部分时要同时推进去检验它与其他部分和整体的关系（它是怎么配合及如何产生功能的）。这样的方向终究引导我们对整体得到一个较全然的了解。将部分由整体中抽离或分开来看待，一开始分析时便认定事物或事件为一独立的部分，这种视角便是假设了一个不真实的分离，意义的曲解也因此产生；而这种分离是稍后再做多少的关联、相关性的探究都无法克服的。某些东西将失去了、被错置了，像是 Humpty Dumpty（蛋头先生，为一首儿歌），一旦跌落就再也无法复合成原样；一个系统中发生着功能的部分，在一开始时曾被对待为彼此独立的事物，便不易重新建立它的整体关联性。

辩证调查寻求对资本主义社会中所发生经验的具体化的了解与分析，它寻找资本主义之所以进行与发展，并将其发展倾向投射出来的媒介及形式。一个通则是，在研究它们由过去到现在的历史进展之前，先考察那些当下建构问题的互动关系。

换言之，辩证法探究思考的次序是"系统先于历史"，因为历史从未是一个或两个孤立元素的发展。在对任何一个特殊事件或团体形式的研究中，这两种探究经常是互相交织的，由整体到部分以及由系统向内部的研究方向，辩证研究基本上是指向下列四种关系的发现：认同/差异、对立面的解释、质/量，以及矛盾。

一、认同/差异

事物可同时相同与不同（相同与差异可同时并存于两事物之间），即在对一特殊现象的详细描述时不只看到一面（如相似性），而牺牲了差异性，或只看到差异性而忽略相似性。

二、对立面的解释

任一事物的外貌与功能皆是十分依赖周遭条件的，这些条件因素应用到"客体"以及"知觉它(客体)的人们"。比如，机器对资本家而言是商品，是他在市场上买到的货物，甚至代表它值多少钱、可以带来多少利润货品。但对工人而言，它是一种工具，这个工具决定他在生产过程中的所有运动。

"不同的观察者眼中的事物是不同的"的知觉因素，在辩证思想中占了十分重要的角色。对于对立、相反事物或力量的解释使我们了解，没有一件事、团体及人是那么简单的，因为你在一特定地方和时间下所看到或观察的事物都是在某种条件下，被置放于其中的结果。

三、质/量

质/量是同一过程中暂时地被分化看待的一个片刻间的关系，每一过程皆包括之前与之后的时刻，包含了合成、分解。一开始时，任一过程之内的运动以量变的形式出现，每一过程也是其各个层面组合成的一个关系。在变化的运动过程中，各层面在大小及数目上产生增加或减少(量变)。然后到了某一点时，质的转化即发生了，质的转化通过事物面貌及功能的改变而显现出来。论及事物主要的建构关系时，在它维持相同本质的同时，它必须变成另一不同的事物。这一量的改变使我们对之前的过程产生一个新的概念。例如，只有当金钱累积到某一点时它才成为资本，才能产生购买动力的功能。相同地，当许多人的合作变成一新的生产力量时，它不单只是等于个人力量的总合而已。质/量变的概念，提高了一个人对不可避免的改变历程的敏感性。

四、矛盾

矛盾被理解为在同一关系内不同元素的不对称发展；它说明了这些元素同时也是相互依赖的。我们可以发现，被清楚标示成差异的，是基于某些特定条件的，而这些条件是经常在改变的。所以，差异是在变化中的，又因为每一个差异皆与其他部分发生关系，所以一个元素的改变影响了所有。在发展的历程中，这些条件相互交织影响着，而且时常相互干扰、阻碍以及相互转化。矛盾为改变人们的互动提供了最理想的工具，至于现在与未来，则亦同时被带入此焦点来探查。当下相互矛盾因素间的互动结果，是未来发展的重要潜力。矛盾是事物的一个基本特性，它是一种系统发展的必经过程。

第二章　辨识小团体方法操作逻辑的矛盾

　　台湾的团体工作在过去 40 年当中已逐渐地被社会工作、咨询辅导、教育工作以及部分人事管理工作所广泛使用。熟悉这一专业范围的实务工作者会发现两个明显的现象：成长模式的会心团体(成长团体)与训练同理心能力的同理心团体是最常见的两种使用模式。而实务工作者不论自己所服务的特定人群有何特性及自己的专业目标该如何设定，便习惯性地引用成长团体的模式。所以，近二三十年，从南到北，由社工、教育到辅导领域中的团体工作出现千篇一律的情形。比如，"结构性团体"是 20 世纪 80 年代台湾的团体领导者最常用的一个名词。但它是哪一种团体？事实上，"结构性团体"的意思只是说明了领导者选用活动来结构化团体过程的意图与做法，它并不是源自欧美小团体治疗的一种团体模式。

　　这两个现象反映了实务工作者在面对工作挑战时工具性太强、很快速，但缺乏思考地拿来自己曾参加过或看过的团体经验，就将之当成了自己的工作计划。这样一来，小团体工作的某一特定做法不但未成为自己的工作方法，反而成了画地自限的障碍。实务界在推展团体工作时并不乏推出的团体乏人问津以及成员流失迅速或是参与不稳定的各种现象，这时工作者应反省自己盲目使用小团体模式的错误何在，而不是仅以感叹工作对象之不习惯、不适合小团体方式来掩饰自己的错误。

　　一、美国 20 世纪 70 年代兴盛的小团体工作方法

　　虽然团体动力、团体工作及团体治疗并不是近来才萌芽的，但 20 世

纪60年代至80年代，美国的小团体却有令人惊讶的发展。为数甚多的小团体工作者为社工、心理辅导员以及教师等。这些经验可能被称为"训练团体""马拉松""敏感度训练"或"会心团体"，在时间上可能从半天到一两个礼拜不等。在某些情境中，如学校或医院，团体多以长达数月、每周聚会一次的方式进行着。这一为中产阶层所感兴趣的、小团体经验的教育与治疗价值，都是在回应所谓"人类潜能运动"。这一运动的普及程度，可由林立的各种中心略见一斑，如国家训练实验室、加州的伊莎兰中心①等。

我们姑且不论这些不同的小团体在其正式名称上有何不同，但它们被称为"模式"时，都包括了下列几个因素：

(1)它们需要一定数目的成员参与，但也同时有其人数限制。

(2)它们清楚地指定了具有某种资格与能力的领导者或副领导者来带领团体。领导者在推动团体朝某一特定方向互动时，他必须对其所需具有的角色功能有一明确的了解，有些模式甚至对团体互动的主要内容亦有所界定。

(3)它们的设计者为了给成员创作一种重要的经验，设计的同时涉及了情绪及认知的成分，并发挥工具性的作用，帮助成员获得某些新学习与改变。

团体互动的模式分别被运用在心理治疗、教育或社会工作的领域中。每一种模式各有其发展的不同历史与理论背景脉络，现在看来这一点更是特别重要，因为某些未经严格训练的专业者甚至是未接受过训练的领导者带领了许多小团体，而通称之为会心团体敏感度训练或成长团体。这些粗

---

① 加州伊莎兰中心(Esalen institute)是在1962年由多重专业背景的墨菲(Murphy)和普赖斯(Price)所创立的，后在一位著名的精神讲师阿道司·赫胥黎(Aldous Huxley)的影响下，开始推动人类潜能运动(Human Potential Movement)，而让伊莎兰也成为现今身体潜能运动激发尖端组织的推动者。

糙滥用的经验使得大众对团体工作与团体治疗产生了相当程度的迷惑。相似的趋势在国家训练实验室中亦可看到。在20世纪40年代所源起的训练团体，也结合了后来威廉·舒茨（William Schutz）①以身体运动及情绪宣泄为重的会心团体模式。

对一个新手来说，对概念的清晰掌握更为重要。我们常听到对一个训练有素的团体领导者的描述是：他在用他的特殊方式。这是说，不管原先这位领导者被指定带什么样的团体，他似乎都有他自己的一套方法。成员经验到的是"他"的带领而不是纯粹的训练团体或是会心团体。这对训练有素的领导者而言的确是一种真实的情形，因为他已发展出属于他自己、适合自己的概念架构。而在团体中，他近乎本能地运用着自己的理解。就像一位老资格的心理治疗家，他已由不同理论中摘取精华而形成自己的治疗理念及形式。但是，难道一开始，这些领导者不需要对某些系统的模式仔细研读、内化及吸收吗？当然，真实与描述真实的理论模式并非相同的事情，但模式可给具体的实践提供重要的引导。我们相信不论一个外在的模式是如何被修正、重组及部分放弃的，在专业领导者与治疗者社会化的过程中，它仍是一重要的特点。针对团体互动的某一概念模式做透彻的了解，仍然可能是一个人要发展出自己所特有的团体领导方式的基础。

进一步来说，因为每一个模式代表了达成某一特定目标的特定意图，明智的团体领导者在带领团体时可能想有意识结合多个模式的特点。例如，会心团体善于利用某些技巧协助个人接触到他们内在的感觉及幻想，训练团体模式则是强调团体动力与过程的有力工具。而一个只熟悉会心团体模式的领导者可能忽略了团体中存在的有力的、自动的、冲突的与和谐的力量。

---

① 威廉·舒茨（William Schutz，1925—2002），美国心理学家，出生于伊利诺伊州芝加哥市。他曾在哈佛大学、加州大学伯克利分校等学校任教。1958年，他提出了基本人际关系取向（FIRO）的人际关系理论。20世纪60年代曾在伊莎兰中心实践，也曾经参加国家训练实验室的训练团体培训。作为一名身体治疗师，他不断结合心理剧、生物能量学、完形等方法，开发替代以身体为中心的治疗方法，推动身体疗法的发展。

二、操作逻辑的矛盾

在欧美国家，运用小团体及大团体的方法来促进个人成长并解决心理问题，已有十分丰富的成果。在一个急促变迁的社会过程中，团体的丰富性更可以对人们的心理重整历程有很大的作用。过去40年里，台湾的团体咨询及团体工作也已广泛地被运用到教育、辅导及社会工作领域中。在大家热衷于所谓"成长团体""心理剧"及各种名称的小团体的当下，这些团体经验对成员的影响到底如何？关于这个问题，我所记录与描述的现象资料来自在小团体中运用身体动作方法的团体领导者对其催化经验的陈述。

近10多年来，大陆的小团体训练方法亦成为一个被十分广泛使用的方法，各社会机构也各自经营他们自己的训练课程，"养成"了一批又一批的团体领导者。近年来，更有甚者，小团体方法有逐渐商品化的倾向，任何一团体动辄收费数千甚至上万元。较之于台湾，大陆社会所发生及经验的强烈的结构性变化犹有过之。社会中的"80后""90后"的青年也正经历着过去40年所未有过的困惑、不安及焦虑。因此，许多人便试图在坊间各种团体活动中解决个人的适应问题。这些团体的确协助了团体成员的成长吗？还是有可能在焦虑宣泄的过程中，误导甚至伤害了成员？这是一个很值得大家深入细究的范畴。

身体运作的经验与现象原本就超出了意识与语言概念足以清晰陈述的范畴，然而它却是承载与流转个人与集体交流影响的重要通道。在这一节里，我会先约略概述西方团体理论中与此相关的主要概念，并辅以我在实作中记录的现象资料作为诠释说明。

第一节　身体动作是何种方法

一、身体动作与舞蹈在心理学中的应用

法国社会心理学家马克斯·帕格斯（Max Pages）回顾20世纪后半叶以

来团体的理论与实际工作发展时表示，非语言及身体动作(body movement)技巧是团体理论与实践三大重要发展面相之一(其他重要面相是对政治、经济、文化范畴的介绍及对集合性防卫系统的分析)。近代心理学与社会心理学中有关"身体工作"(body work)的理论来源有哪些呢？我先简单地介绍三种不同的理论及方法：会心团体、舞蹈—动作治疗及集体潜意识的解放。

(一)会心团体：身体觉察与个人潜能发展

美国心理学家威廉·舒茨的会心团体的理论与方法是在探讨个体心理(三大基本人际需求)及生理经验(身体觉察)是如何影响其潜能发展的假设上形成的。有关三项人际需求的讨论在坊间团体辅导相关的书籍中均有介绍，故不在此说明，下面仅就舒茨有关身体觉察的理论加以介绍。

舒茨认为我们的身体天生是富有高度成长潜能的，但三项因素可能阻碍了它的发展：生理创伤、情绪创伤以及有限制的使用模式。营养不良的身体或肢体的伤残对个人情绪及人格发展的影响是我们很容易了解的，情绪创伤与身体某些有限制的使用模式则较不易被我们觉察到。舒茨在会心团体方法中所发展出来的许多身体活动，就是想借"身体觉察"增加个人自我觉察的能力，以拓展其发展的潜能。

人的感觉与情绪经验会影响到身体发展。比如说，每当我有生气的感觉想要表达出来时，同时就有一种冲突的感觉抑制了我去表达它(害怕表达了生气会带来惩罚)，这两种冲突的感觉在抑制我情绪表达的同时也在我身体中留下了紧张。特别是当我没有觉察到自己的冲突及抑制时，这种紧张累积在身体中的情况就会更明显，如果我一直未觉察到它的发生及存在，长久下来我双肩的肌肉，可能是僵硬紧张的，而我的胃也容易抽痛。我们的家庭生活与社会生活中存在着抑制人们情感表达及思想发展的某些特定的习惯性模式，这些模式同时也限制了我们对身体使用的多种可能性。传统的教室设计及规矩的训练就是一个实例。

我们的教室对安静、活动能量低的小朋友较为适合，而对那些活动能量高的小朋友来说，则常需要靠教师一再施以教室规矩的训练才"框"得住他。考试制度压力下的学生，除了近视频发之外，弯腰驼背或是身体的不协调也都是受到了教育制度的不良影响。舒茨认为，有限制的身体功能反映了某种特定社会压力的存在，或是该社会缺少想象性及挑战性环境。

舒茨在会心团体中运用身体活动来促进个人对身体的觉察，并接触到未被自己所觉察与明白表达过的情感及想法，在觉察到自己被压抑扭曲的情绪之后较可能产生人际间坦诚的接触。

(二)舞蹈—动作治疗：身体经验与心理重建

舞蹈—动作治疗(dance-movement therapy)是近代心理治疗的一种方法。它将舞蹈的知识与方法和心理治疗的不同理论相结合(如心理动力与客体关系等理论)。原则上，舞蹈治疗协助病人专注在自己的身体经验上，希望借身体的经验来重组病人内在心理的状态。心理动力的舞蹈治疗工作者认为，身体的表达可能是心理内在感受的一个反应，但也有可能是我们用来对抗或转化内在某种自己不愿面对的感觉和防卫性的反应。身体的经验与感觉是人们沟通时重要的内在系统，它告诉我们发生在身体之内的许多信息，而这些信息是与自我及他人有关的内在信息。

在舞蹈—动作治疗中的身体经验，可以借助身体运作将我们主观尚未觉察到的冲动与情感释放到意识层面来，使我们觉察到自我的矛盾与冲突，继而学习如何重新对待自己的内在冲突。也就是说，当压抑及扭曲的情绪在一个有意义的关系脉络中被释放出来时，新的知觉想法、记忆或想象可以在意识中涌现出来，人们才有机会获得洞察及整合这些潜在经验的可能性。

简而言之，舞蹈治疗是心理治疗的一种形式，就像语言是口语治疗的媒介一样，动作就是舞蹈治疗的媒介。舞蹈治疗的三项主要假设是：①动作是人的情感认知与其过去经验间联系方式的一种呈现形式；②通过治疗者与病人间关系的建立，支持并引导病人行为的改变；③在动作层次上有意义的改变可以影响个体心理功能的整体发展。

(三)社会改变：团体自主目标的发展与集体潜意识的解放

上述两种对身体的运用都是从个人化的治疗观点出发的，它们已发展出有效的身体技巧，使得个体在较短的时间内能释放出长期压抑在心里的矛盾和冲突。但法国社会心理学家马克斯·帕格斯对它们的批评是在于它们完全将人们潜在抑制的矛盾和冲突时的驱力引导到个人化的发展方向上去，而忽略了通过集体性的自发动作及行动（创造某些舞蹈的形式表达大家所共享的集合性的潜在动力），将每一团体所具有的潜意识的自主驱力解放及发展出来。

帕格斯认为像舒茨这样的个人主义取向时常会引导人们"回到所谓自然的、东方的追求平衡的意识形态中，而逃避了与工业社会体制对抗的责任"（Pages，1982）。帕格斯认为，与以舒茨为代表的美国加州个人主义取向相对立的另一极端发展，便是左派政治运动的体制分析（institutional analysis）。体制分析揭露了社会冲突并对压制人们解放与发展的体制进行抗争，但它又时常低估了个体身体与心理经验的重要性，而一味地强调政治运动。

法国的社会心理学与心理分析学者不同意美国的心理学者将身体的工作完全引导到个人主义取向的发展上。他们认为，任何特定团体中都存在这一类人群的集体性经验，这种集体性经验反映了该社会特殊的历史经验以及成员所共享的行为模式。团体动力应发展出一种方法将群体潜意识的集体性经验引导至意识层面，以解放团体的能量及创造力，以免团体的发展被僵硬的体制、教条意识的形态及成员对领导者的神化所限制。帕格斯认为，舞蹈是引导团体自发性表达的最有效的工具，而团体动力的知识与方法应有效地结合舞蹈与动作的经验，协助个体与团体在参与中学习到社会行动的方式，从而推动社会改变。

以上是身体运作及舞蹈应用在心理学上的三种不同取向。舒茨以适用于会心团体的身体觉察活动为主，舞蹈治疗则灵活运用舞蹈的不同形式形成心理治疗的特别方法。这两种取向已各自发展出其理论与方法，并经常和小团体工作的方法结合在一起。教育工作者与心理治疗工作者会在教育性成长团体与治疗团体中运用身体—动作的方法来催化成员的表达及参与；团体动力潜意识解放的观点则并未发展出清楚的工作方法。虽然身体运作的运用各有不同的偏重，但舒茨及帕格斯对勒温训练团体的批评都认为：勒温只注意到口语表达的团体过程，而忽略了非口语身体运作的重要意义！

我会针对近年来台湾教育与心理辅导专业领域内，肢体活动与身体—动作方法被运用在小团体中的情况，进行初步的探讨。在进入对访谈与观察资料讨论之前，先进一步地对身体动作方法在心理学理论上的背景做一简单的介绍，并陈述我解读现象资料的分析概念架构。

二、身体—动作经验中的学习历程

传统心理分析会忽略病人的身体语言，麦克斯·斯瑞尔（Maz Schrir，1955）用"去身体化"（desomatization）的概念来描述传统心理分析的理论与实践的一个倾向。"去身体化"概念反映了传统心理治疗的一个路线，这个路线认为人格的发展是由一种未分化、潜意识、身体取向及前口语的心理状态（undifferentiated, unconscious, body-oriented and preverbal mental state）朝向一个较分化、意识、身体无关及口语化的心理条件的发展方向转化，因此心理分析努力地协助病人从一种退化的心理状态转化到一种分化的、意识的及口语化的心理状态。弗洛伊德在建立心理分析理论取向的时候，曾遭受当代医学与心理学界的攻击，这些攻击更使得弗洛伊德过度强调他的理论路线和当代自然科学知识成果的差异之处（H. Muller-Braunschweig，1988）。近代的心理分析学者则已不再背负着弗洛伊德的包袱，特别是20世纪70至80年代突起的客体关系理论（object-relation theory）已很清楚地被结合进入身体运作与舞蹈治疗的领域中。

客体关系理论的重要学者玛格丽特·马勒（Margaret Mahler），将弗洛伊德的心理发展模式补充并加上一个婴儿与母亲间沟通互动的经验层面。简单来说，在婴儿的正常发展过程中，他会经验到与母亲这一客体（object）不分你我的单一状态（autism），到共生（symbiosis），再到分离（separation）与个体化（individuation）的不同发展阶段，而这种个体自我的变化均是发生在婴儿与特定客体对象的关系脉络中。客体关系理论所描述的个体发展阶段的关系图像催生了"客体关系身体取向的动作治疗"（Peter Reason & John Rowan，1985）。团体领导者形成其治疗方法，治疗者依赖其对前口语及非口语重要性的知识（如婴儿发展早期的感觉动作元素），协助病人通过对自己身体的专注与经验克服病人对自己身体的异化态度（alienated atitude）。推动动作治疗的心理分析家认为，发展到20世纪70至80年代，心理分析的方法已受限于它自己所设定的多种缺乏弹性的规则与禁忌而离病人实际的需要渐远，所以加入了身体及动作领域治疗方法的专注动作治疗，可以使病人潜意识经验更快地进入意识层面（Becher，1988）。简而言之，心理分析取向的动作治疗依循费伦齐（Ferenczi，1921）、赖希（Reich，1933）及温尼科特（Winnicott，1971）的理论传统而发展至今。

与欧洲及英国动作治疗呼应的舞蹈—动作治疗是在20世纪40年代，由舞蹈教师玛丽安·蔡斯（Marian Chace）与美国心理学者共同发展的。舞蹈—动作治疗在美国的发展，凭着20世纪60年代至70年代小团体运动与自我觉察及人际敏感度训练等方法的发展，而转化成儿童创造力启发及成人心理健康教育领域中的一股力量（李宗芹，1990）。有关美国舞蹈治疗理论并不是此文的主题，故在此不多做介绍。在下面一段中，仅针对身体动作方法被运用到成人心理健康教育领域的范畴中做进一步讨论。为了便于讨论，在这里，我将应用在成人心理健康教育领域中的身体动作方法称为心理成长的教育取向，以区别于应用到精神病人身上的心理治疗取向。下面将简单陈述心理成长取向的身体动作方法所依赖的学习概念。

身体—动作的经验带动了我们由身体动作到感觉（情绪）再到思考（认知）的一个经验历程。它和我们传统课堂中的讲授方式截然不同，它不是由观念的吸收开始，相反地，它借着身体动作开启了一场由情绪观察再到思考整理的学习历程。这到底是怎样的一个学习历程？

在过去教学经验的观察中，我发现学习者经历的是身体运作与心理经验相互牵引交织的一个过程。基本上，它们是不可分割的整体。但为了便于描述，我先将身体与心理历程分开来描述。

一般来说，学习者对自己身体呈现与运作的体验可分成三个阶段：

（1）开始学习时，身体运作的愉快、兴奋中混杂着在团体中呈现自己身体的焦虑与不安。在我们工作的不同对象中，教师需要较长的时间来度过这个阶段，我们可以清楚地看到身体的拘束、紧张及僵硬。

（2）通过不同动作及互动的活动，学习者"清清楚楚"地感受到自己，看到别人的身体运作是什么"样子"又有哪些特点。比如，发现自己在空间中流动时不易顺畅，或是清楚地感觉到自己躯干的僵硬紧张。这种对自己及别人身体（部分或整体）更为分化与细腻的觉识，一方面使学习者沮丧（不喜欢自己的样子，希望自己能很快改变，却发现旧有的模式一再出现）与狼狈（一再地在他人面前出现自己某些固定与自我挣扎的样子）；但另一方面也使学习者由"看到"与"做出"这些具有特色的样子而经验到自己内在某些特定的情感（时常，情绪就在一边动作时，在动作中流露出来了）。

（3）学习者或是尝试不同的呈现自己的方式，或是允许自己内在的情感经动作传递出来，这时的学习者常是欣喜、感动与放松的。

伴随着这样的身体经验而发生的心理历程较不容易被概括化地描述出来，不过我们可以看到在课堂中引发学习者觉察情绪到反映思考的来源主要有三个：

（1）前述个人身体动作中所引发的自我内在情感经验。

（2）舞蹈——动作的活动提供了一个非语言的人际互动的关系发展的场景，人际关系中许多抽象的心理经验（如拒绝与接纳）具象地在一来一往的身体互动中被体会着。

（3）团体中的学习者反映出相似的身体特殊形式成为一种共享的、可清晰指认出来的集体经验。比如，一群大学女生听到自己由喉咙发出的"放不开来的抑制"的声音时，清楚地意识到声音中带着的压抑。在稍后的讨论中，几位女孩分别谈到自己在家庭中、学校体制中的压抑。这三种经验的来源对不同的学习者带来迥异的刺激。虽然，舞蹈—动作所引发的心理成长历程是一个相当个人化的经验，但当一群相似成长背景与社会处境的个体共同参与时，则又可以看到某些共通的特性，所以它又是一种集体的经验。

由动作所引发的情绪流动与体察的经验如何带动了学习者的思考？在我有限的教学经验中，学习者对自己被压抑情感的觉察与思索时常是一个被唤起而后持续发生学习的主题：这里发生了一个"确认"与"允许流露"自己被压抑情感的历程。比如，一名21岁的女性W这样描述自己在舞蹈—动作中的经验：

> ……在我的内部有情绪想要出来，而外在我的行动却出不来！因为在内部，我就把它们镇压下去……在这里（指课堂中），我弄清楚了自己这种不协调的立场……我看到X咬牙切齿的委屈和愤怒，内心起了波动；她使我重新思考自己。愤怒是我从前所不敢表达的，我一直用压抑、钝化的做法来控制它。

W接触到了内在愤怒的感情，在接下来的舞蹈—动作活动中，她又如何发展这个历程呢？

> 我觉得很多平常纠缠在我心里面的冲突，就借那个情境释放出来了。前一阵子刚好有哀伤的情绪，在上次活动中，在那个情境中，我的愤怒及哀伤就混合地表现出来了。本来我不敢发出叫声来的，那时就叫出来了！后来我发现，原来生活中我顾忌很多，家庭、学校中有许多"不可以"，女孩不可以大叫，愤怒是不理性的……

W是一个例子，她借由舞蹈—动作而"认明与区辨"了自己情感的性质及来源，这个过程是学习发生的关键处。黛安·弗莱彻（Diane Flether）认为学习者通过对舞蹈—动作经验在四个层面上的辨识，才完成一个较为完全的学习历程，这四个层面是：

（1）对主体经验的察觉与意识。允许内在与外在世界的感官知觉、幻想及影像进入自我觉察与意识的范围内，亦即经验到了现有的动作质地。

（2）对主体经验的内容加以辨别及反映。这是指对自己经验中某部分的细节特别加以注意，并能在认清它是什么之后（如 W 的愤怒），将它变成继续探究及思索的主题。这时，在主体的经验被客体化的时候，开始转化成思想的一部分。

（3）能够辨认自己在动作经验中所出现的特定的行动模式及其所反映的心理机制（psychological mechanism）。

这一点涉及"改变"是否可能发生的问题。我们若想停止某些在生活中不断重复出现的模式，所需要的不只是察觉与反映它们，还要能对它们采取行动（一般说的"处理"它们）。弗莱彻从"现实建构"（reality-construction）的角度来讨论这一点。人是通过行动模式来选择并组织经验，从而建构了他所知觉的现实，所以改变之道便是解除他现存的建构模式。舞蹈—动作经验中的解除过程是经过下面两个步骤来推进的：认明自己赖以建构现实与组织经验的行动模式及心理机制，并对它们负责任（它们是我生产的，是我的一部分，我要对它们、对自己及他人的后果负责任）；而不再以为"事情就是这样自然发生的啊"。运用身体的不同方式可以带出个人的感觉，所以在舞蹈—动作的经验中，工作者要引导学习者练习不同身体运作的方式。身体运作并不代表深层的改变，但至少对学习者在身体及情绪层面上有某种程度"重新建构"的经验，而立即改变的能力是人们在婴儿时就学会的基本生存机制！

（4）将1、2、3的经验与发现和日常生活做联结。如 W 将愤怒与家庭及学校制度加以联结思索时，她可能对女性在社会中的共同处境有所意识，而不再个别化地解释自己的压抑，她也可能发现了父母关系中的某些问题是自己愤怒的主要来源！

不同于英国与欧陆心理分析的治疗取向，美国的舞蹈治疗及后来推广发展的创造性舞蹈与身体觉察的教育路线，融合了现代创造性舞蹈身体运作的方法以及心理学小团体的知识及方法（如会心团体与人际关系训练团体）。身体动作方法被大量应用到各形各色团体经验中的现象，不只是被马克斯·帕格斯等人批评为"逃避与工业社会体制对抗责任的个人主要取向"，英国与欧陆受过严谨训练的心理治疗工作者亦批评美国这种作为风潮的"身体取向治疗及自我觉察技巧"为自由市场经济下的"心理商品"（Brahler, 1988）。

与台湾相同，在市场的驱动之下，大陆的心理咨询与社会工作专业工作者除了在教育环境中致力于心理教育方法的落实发展外，也开始面对社会一般大众，以小团体领导者的角色带领各种心理成长取向的团体，身体运作的方法也就是在这样的背景下被引入与应用的。教育工作者到底是怎样在团体的情境中应用身体动作活动的呢？由小团体带领的观察来看，身体动作的经验又发生了怎样的作用呢？为了探究此研究主题，我们亟须建立起针对身体—运作经验所发生的团体脉络应有的认识。

三、团体脉络、团体现象与团体领导

我曾于 1994 年，对台湾团体领导者运用身体运作活动所引发的团体现象进行了一次初步考察。在呈现部分研究资料之前，下文将先针对团体脉络（group context）、团体现象（group phenomena）及团体领导（group leadership）在概念上加以厘清。

（一）团体脉络与团体现象

在这一初步的调查研究中所考察的小团体均是教育及辅导界工作者所带的成人团体。这些团体的取向与性质均属于小团体方法中的成长团体（growth group）或会心团体。这种心理成长取向的教育性团体是一种暂时性的组合，领导者运用他对小团体发展与个体成长的知识擅自推动成员之间的互动过程，以有益于个体的心理成长。因此，在小团体方法的理论中均强调个人内在心理历程的变化与人际互动历程的作用。不过，严格来说，在任何一个小团体的情境中，均存在着多层次的团体脉络。阿德佛·克雷

顿（Alderfer Clayton）将小团体脉络区分成下列五个层次（Colman，1975）。

　　（1）自我内在过程（intrapersonal process）。自我内在过程指涉了人格特质、自我防卫的方式等个人自我内在的经验和其外在行为之间的联系。

　　（2）人际互动过程（interpersonal process）。人际互动过程指团体成员之间的互动关系。

　　（3）团体整体（group-as-a-whole）。团体整体，即团体层次的过程（group-level processes）。这是指我们把一个特定团体的行为看作一个社会系统，即在理解每一成员的行为时，要视其为团体这一相互依赖系统的一个部分的角度，来分析个别成员身上可能存在的部分与整体的关系及作用。

　　（4）团体之间的过程（intergroup process）。我们平日组织生活中不同工作团体、部门之间的关系与学校班级团体之间均属这一层次。

　　（5）组织之间的过程（interorganizational processes）。组织之间的过程就是将分析的焦点放到组织与组织之间的对待与关系发展的过程上。

　　这五个团体层次的概念可以协助我们在面对复杂团体现象时，以系统与脉络的观点来暂时性地界定我们所观察到的现象领域，以便于研究焦点的形成。阿德佛的概念架构较其他小团体定义优越的地方在于它包括了团体存在的背景（如团体之间层次及组织之间层次的概念），使我们在考察团体历程及团体内部的作用力量时，仍保留着检索团体外在脉络对内部动力所可能发生影响的观点。当然，在这次的研究中，我们可以预期第一、第二及第三层次会是主要的分析焦点。

　　可以与阿德佛对团体脉络多层次分析观点相互参照的概念是马克斯·帕格斯对"团体现象"的界定。

　　综合阿德佛及帕格斯的看法，团体场域中所发生的现象是具有多层意义的，下面三段论述的主要目的虽然不是试图去解读小团体现象的多重意义，但保持多层次脉络与多面向团体场域的参考视框，可以使研究者不会将对身体运作活动作用历程的研究焦点抽离出团体脉络场域的背景中。

在小团体进行的现场中，身体动作的活动和团体领导者所使用的其他口语行动或团体活动一样，都是领导者基于他对团体当下现象的了解而采取的介入行动。所以，我们对身体动作活动作用历程的考察是不可能不通过团体领导的角度来理解的。

(二)团体领导是认识历程的反映

在此研究中，我并不进入依某一特定团体理论来界定团体领导功能或作用的内涵，而采取舍恩"专业实践"(professional practice)的观点来了解团体领导者在小团体情境中的催化行动。从认识论角度，舍恩将他与阿吉里斯从1970年起所共同创建的行动理论结合起来，发展出社会科学工作者在专业领域中社会介入行动及效果的理论及方法。

基于舍恩的观点，团体领导者对其所带领团体的设计及领导行为是一场他所主持的实验，舍恩称之为"认识架构的实验"(框架实验，frame experiment)。简而言之，团体领导者在一个特定的团体时空中，针对当下的团体现象会形成他自己对团体中成员行为互动的了解。他的领导即基于他的了解而采取"试图去引发改变"的行动。舍恩用图2-1来代表专业工作者介入行动所引发的一个了解同时发生的历程。

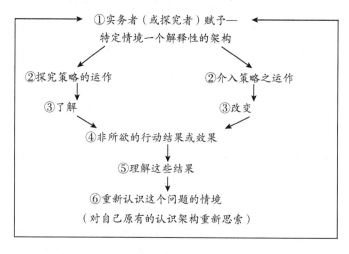

图2-1　认识架构的实验历程(夏林清，1989)

以小团体的带领而言，领导者在选择运用身体动作活动催化成员的参与时，一定经历着以下四个方面的经验：

(1)他自己对当下团体现象的了解(他认为团体成员的状况如何)；

(2)他认为，为了团体成员的有效学习，成员的参与及团体的发展应往什么方向移动及变化(他认为团体应怎样发展是正确的方向)；

(3)为了推动团体往自己所认定的理想方向移动，自己可以采取怎样的行动介入团体(他的催化或领导行动)；

(4)当领导者发动了某些介入行动之后，他对成员参与及互动的现象是如何理解的(他认为自己的介入行动是否达到了自己预期的效果)？

所以，任何活动的应用都只是团体领导者领导行动的一个环节而已，上述的认识历程才是领导行动的隐含历程。

(三)成员参与及团体过程

要检视团体领导者所带领的身体动作活动的作用，除了领导者的催化行动之外，成员在当下活动的参与状态及随后团体过程的变化，也是主要的考察焦点。领导者运用身体动作活动所发生的作用也要考察，在可观察到的活动所引发的团体现象时，我们却不能只用"成员参与"的观点来看它。这就是为什么要同时提出"团体过程"概念的原因。

"成员参与"一词当然就是指针对领导者所带领的活动，每一位团体成员的参与行为，但个别成员参与行为以及成员间互动的状态却不能只从"个体参与行为或方式"的角度去解析它的意义。前文中所提及团体脉络第三层次——团体整体的层次——便在这时体现了它的重要性。当一个小团体在一段时间内固定每周聚会进行活动时，团体成员在团体中的行为表现是成员对自己与他人关系设定下的反应。在这一向度上，"过程"意指随着时间进展，成员间关系的变化，也正是成员之间关系的变化与形成，使团体动力的作用与其整体所彰显的意义，不等于个体行为表现的总和。比如说，在团体初期，成长团体的领导者试图运用身体活动加速成员的互动，团体成员虽合作完成活动但流露出应付了事或焦虑紧张的情绪。这个时候，我们不能只由成员个人的身心历程去解析这一团体现象（如成员个性不太开放或有性别焦虑），而应将这一现象放回到这一个团体发展的历史脉络中，去检索它和前面团体经验的联系，以及是否反映了前面所描述的多层团体脉络及多向度人类现象所隐含的作用与意涵。

因此，"团体过程"与"成员参与"的概念可以兼顾成员个体内在、人际互动以及团体整体的脉络发展。

通过第二节的讨论，我可以明确地指出，当前的初步考察集中在三个焦点领域：①团体领导者对身体动作及方法的看法；②团体领导者在团体进行中是依据对团体当下现象的分析而决定应用何种身体动作的活动；③当某一特定身体动作活动被应用后，团体成员是如何参与及互动的。

四、矛盾的操作逻辑

我分两个阶段来陈述上一节的研究结果。在进行研究结果讨论之前，先将研究资料的来源对象做一个简略描述。

此次研究计划共访问了 15 位团体领导者，并观察记录了其中 3 位领导者所带领的三个团体的过程。15 位受访团体领导者中有 2 位男性、13 位女性。15 位中有 10 位目前在中小学从事辅导及教育工作，这 10 位中有 3 位师专毕业、6 位大学毕业、1 位研究生毕业。其他 5 位目前均在社会辅导性质的机构中带领心理成长取向的团体，5 位中的 2 位为非教育或心理相关科系毕业，其他 3 位中，2 位是心理辅导研究所毕业。所记录的三个团体则均为心理辅导相关机构所开办的心理成长取向的团体，团体时间为 18 ~ 24 小时不等。

如前所述，我将团体领导者在团体中运用身体动作方法的带领视为一个实践的认识历程，所以，我在探究身体动作方法在小团体中的作用历程时，切入的分析层面着力于以下方面：①"领导者认为自己运用身体动作的方法是在做什么？"这也就是阿吉里斯及舍恩概念中"信奉理论"（espouse theory），即领导者相信与认为自己在做什么。②"领导者自己认为自己在做什么的想法中是否存在着不一致与矛盾之处？"在这里，我们还没有涉及领导者实际行动与想法间的落差，而只处理所谓"信奉理论"中的矛盾，即任何一位领导者在自己的看法中所出现的矛盾。③领导者带领团体的实际行动（做法）及其作用后果所反映出来的"他到底在做什么"，这就是阿吉里斯及舍恩的"使用理论"（theory-in-use）的概念。④"领导者运用身体动作方法的领导行动和他认为自己在干什么之间所可能存在的落差"。这里就存在一个实务工作者在带领团体时，他的信奉理论与使用理论之间的矛盾。

通过对于这四个考察点的引导，我分两个阶段来陈述此次研究的发现。在第一阶段中，我先对15位受访者对自己运用身体动作方法的想法，以及他们不同的训练与实作背景做一个简略的分析。接下来，便进一步整理与分析我所观察到的在领导者的思想以及想法和做法之间所存在的矛盾现象。最后一节则讨论这些矛盾现象所带来的启示。

（一）团体热身活动、身体动作方法以及身心整合的路线与领导者训练背景和实践场域间的关系

在受访者本身对自己为何及如何使用身体活动的叙述中，可以清晰地辨识出对使用身体活动的三种不同看法与做法，而领导者这三种实作路线侧重的不同程度，也反映了领导者的专业训练背景及其实践场域的差异性。

近年来，因为心理剧、家族治疗以身体觉察与舞蹈治疗被引入及推广，相当多的辅导与教育工作者均把或多或少的参与相关的工作坊作为自我训练的一个途径。心理剧与家族治疗方法中亦涵盖了许多运用身体动作的介入技巧，虽然这次的研究范围并未包括对心理剧及家族治疗的实作情况，但发现受访的15位团体领导者全部都有心理剧及家族治疗的经验。这里就出现了一个普遍存在但令人困扰的现象——参与所谓心理剧及家族治疗或重塑工作坊成员的参与经验与接受成为心理剧及家族治疗领导者的培养训练经验之间是否应该是两种不同层次的教育活动？还是借由丰富的成员经验便可以具备有效领导者的专业能力？因为这一个问题并不是此次研

究的重点，所以我并不在此讨论。此外，15 位领导者中的 10 位均具有学校教师的背景，这使得他们的实践是以学校教育系统中的学生及教师为主要的对象，而 5 位社会辅导机构的领导者则面对社会不同背景的成员进行他们的工作。这一对象及实践场域的差别对他们的实作方向及理解团体现象意义的诠释是有影响的。

1. 肢体活动与团体热身

"肢体活动"或"非口语活动"是小团体领导者经常使用的一个名词。小团体领导者常说："今天我用了肢体活动来做热身活动。"这句话的意思可以被仔细地铺陈为："今天我在带团体的时候，我想让团体初期(或一开始)时成员之间的陌生及紧张快一点度过，以便于推进我想带领成员进入的主题(或方向)，所以我用了肢体活动使成员互相接触，团体紧张或陌生的气氛很快就被改变了。"这种在带领小团体时，选择用肢体活动来转移团体过程初期会有的紧张或焦虑气氛的做法，是受访团体领导者相当普遍在使用"身体动作"的一种方式。团体领导者运用"肢体活动"作为团体热身的现象对台湾教育与辅导领域中小团体的蓬勃发展有两层意义。①这种使用肢体活动的方法反映了领导者在带领小团体时，对团体过程的理解采取一种机械阶段论的观点。浅白地说，就是团体领导者在学习到团体发展理论中的阶段论述后，就以发展阶段的观点作为自己在带团体时赖以"认识"团体现象的解释架构。②当领导者采取阶段论作为了解观点时，所谓团体发展在他的眼中便成为一个循阶段前进的历程，而团体过程的催化就是"介入"团体，以便团体的现象能呈现出如书本上所描述的由前一阶段到后一阶段的变化现象。这个时候，各种配合团体不同发展阶段可使用的"团体活动"便成为领导者带团体时所倚重的"工具"。简而言之，团体领导者所抱持的机械阶段论观点使得他的团体带领工作变成操弄工具或技巧以产生多少能符合机械发展解释观点的团体现象。这种认识方式的一个后果便是将身体运作方法分解为"肢体活动"，也就是说领导者选择用一个"肢体活动"来取代其他口语的相互认识的活动，只不过是因为"肢体活动"比口语活动更能"将团体的注意力集合起来，场面容易控制……"，或是"可以增进团体信任度与凝聚力，来软化团体"，或是"玩一玩（指肢体活动）再来聊天，会比较容易谈出来"（访谈资料）。

上述这种运用肢体活动的方式普遍地发生在具有下列两种背景的受访领导者的实作经验中：中小学教育系统中的教师（学习团体方法的背景均以师范教育系统中的学习资源为主），以及具有青少年辅导工作社会辅导机构背景的领导者。

2. 身体动作方法与教育介入

在这次15位受访者中有10位是中小学教师。在运用身体动作的经验上，部分的中小学教师已将这种方法纳入自己教育实践的工作中，他们视"身体动作"为一种可以协助教师针对某些特定的教育现象及问题进行改变的一种方法。比如，针对小学教室学习情境中被教师视为不合教室规范、具有攻击性的小朋友，进行以身体动作方法为主的小团体辅导计划。

这一种应用方式最大的特色就是受访的团体领导者所反映出来清晰的教育实践的特性。这里用"教育实践"一词是想强调两点：①受访的教师均提及在接受身体动作训练的学习过程中，自己通过身体动作的经验深层地觉察到，在多年教师生活中自己所养成的某些特定的身体表达习性，与这些习性所隐含代表的心理适应历程；②不同于一般社会辅导机构的团体领导者，中小学教师背景的团体领导者自然地会试图将身体动作方法运用到日常教学情境中，以解决学生的问题。

在访谈中，教师提及在自己身体动作的学习里，"自由"与"力量"是主要的成长经验。这一点和夏林清与李宗芹在1990年所做的一次探索性的访谈发现是一致的。比如，李宗芹（《舞蹈成长杂志》，1990）对教师"拘谨、僵硬、不灵活的身体观察"，接受身体动作训练的教师表示：

> 甲老师："我感觉自己的身体很笨，不灵活。也不知要怎么动，但我喜欢低水平的探索，做低水平时接触地板，觉得很舒服、很放

松，至于要跑的、跳的，会感觉不知怎么办？我把自己身体的状况，联系到生活时，就会看到自己和同事之间的共通性，我们很多老师都有一些理想，但理想都压在心底了，因为琐碎的事情实在太多了，限制也太多了，我想到我做那些跑、跳的动作时，我不敢向上跳，所以我喜欢低水平的动作。因此喜欢低水平动作的另一个意义是我不敢放开我自己。"

乙老师："我喜欢做轻的、柔和、缓慢、持续性的动作，当我做有力量、强壮的动作时，我就觉得害怕，我害怕的并不是力量本身，事实上强有力的动作让我感到振奋与活力，我害怕的是力量增强后会凸显自己，让别人看到我。在学校里我不凸显自己，我避免并且逃避出现，只要我不说话，没有人会特别注意我，我不跟同事争第一，不批评别人，一直保持着安静的、柔和的好老师形象。我隐藏自己的能力，因为怕学校硬塞给我一些自己不想做的事情，比如合作社管理……"

教师在身体动作的学习过程中，通过身体觉察增加了对自己在教育体制中防卫性生存策略的意识，在经验到自己的改变与成长动力后，第一线教育工作的实践特性便发挥了它的作用：

丙老师："……我那个时候是觉得我自己，有一个很强的身体自由的感觉，这是我以前没有经验过的，我觉得我得到了帮助，回到学校后，我开始对小朋友来做……班主任推出来的都是比较有攻击性的学生，外向的、好动的小孩。他们本来就是比较不适合在教室规范里的孩子，教室的限制较大，所以在身体动作团体中，他们得到的也是自由的感受，他们可以自由地去发展关系……"

我们可以很清楚地看到教师丙将身体动作作为一种教育介入的方法，试图改变自己想改变的教育问题，相较于其他社会辅导机构的团体领导者，教师背景的团体领导者对身体觉察的学习与身体动作方法的应用，都清晰地反映出教师及学生日常生活中学校体制的影响，以及当教师本身意识提升之后在行动上试图转化既存教育问题的实践行动。在下一段中将针对隐含在这种取向中的教育理论做进一步的探讨。

3. 身体整合与现代人潜能开发

从前面对教师背景的团体领导者的描述中，我们看到无论是这些领导者的自我学习抑或身体动作方法的应用，均具有清晰的脉络属性——教师和学校体制之间相互影响及转化的关系。当教师在应用身体动作方法时，他们是直接针对学生及来自学校体制的限制与束缚的。这种特定脉络的具体图像则没有出现在社会辅导机构团体领导者的描述中。

相反地，社会辅导机构的受访团体领导者在谈论他们对身体动作方法的理论时，使用的概念是"人""现代人""人的疏离与焦虑"，以及"人的创造力和潜能"，这些语词的特性是抽离出特定社会脉络的一种概化的描述。对应于这些概化的对行动主体的描述，则是另一组抽象的涉及其实践的概念，如"肢体、土地与心理和人的结合""深度治疗"及"挣脱原来的束缚，表现出创造力来"等。由社会辅导机构所推出的各种收费招生的小团体及工作坊是近年来一种蓬勃的社会现象。我们应该从社会教育的角度、替代性心理辅导资源的角度还是心理咨询与治疗方法商品化的角度来探讨这个问题呢？虽然本研究不是为了探讨这一现象而设计的，但研究资料中所区辨出来的第三种应用身体动作方法的途径正是坐落在这一种实践的场域中。因此，受访团体领导者对他们运用身体动作方法的想法与做法应可以对上面这一个重要的现象——这一商品化流行趋势——发生了侧面反映的作用，我将在下一段中进入较细部的讨论。

这一段所指出的三种身体动作经验的不同应用取向，并不能被理解为三种运用身体动作方法的方式。因为如果我们这么想的时候，我们就犯了工具化的毛病，将身体动作视为一种可以和特定对象与特定社会脉络抽离开来的"技术"。

前面所描述的三种不同的应用取向，区辨出了处于不同社会位置中的团体领导者在形成其对身体动作方法的想法及做法上的差异性。

(二)实践逻辑的矛盾

前一部分指出了三个不同的应用路线,这三种路线区辨出在不同实践场域的团体领导者在想法与做法上存在着差异。以下将针对领导者想法与做法所出现的矛盾加以讨论。

1. 化约的教育理论

每一位实务工作者在他专业实践的工作过程中一定拥有他对问题现象及问题改变的了解,而从实作即一个认识历程的观点来说,实务工作者要能通过实作深入对问题现象的考察,更进而修正、丰富及建立自己的教育理论(这里使用"理论"一词是指实践行动中所蕴含的知识,而非学术化论述理论的含义)。在受访的教师背景与社会辅导机构背景之团体领导者的陈述中,一种过度简化与化约倾向的想法清晰地出现在领导者对其工作对象以及身体动作方法作用的看法上;这些看法也就是阿吉里斯所称的"信奉的理论"。换言之,这些领导者团体带领的理论有简化团体现象的倾向。

我用下面的实例来说明受访团体领导者对其所处理的问题与运用身体动作方法来带动一个改变历程的观点。

与前一段所描述的教师与社会辅导背景差异性相呼应的一个现象是,中小学教师在使用身体动作方法时的理论,与他对学生问题行为的了解以及教育制度中对学生行为表现的规范性要求有关。

受访教师 C 在描述他通过身体动作方法对违反校规的高中男生所进行的团体辅导工作时说:

> 我们的学校教育从小到大都有体罚等做法。他们现在这么大了,还是经常被教官、体育老师或班主任叫去体罚,如伏地挺身、兔子跳、跑操场等。我觉得这种"被整"的经验使我们的孩子对身体的印象就是这个样子。我是想能够稍为扭转一下他们对自己身体的印象……比如,他能更清楚是在什么样的状况下使用自己的身体。在情绪非常不能控制的时

候，或是能够在比较能控制的状况下，身体会有所不同。

C 老师对台湾学校教育中学生"被整"的经验很有感触，他认为"被整"的经验使学生对自己的身体意象有一不良的影响。C 老师并没有较详细地陈述"被整"的经验到底让学生对自己的身体印象有什么影响，而身体印象和自我意象又有怎样的联系？接下来，C 老师陈述了"身体使用"与"情绪控制"关系的观点，C 老师以他对学生打群架的看法来说明他的观点：

> ……打群架时，我很想让他自己去看清楚，打群架时是在什么样的一个状况下……他不见得是主动的，有时候是那种情绪被激起来的，然后他会去使用力量，我想说，如果让他使用身体是在自己清楚的状况下，他是主动出现的，这样是不是会有不同……

针对"使用力量"和"身体"的关系，C 认为：

> 他们(指被记过和留校察看的学生)是不是在情绪的掌握上、力量的使用上可能没得到比较好的引导，所以我就由身体力量切入……

在上面的三段陈述中，C 的推理历程中明显地存在着化约与跳跃的问题。首先，C 将学生在学校教育中"被整"的经验对身心的影响只化约成"对自己身体印象"的一个面相来了解，按照 C 对"情绪控制"与"身体控制"的关系，是一个人能否控制自己的情绪和他在身体表现上力量控制得宜与否相关。C 隐约地认为，学习到如何使用身体力量可以使学生学习到有效地控制情绪，而情绪和身体力量的有效控制可以使学生减少打架的行为。所以 C 在运用身体动作方法进行团体辅导时，试图通过身体力量的训练来改变学生对自己打架或犯规行为的控制。依靠这样的看法，在 C 实际带领的过程中，团体成员(高中生)抗拒进入 C 所设计的活动，C 在面对挫败的带领团体的经验时表示，自己中规中矩的成长经验和这群不合规范学生的成长经验有相当大的差异，所以自己相当不了解这些学生的生活世界。因此，C 对"身体作用"和"情绪控制"以及"行为控制"间关系的化约看法或许反映了，当 C 对学生生活世界不了解的情况时，他试图通过团体辅导来改变或修正学生"不合规范的打架行为"。我们可以说 C 对团体辅导的目标设定是不切实际的，而 C 对学生问题的了解，太过于化约成"身体的使用"，"身体"变成和情绪及意识分离的一个概念，而打架和犯规的行为也是被抽离出群架事件发生的场景脉络以及学校教育体制脉络来理解的。

如果说 C 教师化约的倾向反映了他在试图进入学生生活世界和了解学生特定问题时的困难的话，那么社会辅导机构的领导者对工作对象概化成"现代人"及"潜能开发"的观点，则在面对不同行业、性别及年龄的团体成员时，发挥了让他们自动回避了进入特定问题脉络的作用。这个意思是说，作为消费市场上的一项文化商品，团体领导者必须要在有限的时间内，通过他的团体带领让参与成员有"值回票价"的感受，因此概化的"现代人"及"潜能开发"的理论是一种安全有效的选择。

一位社会辅导机构的领导者 D 陈述他对"现代人问题"的了解：

> ……我觉得现代人很多会疏离，基本的根源来自和土地的疏离，我期望慢慢地能够借由肢体、土地与心理跟人的结合来做……（接着描述自己带领成员到郊外去体验的生活营设计）……几天下来，他会真实地感受到为什么他在日常生活里面没有办法达到人与自然的结合。

另一位社会辅导机构的领导者 E 则试图通过身体动作的工作坊经验使成员意识到现代社会中竞争、冲突的人际关系，并在肢体活动中抒发出压抑的愤怒：

> ……愤怒、生气是生命的原动力，这是现代人很重要的一些经验……我在最后会做激烈的活动"骂、冲、打"……最后处理压在最底下的情绪，所以带到户外，吐纳、喊……这是一种仪式……下山时就

抖动身体，很多废物就会抖掉……

社会辅导机构领导者的这种运用身体动作经验来抒放压抑情绪以及还原式的回归自然的论点也展现出化约的倾向，这也正是帕格斯对美国加州学派的批评之处。

用浅白的比喻来说，C老师在带领高中生团体时，试图直指他所欲改变的问题(学生"被整"的经验及犯规的行为)，但指错了地方(身体力量的使用)，而D及E在带领缴费报名的团体成员时则遥指飘浮在空中大家共享的工业废气，勾勒出一幅"焦虑压抑的现代人"的图像。

2. 自我应验的预言(self-prophecy)与商品化的实践逻辑

化约的理论倾向在工作者实践认识历程中会导致的问题是：团体领导者可以规避进入复杂的、多面相的人类问题的脉络场域，问题情境的简化可以使助人事业或教育工作者降低面对对抗工业化社会问题的斗争之苦，同时淡化了自己在探究变革之道时所应承担的风险责任。在这次我们所观察的两个成长团体的实例中，也发现当领导者在使用肢体活动时，领导者对肢体活动所引发的成员反应的理解和观察者观察报告之间存在着差异。简单地说，领导者选择性地不去知觉与解释肢体活动中成员参与反应中的不自在与紧张、焦虑的现象，而视肢体活动所带给团体的热络气氛与交谈资料为"团体暖化"的现象，和前述化约倾向相同的一点便是，隐含在这些领导者运用身体动作经验来带领团体的领导行为中的是一种自我预言的实践逻辑。所谓"自我应验的预言"是行动者以自己的预设来选择性地吸收与处理自己在日常生活或专业实践动作中所触及的现象和信息，而自以为是地验证自己的假设。

除了自我应验预言式的认识方式之外，在社会辅导机构的领导者身上浮现了清晰的商品服务的逻辑。一位领导者谈到他在实作中因应成员状态而选择让成员愉快、放松的服务取向：

……通常你(指团体领导者)若走得比较深(指带团体时，深入成员问题去探究)，他们(指成员)反而会反映说他们不见得要这个东西，"只要让我们放松、愉快一下就可以了。"……如果你的成员认为不是这部分的问题，那你要不要去触动它？还是放掉？我以前是很不情愿的，总想再做一些有意义的事情，但做到后来，变成无趣……

如果我们将心理成长的专业工作纳入商品服务业的领域，那么在市场导向之下的心理成长产品的包装逻辑应该是：轻薄短小的设计，能让你在抒发压抑情绪的同时点到你的痛处，这样你就会在此购买。

3. 团体操作技术与支持相伴的人际联系

此次所访问的社会辅导机构团体领导者在专业训练的背景上有两种情况，部分领导者拥有心理学专业相关的学历背景，另外的部分领导者则属于在参与坊间开设的训练课程之后，跟随着某位资深团体带领者，随后一路累积了相当多参与经验后，自己也成为开班招生的团体领导者。前面几段所描述的专业实践认识历程的问题和领导者是否具有专业学历并无明显相关。但在这一段中，我特别针对从成员变成领导者的访谈资料进行讨论。这位领导者从做成员的学习过程中掌握了一套带团体的方法，并陆续开班，相当成功地吸引了一群支持他的成员。站在研究的立场，这种现象的意义在于，这一方面反映了台湾社会客观存在的需求式的动力，不然不可能开班成功；另一方面提供了一些线索刺激我们思考：各种社会辅导机构所提供的服务是否可以作为取代心理健康专业服务的另一种社会资源？

利用系列的身体活动使成员经验到生活中的疲累、辛苦，进而形成团体的凝聚力，这是领导者 W 清楚意识到的主要工作：

……要成员原地跑步持续半小时，成员都累得像跑几千公里了……我会说，你可以调整速度但不要放弃，也不要掉入自哀自怜的情绪中……分享时，他们很清楚地体会到人际生活中的苦啊、悲哀啊、挫折啊……生命中遇到挫折时……起码这里有个团体与你分享，形成一个支持的感受，从此以后即使团体没有主题，大家还是支持相伴着，这是我的团体大部分形成的模式。

在 W 的实作方法中，"身体"是操作出某种特定团体经验的工具，通过身体活动的灵活运作，愤怒、悲伤及冲突的情绪都是领导者想要引发的重要经验，因为"……冲突呈现后，成员像洗过一样""悲伤更为深层，团体的凝聚力很高了"。W 虽然接受了多次资深团体带领者的训练，但指导他带领团体的观点主要是"化解冲突"，以及在人们挫折的生命经验中"形成相伴支持的"人际联系。W 对人们生活中的痛苦与挫折显然深具同情并试图协助，当团体在他的引导下涌现出悲伤与痛苦时，他说：

> 我希望团体能体验到的经验，不是只有悲伤，也有欢笑，所以我录了各种笑声的录音带放给成员听……但成员却觉得很奇怪。

W 对成员的奇怪反应并未深究，他只觉得自己试图带给团体欢笑体验的做法不太成功而已。W 依凭着他对人的丰富情感，由积极的成员变成团体领导者。姑且不论他的实作到底在发生着怎样的社会作用，W 的勇气与坦诚倒是少见的，他对访问者表示：

> W："我不可能帮助每个人，我做的是以我的学习和经验去跟欣赏我的人分享互动。事实上我是在找同类，而不是去改变任何人。有这样的认识，我就不在乎外界对我的批评……"
> 访问者："你由对方哪些特质看出是同类？怎么进行？"
> W："从对方的气质，如果我觉得他气质很好，我就跟他讲话，然后拿文宣向他介绍，很勇敢地邀他来工作室听讲座，那时要很有勇气！我站在一个比较低的姿态，后来到工作室的人就差不多固定有30位到个别咨询，然后我给他们组织一个团体，每周 1~2 次活动，20

次后就一个月一次，现在已一年多了。"

W这一位半路出家的团体领导者，运用团体方法为自己找到"同类"，相结合凝聚成一个以他为中心的小团体，重点在于它是建立在助人与被助人的收费关系上的。

结　语

我指出了团体领导者在运用身体动作方法时的几个问题，它们的共通之处在于领导者可能对自己的理论及实作之中出现矛盾或不一致的信息并未深入探究。当团体领导者在自己的实作中，并不关注对工作对象的生活处境及生命问题复杂脉络的了解，也不去从细微处发现自己的矛盾时，专业实践的方法便不易被工作者梳理成形。作为一个长期投入在台湾小团体方法的工作者，我认为，作为一种教育介入的方法，身体动作是值得专业工作者、学术机构及政府有关单位投注心力的。如前文所述，中小学教师背景的团体领导者在学习到自己认为有效的教育方法时，很自然地想回到学校体制进行一些改变的教育工作。教师的这种试图以专业方法来解决学生及学校教育问题的努力绝对是值得支持与鼓励的。重要的是，如何创造更好的培养支持的研究条件，使中小学的教育工作者应用任何一种教育方法时，能突破他在认识历程上可能犯的失误，进而针对国内教育的特定问题，逐步地建立起我们自己的教育方法。这也是应该努力的一个工作目标。

（说明：本文第一节参考《团体治疗与敏感度训练：历史、概念与方法》一书原作者约翰·谢弗与戴维·加林斯基的序文，同时将夏林清所著《大团体动力：理念、结构与现象》一书第七章的研究案例材料整合至此成文。）

第二部分

小团体方法：欧陆影响下的美国团体方法

在第二部分，我主要选择受 20 世纪存在主义影响的存在—经验的治疗团体、完形治疗工作坊、心理剧、训练团体与社会工作团体，未纳入传统心理分析团体。一是因为心理分析自身的发展理脉源远流长，难以在短篇幅内将之以工作模式的方式予以介绍。二是本书选择了以 20 世纪 60 年代至 80 年代在美国发展并流行开来的团体工作方法为主要范畴，故选择了对大陆读者而言较为熟悉的工作方法。

关于第二部分的四个团体工作模式概述，我保留了谢弗与加林斯基的文章结构与重要的内涵。每一个工作模式的介绍，都包括了"一次典型团体聚会的说明""主要概念"与"领导者的角色"。

将体现存在主义思想的团体方法放在前面介绍，是因为存在主义思想的影响力在 20 世纪六七十年代的美国十分巨大。在谢弗与加林斯基所介绍的团体工作模式中，存在—经验团体是唯一没有代表人物的，这反映了它是以一种思潮的运动席卷了一代人的。完形治疗的代表人物是弗列兹·波尔斯（Fritz Perls），心理剧的代表人物是雅各布·L. 莫雷诺（Jacob L. Moreno），训练团体则是库尔特·勒温。波尔斯、莫雷诺与勒温都是从欧陆移居美国的：莫雷诺于 1929 年 30 岁时移居美国；波尔斯于 1946 年 53 岁时移居美国；勒温于 1933 年 43 岁时移居美国。这三人是同一代人，年龄前后仅相差 4 岁。莫雷诺于 1889 年出生，勒温生于 1890 年，波尔斯生于 1893 年，第一次世界大战都对他们的发展产生了重要影响。

第二部分章节安排的顺序为：存在—经验团体、训练团体（勒温）、完形治疗团体（波尔斯）、心理剧（莫雷诺）与社会工作团体。三人中勒温过世最早（56 岁），他也是完形心理学的代表人之一，不过他最重要的贡献在于他是团体动力与行动研究的开创者。训练团体方法与行动研究方法亦是他到了美国后的研究。波尔斯则是在移居美国后，与传统精神分析法渐行渐远，1952 年在纽约成立了完形治疗研究所。莫雷诺 30 岁就移居美国了，他的心理剧方法可以说是在美国发扬光大的，同时心理剧方法对其他团体方法的影响均十分清楚；同时，莫雷诺虽未使用勒温的行动研究一词，但心理剧其实是行动的社会探测（sociometry）的方法。三人当中，只有莫雷诺是医学院的背景，勒温与波尔斯则都是心理学家出身，且均在同一时期受到完形心理学的影响。波尔斯曾是受训过的精神分析师，勒温则是关注如何能生产出"有用知识"（useful knowledge）的社会心理学家。

最后，我引入了社会工作团体，是因为当前大陆的社工专业在社会治理的大方向上得到了蓬勃发展的机会，并且仅在第八章的概述中，读者就可发现社会工作团体是最与特定社会内部所正在发生的社会问题相呼应的。当然，在美国，社会工作受心理治疗的各种思潮与做法影响甚大，甚至有些忽略了在其历史源起时对社会正义的关注。

第三章　存在—经验的治疗团体

存在主义开始时是哲学的一个学派，但很快就对精神医学及社会科学皆有重大的影响。从 20 世纪四五十年代的美国开始，存在主义对某些心理分析及心理治疗产生了关键性的影响，接下来的 10 年当中"存在—人本"心理学（existential-humanistic psychology）对人类潜能运动，特别是会心团体的发展扮演着重要的角色。

尼采（Friedrich W. Nietzsche）和克尔凯郭尔（Soren A. Kierkegaard）的存在主义，提醒了人们在可知、目的性及请求有效世界的精细结构下，存留着一个易感受到但却不易描述的纯粹生理存在的事实。这一事实常引起个人对"存有"（being）的觉知，这种觉知激起了个体的畏惧和害怕。而这些感觉是不易屈从在简洁的语言表达中的。人类经验"存有"或本体层次瞬息变化的本质，使我们要将它行诸文字变得十分困难。例如，有人曾指出，我们的语言较能仔细分辨有机体或事物"是什么"的特质而不易对这一事物或有机体的"存在"进行明确的陈述。虽然这种现象学的陈述缺乏情绪内容，但它们却是可以开启我们对自己的本体觉察（ontological awareness）。

因此，存在主义哲学是不能和个体所处的情境分离的，个体理解到他与世界的关系是偶然和有限的，而他所经验到的这个世界是随着自己的死亡而消逝的。当一个人要面对"不可避免的死亡"象征了人类终究仍是孤单的本质时，他更体会到生命的缺乏意义性。平时充斥在我们生活周遭的那些有目的的、永无止境的活动，只有在最个人及主观的层次上才会被肯定或拒斥。这一次"决定"就像每个人生命的意义一样，是不可规避的生命本质。因此，对这一存在问题的忽视就建构了一个"不真诚"及"无目标"的生命立场。当人出生到这个宇宙时，生命的意义并不是生来就赋予的，同时也没有任何指导的规则来为自己的生命建构一个合法的目标，或者，人是不是必须有这目标都是未确定的。因此，人的生命，的确是存在于一个"荒谬"的处境中（Camus，1955）。因此，一个事实是除了自己外，其他人是不能来衡量他的生命是否富有目的及充实与否的。再者，一个人创造自己生命意义的可能性，可以被视为面对生命荒谬的勇气以及对生命加入了尊严的元素。

存在主义在渐为人知的"本体论"或是"存有"研究的范畴中占有重要的角色。因为存在主义者重视我们对自己"存在"的畏惧感觉，强调在我们的存在中，可通过自己所意识到的经验资料，洞悉某些生命的重要意义。从这一观点来看，存在主义受到了哲学领域中现代现象学思潮运动的直接影响。现象学强调对意识的精确现象赋予系统化注意的重要性。埃德蒙德·胡塞尔（Edmund Husserl）便是现象学派的重要导师，他的学生马丁·海德格尔（Martin Heidegger）则被视为存在主义哲学中最具影响力的人物。

弗洛伊德心理学则建立了一个不同的哲学基础——心理分析视意识的经验为次级事件（它们来自更根本的潜意识的情欲）。因此，对弗洛伊德来说，存在主义所着重的死亡则代表了某种性的欲望以及用来对抗性的自卫机制。这就如同现代物理学探讨一个物理现象的方式有违于一位天真的观察者的经验（例如，坚实的木板，事实上是由一恒常运动中的千万个质子、电子所组成的）。心理分析以科学的眼光对待人们的经验，但却使得人对其一向信赖的自己所意识到的原始的现实，感到沮丧且不可信任。相反地，存在主义现象学则努力要将个人还原到对自己以及对世界关系的意识上去。例如，现象学者主观地认定，不论在理智上是否认为及相信决定论的教条，我们之中大部分的人都具有某些选择的自由。这个认定使得现象学者相信：在选择上，我们的确有某些限制，所以若一个理论与我们对自己根本的心理意识相冲突时，现象学者是不会认同它的，也就是说，存在—现象学避免处于一种极端的决定论的位置。

存在心理学是在20世纪30年代由瑞士的两名心理分析家——路德·

宾斯万格（Ludwing Binswanger）及梅达·博斯（Medard Boss）提出的。宾斯万格与博斯两人均受到海德格尔本体理论强烈的影响。宾斯万格与博斯现象学的重点在于，他们拒绝了当时西方思潮中当道的逻辑—实证论的因果暗示。相反，他们认为，人的心理经验是由它的权利作为"第一原因"（a first cause）的。例如，一个接受心理治疗病人的"贪婪"在弗洛伊德眼中被描述为"口腔力比多"，但在存在主义分析者眼中，则为一种根本的存有状态，或是一种"存在世界中"的调性（a mode out being-in-the-world）。这一"存有"状态自有其权利如此存在，而无须一定要以早期创伤或先前的原因来解释它。"贪婪"建构了一种调性使得某一特定的个体选择这一方式与世界关联，"贪婪"是因也是果。除非个人体验自我与世界的这种方式改变，否则世界在他的知觉中不过是食物及物质，而他自己则是空虚匮乏的，是迫切需要被填饱的。这一种对自己主观的看法孕育了一种自我应验的预言。只要他视自己是软弱及无助的，他就可能强迫性地感觉到自己与他人的依赖关系，而且他可能去寻找那些有专断倾向的人。依据存在主义学派的观点，分析者重视对病人世界观（the world-view）的理解，以了解病人对现实的建构，因为每个人都处在一个自己创造的意义过程中解释着世界。一旦分析者能尊重病人选择自己世界观的权利时，他便比传统的分析者有更多的希望来引发病人的改变。通常分析者倾向于视病人为一个无法自行变化而只有被改变及接受"正确"现实观点（分析者的解释）的对象。

罗洛·梅（Rollo May）、恩格尔（Zrnest Angel）及艾伦伯格（Henri Ellenberger）在1958年所编译出版的《存在》（*Existence*）一书中，将宾斯万格的三篇论文翻译成英文，使得美国的实务工作者得以了解心理治疗的本体论取向。罗洛·梅自己也成为这一取向中的主要成员。而当时美国的一些心理治疗家，如惠特克（Carl Whitaker）、马隆（Thomas Malone）及罗杰斯（Carl Rogers）均已形成他们对经验性取向的固定看法，所以他们是独立于存在主义取向的。认真且系统化地依存于现象学来修正他们取向的美国治疗家为数甚少，在这些少数人之中又只有更小比例的人建立了对存在主义取向的个人与团体治疗的特殊兴趣。以下三个人曾特别称自己团体治疗的取向是属于存在—经验取向（existential-experiential approach）的：霍拉（Thomas Hora），马伦（Hugh Mullan）以及伯格（Milton Berger）。后来，罗杰斯也开始了他的经验取向团体的实验，他在这方面的相关工作应算是会心团体而非团体治疗。

存在主义心理分析，如其名称所揭示的，并不需要扬弃心理分析的主要概念，特别是那些指涉无自觉、焦虑及抗拒的概念。我们也不需要对治疗者的技术做明显的修正，因为无论是在个别咨询还是在团体治疗中，分析者均常专注倾听病人自发呈现的沟通以便于对他的潜在意义有比较好的掌握。存在主义取向拒绝接受弗洛伊德心理学对生理驱力在人类发展中占重要角色的看法，而代之以人们对自己存在赋予意义的认知需要。这一重点的转变的确提出了我们对人的主要生命意义有不同的观点，并对个体的心理病态起源提出一个不同的角度。这一转变使存在主义的治疗得以与正统心理分析有所区别而发展出下列导向。

(1)对病人主观经验的尊重：病人的主观经验建构了有效现象而非只是一种用以围住病人"真实"（潜意识）感觉及思想的表现。

(2)相信病人对生命赋予意义的需要是与死亡恐惧联结在一起的，而这两者的联结是个体存有结构中所拥有的，并不一定来自受压抑的生物欲望。

(3)认为一个人的潜意识同时蕴藏着勇气与创造力，以及暴力与凶残的力量。

(4)以"你—我"（I-Thou）关系的概念来了解并分析病人与治疗者的关系，这使得两人间的关系更为平等，因为治疗者与病人也同样地经验及面对生命存有着一种不易克服的问题。

(5)相信治疗者在治疗情境中作为一个真实的人是比他只作为病人投射自己神经质幻想的"转移荧幕"（a transference screen）更具有治疗潜能，而且接受通常被称为"反转移"的治疗者对病人的感觉及幻想是可分享的。

（6）接受个体存有的所有面相，健康及病态的，包括他有抗拒治疗者及治疗的自由。换言之，存在主义治疗持有"让病人做他自己"的意愿。

一、一次典型团体聚会的说明

在这一部分，我们希望能指出存在—经验的治疗者的治疗有一种较直接、分享以及情绪投入的色彩。

我们的团体有 7 位成员（4 男 3 女）每个人在年龄、职业及人格上都显示出其异质性，从文化考量多半是都市中产阶层。他们已固定聚会达两年半之久，其中 5 人是从一开始便加入此团体，而另外两人则加入了 10 个月。现在他们的治疗者是 R 医生。

团体是在没有任何结构且 R 医生保持沉默的情形下开始的。露芙，一个 20 多岁的嬉皮型女孩正在说着有关鲍伯的一些事情。鲍伯是与她同居的男子，他可能和露芙最要好的朋友泰莉过往甚密。露芙知道鲍伯被泰莉吸引了。最近他们两人都和露芙提到过对方，而且在言语中流露出暧昧及性的信息。露芙不知道自己可以做什么。她懊恼自己的嫉妒，因为她知道鲍伯与泰莉间所发生的是纯粹生理的事情。虽然鲍伯在与露芙同居时便清楚地告诉她，他不觉得在性上自己得保守地遵从一夫一妻的关系，但露芙仍觉得被泰莉伤害和背叛。然而在其他时候，她又觉得自己保守而落伍了。相反地，对泰莉而言，对另一男性有兴趣显然只是纯粹的性兴趣。

摩特（团体中一位 30 多岁褐发男子）嘲笑露芙说："这就对啦！露芙，鲍伯有太多的爱，所以他不能只和一个女人分享他的爱。此外，你太爱他们两人，你慷慨地将你所爱的两人互相给了对方！"

露芙轻笑了一下，便继续讨论这个问题。摩特继续损着露芙。这时菲莉西亚打断摩特的发言，表示看到摩特嘲弄露芙，而露芙竟允许他这样做时，她实在很不舒服。

露芙解释道："但这又有什么差别呢？我习惯了摩特折磨人的方式。

我担忧的是鲍伯啊。"菲莉西亚说："是的，但你从他们两个人那里得到了相同的羞辱。"摩特也加入说道："是啊，她愚蠢到极点了，戴着玫瑰色的镜片在看世界，她知不知道这世界像什么？老天！她真是咎由自取。"

等了一会儿，罗皮也加入了："她可能是自找的，摩特，但我注意到你老是第一个给她这种待遇的人。"

菲莉西亚以平静的口吻说道："露芙并不快乐，她非把自己搞到十分惨才会停止。"

露芙接着说："可不可以停止讨论我的事，好像我不存在似的？"

菲莉西亚表达了她对露芙能为自己说话而感到高兴。

R医生表示他在想什么时候菲莉西亚会开始为她自己讲话呢？一开始，菲莉西亚防卫并困惑地说道："我正在为自己发言。"

R医生回答："是的，但你是代表露芙在说话，这就是你一贯的参与方式，部分原因可能是你在试验社会工作学生角色中的学习。要知道，我没什么意见，我喜欢有一个协同治疗者，但是，我发现自己期待你能发现一种'取'（take）的方式如同你习惯'给予'一样。有时候，我感觉到在这个看似非常能够支持别人、有能力的你之下，有一个有需求的、困惑的小女孩，她期待着安慰。"

菲莉西亚反应道："我知道你想说什么。每天的生活中确实有我可以提出来讨论的问题，有时候我也想提出来，但和其他人的问题比起来，它们似乎总是看起来没有意义。我猜我还没准备好。"

R医生回答："好了，我想，我刚才给了你一点暗示。"

接着团体沉默了片刻，R医生问团体成员此刻经验到什么？亚力兹表示，她刚才正想着露芙的问题，而且她在想露芙为何突然变沉默了。

露芙说："我觉得被R医生批评了。当他指出菲莉西亚很少提出她自己的问题时，我想他也许是在暗示我老是占据了团体的时间。"

R医生说："露芙，我不觉得是这样的，我觉得你有权利向团体提要求。"

露芙说："噢！反正我不知道能对鲍伯做什么。我猜我应该等待，等他们两人的恋情烟消云散。我是说，如果这里真有一段恋情的话。或许，如果不是这样没有安全感的话，我可能就能接受这个事实。"

纳尔森说："我并不太了解露芙，但我能看到她是很嫉妒的。如果是我的女朋友干这种事情的话，我会很嫉妒的。"

摩特接着说："但是纳尔森，你这么正派，这么布尔乔亚，那是你有一夫一妻制的想法；露芙和鲍伯可是有完全的性自由，二者唯一的差别是鲍伯能实行而露芙却不能。此外，她应该了解他爱她甚于其他女人，因为他是和她住在一起的。所以她还有什么需要担心的呢？"

露芙回答摩特："我不确定你的想法是不是太疯狂了些，鲍伯只是一个寻常男子，他可能同时爱上两个女子，但他清楚地让我知道我对他而言很特别，这已是为什么我对自己的嫉妒感到十分懊恼。"

摩特变得生气而且提高了他的声音对露芙吼道："鲍伯真是天之骄子，因为你简单盲目到极点了！他可以和别人尽情玩耍，而回家时你带着泣血的心仍然如常地迎接他！"

罗皮说："别管她了，摩特，你是要帮她还是毁了她？"

露芙却对罗皮说："我不在乎他的声音，我只是要弄明白他是不是对的。"

R 医生说："摩特和罗皮似乎体会到了同样的事。露芙，你被其他人虐待了却不去理解它。摩特的观点集中在你如何在鲍伯那儿自取其辱，而罗皮则被摩特对待你的方式所困扰。"

露芙问道："但是，如果摩特是对的，他是如何虐待我的呢？"

亚力兹回答："他以藐视的态度对你说话！"

露芙说："我想，他觉得这是他唯一能让我明白的方式。如果他是对的，如果我对鲍伯真是太无知的话，我也想要去发现这个事实，不管我是如何发现的。"

R 医生说："露芙，你这么忙于弄清楚什么是对的。看来，你本能地忽略了摩特和鲍伯给你的羞辱，不论它有没有伤害到你。但我更深刻的体会是，我开始感觉到自己的愤怒和无奈。我真想对你大叫，告诉你停止被每个人把你当垃圾一样对待。但如果这样的话，我也不正在对你做同样的事情吗？所以，我有一种感觉，你有某种刺激别人生气的需要。"

露芙一脸困惑地问道："但，我为什么要刺激你呢？"

R 医生回答："我觉得你仍在同一个脉络中，你像是一个单纯无邪的年轻女孩，一脸的困惑及渴望，那么努力地想要去弄明白。"

露芙问道："这又有什么不对呢？我不是应该去发现自己行为背后的原因吗？"

R 医生回答："我再一次发现自己开始被激怒了，我不认为我们能谈什么，除非你能先意识到你自己现在的感觉。"

露芙安静了一会，其他成员看来都很专注在听着。然后她说："我不知道。我想，我觉得这比其他事都让我难过，而且多少觉得很自卑，我觉得你们都对我生气，而且好像你们有权利这么做似的，但我却不能明白这是怎么一回事，大概主要是因为我对某些事情很笨拙。如果我能弄明白的话，我就可能不会有错误的行为，而且你们也就不会对我这么不耐烦了。"

R 医生介入着说道："所以，你主要是觉察到我们对你的生气而不是你对我们的？"

露芙回答说："是的。"

R 医生便说："你现在主要察觉到的是你迫切地需要推理出事情的原因，然后，你就可以找到一条路来让我们停止对你的愤怒。"

露芙说道："这就是了，这好像是我一生的故事。从我小时候开始，不知怎的，我老是因做错事而让我妈生气，但我确实不知道为什么会那样。"

这时候，菲莉西亚说话了："我能了解这种感觉，就好像我可以是任何你想要的样子，只要你爱我。"

摩特接着说："很好，菲莉西亚你真能设身处地。我认为我们应该给你的个案工作方法一个 A＋的分数。"

亚力兹很迅速地回应："你知道，摩特，每当你这么下流时，我真想杀了你。"

摩特于是沉默了，片刻之间没有一个人说话。

亚力兹突然说："所以，你为什么不表达你对我的敌意？我等着呢。我的心跳得厉害。"

摩特问她是什么意思。她回答："我是说，当我说这些话时，我期待得到你恶毒的回应，我想象我会得到恶毒的回应。所以，当我得不到它时——如菲莉西亚及露芙所得到的你的贬损——我想我为什么这么幸运？什么时候轮到我呢？而我又厌恶自己是这么怕你。"

摩特批评："你们又来了。就因为我说出了自己所想，而且提醒大家不要把垃圾倒来倒去，不要在一场游戏中玩弄自己及他人的爱，我变成了令每个人害怕的、充满敌意的怪物。"

R 医生打断说："或许是，如果你允许自己相信人们可能怕你，你才可能开始接触到自己的恐惧。"

摩特回应着："嘿，医生，你比菲莉西亚还挖得更深——你们两个是不是在彼此竞争啊？"

R 医生说："摩特，当团体成员说他们怕你时，你相不相信？"

摩特回答："不相信。"

R 医生接着说："那么，我不知道怎样让你相信他们的确是怕你。我知道，我此刻正感受到怕你的那种感觉——每当我和你纠缠在一起时，我感觉得到这种害怕的感受。"

摩特对 R 医生说："你说这个只是为了制造你的理论观点。"

R 医生回答："胡说！如果我没有感觉到什么，我不会告诉你！"

摩特问他："但你在害怕什么呢？"

R 医生："可能是害怕当你的愤怒大到不能控制时不知你会做出什么。我现在不感到害怕了，但我记得上一次聚会时，我一直问自己同一个问题——我到底在怕你什么？我的第一想象是你可能毁了这间办公室，而我们却束手无措。"

摩特对他说："我有种感觉，觉得你在压我。"

R 医生回答："是不是你不相信每个人呢？到目前为止，谁明确对你说过害怕？"

摩特回答："我不确定，我从不确定。"

R 医生说："我的猜测是，如果你必须承认别人是害怕的，你可能会开始怀疑你为什么从未害怕过，你对自己的生气很自在，但却从未表达过害怕。"

R 医生接着说："摩特，我想，我对你身体可能带来的破坏性的害怕是非理性的，而这可能和我对自己的生气有些不舒服的感觉有关，但我也知道亚力兹被你威胁到的感觉是真实的。"

这时，摩特没说什么，他脸有点涨红，像是陷在自我防卫当中。

几分钟后，菲莉西亚对 R 医生说："我觉得你不应该告诉他你的想象，那可能使摩特更害怕他自己的愤怒。那就像是一触即发，就如同摩特以取笑你为乐，也让我们知道你在每一件事中的状态。你在我们面前玩弄一个有经验的治疗者的角色。"

R 医生说："菲莉西亚，我希望不久的将来，你能以自己的方式成为一个治疗者，但我很确定我现在不是在运用什么技巧。我知道我对摩特所说的是真实的，听到你刚才对我有所批评，我也觉得很好。"

菲莉西亚说："我不能想象别人批评我时我会有像你这样的感觉。"

R 医生说："我也不是一夜间便能如此接受别人的批评的，我记得以前有人对我有负面批评时我很不喜欢。"

之后，此次聚会继续进行。

二、主要概念

自从许多作者及思想家接触存在主义哲学之后，关于存在主义的许多概念名词已有介绍，所以我们只选择几个主要的概念加以介绍，以此说明这一支方法路径的精髓。这些概念十分抽象及概化，它们涉及了对人类条件的哲学分析，而并非对心理治疗过程有明确的指涉。这些概念对团体治疗者的一般启示将在最后一节"领导者的角色中"讨论。在存在主义取向心理分析的个别治疗中，治疗者与病人关系的本质是很受重视的。同样地，存在主义的团体治疗也重视治疗者对病人的态度。这导致了经验—存在模式对团体属性的忽视，而仅仅将个别治疗中个人心理的理论转移到团体情境中使用。不过，话说回来，存在主义的治疗者的确看到了团体的特殊价值，即看重个别成员间真诚的关系(包括病人与治疗者及病人之间)。因此，我们对这种团体特殊用法的讨论将在下面"真诚的与非真诚的存在"的概念中进行讨论。

(一)存有与非存有(Being & Non-Being)

"存在"的概念只能在现象学的基础上被人们捕捉到。当我们说我们"是"或我们"存在"时，这是指我们"可感觉到的察觉"。因此，它是极端个人化的，而且是很难以抽象及象征的名称进行说明。这和所谓"自我意识"(self-consciousness)有许多因素相同，因为自我意识涉及了对身体存在及个人的独特性，我们认定人类有独特的自我意识能力，因为他具有较好的概念化的能力。

简而言之，人(除了选择自杀之外)只有很小的选择余地。他对赋予自己生命的生物、社会的及历史的环境只有很少的控制力量。这些环绕其物理存在的意外的条件，如性别、种族、身体特征等，建构了海德格尔(1962)所谓人是被抛在这个世界中的，而对他的存在便设定了许多限制。虽然人不可能完全决定自己生命的形状，但不论他是被抛置在世界中，还是他要成为一个好的生命时遭遇到的社会压力，他仍能在自觉的状况下拒绝这些加诸身上的影响。当他选择说"不"，甚至"试图"拒绝时，他的生存情境便已经在转化了。一个开放对自己"存有"知觉的人感觉到他的未来出现了各种可能，而同时，这些可能在他的面前展开。有些可能性可以在未来被自己所实现，有些则无法实现。

"存有"的概念包含了选择、认同及自主等内涵。与本质主义相反，它是一个存在的概念，因为它暗示了"人类本性"是一直在转化且从未固定的。一个人不断地在持续"成为"的过程中重新界定自己。当他更能以一个"主体"来经验自己(指以一个对世界有决定性效果的主动当事人的位置来经验自己的生命)，他便更能对生命的存有开放自己的经验。而当他经验自己作为一个"对象"时，他感到自己的生命模式多少是"命定"的，他就更不容易有"存有"的感觉。当他从行为主义及心理分析的模式来经验自己时，由存在主义的观点看，这个个体被视为"对象"，而人的自主性就明显地降低了。

建立"存有"意识的代价是对非"存有"的害怕、恐惧，因为"存有"与非"存有"之间是一种根本与辩证关系，很像完形心理学中"主题"与"背景"的关系。正如一个黑色的圆圈一定要在一个浅色底的烘托下才能被知觉到，而人的"存有"也只有在涉及充满非"存有"或死亡之可能性的经验脉络中才能被体会到。这种对非"存有"或死亡威胁的察觉引发了个体强烈的存在焦虑，为了逃避存在焦虑，个体会有紧张或身心病症等一般的反应。

（二）存在世界之中（Being-in-the-World）

这一概念最初是海德格尔介绍给大家的，他将此概念与宾斯万格的理论相整合。这个概念再次表达了一种辩证的关系，这个辩证关系是在自我与世界之间。辩证的关系说明了没有自我便没有世界（至少从知觉者的角度来看是这样的），同时若没有世界也就没有自我。"自我"的概念暗示了某种相对于个体自我的背景或世界。因此，"存在世界之中"的概念所表达的不仅是一种单纯的空间关系。

这个概念代表了克服主客观二元化的意图。主客二元论是由笛卡儿（René Descartes）之后西方认识论所一直深感苦恼的主题。笛卡儿是第一个想将心灵或灵魂与有机体感官知觉区分开来的人。按存在主义哲学的看法，笛卡儿的哲学概念将人与宇宙的完整关系分裂成"内在"与"外在"两个不同实体，它将知者由其所知的世界中孤立出来，而且将现代或存在的人从他所居住的世界中疏离出来。在这种认识现实的模式中，一个人在深深隐埋他的自我本质之时，便只能间接地被另一个人认识到。此观点与"我—你"的对话的存在观点是截然相反的。在"我—你"关系中，每个人能够完全直接地与对方相遇，这种理想的相互性是病人与治疗者关系的主要特征。在这一概念中，并没有所谓在一个人"灵魂"中隐秘的本质自我，取而代之的是个体的自我，直接通过其与世界的互动，建立并实现其自己，即一个人与世界的通路是当下的、立即性的，而非间接性的。

存在现象学坚信每个人在知觉世界的行动中建构了他的世界，这一观点加重了个人在观点形成过程中的创造性与主动性。传统的西方哲学，特别是在逻辑实证论中，则贬抑了人的主观性。它暗示主观性是人认识客观现实时，会发生的一种潜在错误的来源。存在主义的观点则认为，当"自我—世界"两极化被经验成比自我或知觉者更真实或更重要时，一个人存在的"存有"这一面相便开始渐渐失去其生命力。

在存在主义者眼中，个人存有在世界中的形式即弗洛伊德眼中的生命方式，如口腔期、肛门期导向。弗洛伊德毫不犹豫地区辨健康及病态的生命方式，存在主义的分析者则以其现象学的取向，倾向同理地、不带判断性地捕捉病人的世界。弗洛伊德视病人的心理—性的导向是个人的欲望与社会化力量在其成长早期相互冲突而产生的，但存在主义者则忽视这一因果分析，而代之以视病人为主动当事人的位置，即病人是建构独特的、在世界中存有的风格的当事人。病人创造了自己"存有"的方式，因此只有他自己才能改变它。根据存在主义者的看法，如果分析者视他自己是能借着适时且丰富的解释而导致病人世界观的改变时，他便强化了病人视自己为对象及受难者的知觉。而在存在主义的精神下，病人则经验到自己作为一个主动的主体。在一个存在主义导向较强的团体中，分析者指出病人存有的方式，并且提醒病人如果他想要改变的话，其他存有在世界中的方式是可能的。当然，病人时常会因为自己的困难而指责别人，但对存在主义者来说，推诿责任于他人的投射行为本身即建构了一个在世界中存有的方式。这种方式增加了病人已有的依赖及虚弱的感觉。分析者的工作是帮助他看到他如何界定自己是虚弱的，而他界定自己的方式最后使虚弱成真。

在上面所说的团体中，我们可以描述露芙在世界中存有的方式，即她企求从外在世界中去发现正确或不正确的方式，用以界定自己的性关系。她试图使用团体作为决定自己是否"应该"放弃嫉妒的工具，而当摩特那样对待她时，她视而不见。她以类似的方式利用了鲍伯，而以鲍伯的真实代替了自己的（宣称性的忠实是一个过时的伦理）。在这个过程中，她以认知的理由作为一个主导自己的方式——使自己经验在自身之外的以价值观为主的方式。

(三)"存在的"与神经质焦虑(Existential & Neurotic Anxiety)

并非只有"存有"的威胁为存在焦虑提供了一个最戏剧化的脉络,人类存在中的其他偶发事件也会是一个因素。当一个人面临不确定时,他必须去行动与做选择,而对行动的结果,我们是无法去责备他的,因为行动是不可避免的,可能有不可预期的后果产生。即使行为是被特别设计以帮助别人,也可能反而带来伤害。存在焦虑的另一个来源是个人化,这是指无论沟通与同理的可能性有多高,我们不可能全然地去发现另一个人是如何感受的。

存在焦虑并非病态,它是对人类生存条件的一种不可避免的回应。神经质焦虑源于个人规避了存在焦虑,未能直接对抗存在焦虑、无法主动选择。神经质焦虑可以不同形式出现,存在主义者通常在这些形式中看到逐渐减弱的自我作为主体的意识,而相对增加了自我作为客体的意识(Keen,1970)。因为个体停止作为主动当事人与世界相连接(主动的当事人能为自己建构某种程度的意义),一旦他惯有的与世界的连接中断后,解体的非人格化的及无意义的经验便产生了。一个人经验他自己作为一个客体时,就更害怕别人可能对自己的伤害。

精神官能症(neurosis)常见的症状就是高度焦虑的来袭。在本质上,精神官能症的形成反映了一种经验的调性或方式(experience mode),在这种经验方式中,自我被视为客体对待的程度超过了被视为主体的程度。因此,一个人为他人的爱与期望而活时,他以外在标准为依据而做他认为应该做的,而不依自然发展在自己面前的体验来选择做些什么。在这些情境中,自我被看待成一个客体,更像是一个必须具有某些固定特质的物体,如礼貌、生产力等。一旦自我倾向于以"存有"以及"近似过程"的方式被个人所体验,那么在任何一个特定时刻,自我是什么、做什么则更容易被当时当境的脉络以及存有的状态来决定。

我们再以露芙为例。当她作为鲍伯的一颗卫星时,鲍伯便成为她存在的"主体"，她客体化了她自己——努力地建立"现代"性价值观以符合鲍伯。当她以"自我为主体"的意识来经验她自己时，她可能接触到自己内心并不想要的一种成人关系(指与鲍伯的关系)的真实期望。当然，我们不知道露芙最终会如何选择。她自己是能做这个决定的，但她此刻还不能自主地走出鲍伯的阴影来做选择。在这里，弗洛伊德与存在主义再次产生了某种程度的撞击。只要露芙能做出自主的决定，存在主义就更愿意视她的决定是"对"的；而弗洛伊德则相反，更倾向于看到某些性的导向——视那些性杂乱及同性恋为病态。

(四)"存在的"与神经质的罪恶感(Existential & Neurotic Guilt)

按照存在主义的看法，正统的心理分析时常太忽视真实或实在罪恶感的问题，而视病人的罪恶感为非理性或不恰当的。对现象学者来说，人的生命经验中是有本质的或真诚的罪恶感这一回事。我们每个人都经验过这种罪恶感，不过，却忽略了它在我们之内的某些潜能，因为我们永远不可能全然实现我们的潜能，某些程度存在的罪恶感就是不可避免的。

如同存在主义焦虑的案例一样，当本体的罪恶(ontological guilt)来袭时，它就变成了神经质的罪恶感。和焦虑相同，这种情绪的精神官能性的形式通常使个人降低了自己作为一个主动主体的意识。不过，这时团体不是客体化了自己，而是指责自己的言行未能符合别人对爱的武断的标准。当然，不论多努力去避免，许多我们的行动的确是伤害了别人。正因为我们真诚地关怀对方以及他的不快乐，所以，我们对自己的行动负责时，便感到痛苦。这时，我们或是经验到存在焦虑(伤害他人的可能性)或是存在的罪恶感(当罪恶感发生后)。然而，最常发生的是，罪恶感导致了个人在经验自我作为主体时产生了一个缺口，我们将对他人的关注视为最重要的，而且演变成以一种符合正确行为的社会期望来取代了关心，于是自我被对待为客体而甚于主体。

(五)真诚的与非真诚的存在(Authentic & Unauthentic Existence)

前述的概念为了解存在主义关于真诚与非真诚存在的定义奠定了基

础。在真诚存在中，人寻求一种他希望能去除非存有恐惧的方式来肯定自己，这些方式时常是建基在自我知觉得到的存在着的浮夸与竞争的观念上，而非建基在对世界开放的经验性过程上。因此，它经常不是以一种流动不拘的面貌出现，反而以一种必须达成的特定的固定的特质出现。这时，个人会落入一个想象，认为一旦实现了这一种决断性的自我影像，便找到了安全感。正因为向来期盼的安全感保护了他远离非存有的威胁，于是他的追寻便注定会失败。个体试图以一种不真诚的方式来肯定自己时，他就在玩着一种寻求地位的人生游戏，使自己忙于顺从或符合大众及社会的要求。但是，当他这么做时，他已无法真实成为他自己（因而又给了自己本体罪恶的沉重负荷）。当这个个体视生活在周边的朋友为获取他的生活"表现"的工具时，生活在他周围的朋友、亲人便被他剥夺而物化。在一种较为相互平等的关系中，个人经验到自己是一个主体，同时选择关系以及在关系中想要如何与他人相处，而且同时也能欣赏别人是一个主体，即对方有他自己的欲望、需要及世界观。

也因为真诚与非真诚的概念，存在主义分析者更愿意看重团体治疗的独特价值。在个别治疗中，存在主义者不太可能提出团体中这么丰富的对话关系（Hora，1959），因为治疗者只有一个人，即使他比其他人有较大的开放度，也不可能和病人发展一种如团体可给予病人那么全然的关系。团体的每一位成员是不同的个体——提供给病人许多不同的"存有世界中"的方式来相处——还有什么比团体更像一个能实现布伯（Martin Buber）的"我—你"关系的实验室呢？我们可以期望团体治疗比一对一的治疗关系更能够推动人们由非真诚关系走向一种大胆的解放，因为，团体中其他人的出现很典型地激发了个体一种不寻常的焦虑。团体早期的焦虑创造了一个强度的焦虑，而成员挣扎着想去填满它。毫无疑问，团体成员会发现他们为填满沉默而涉入的社交闲谈是不合适的——而这一自觉又建构了紧张的另一来源。因此，他会发现自己很难不再滑到自己惯有的非真诚关系方式中，特别是当他处在不同于个别治疗的团体情境中时，他承受了更强的人际压力。当病人渴求去寻找一种真诚人际相待的关系时，团体同时也提供了强烈的支持力量，因为其他人也在同样的追寻历程中。

三、领导者的角色

如同前面所述，存在—经验模式公开反对心理分析派理论与哲学中有关人格发展的本质以及心理病态起源的说法。作为"最富经验成员"的角色，领导者追求在团体中与每一位病人相互投入及较自然的关系，这使得存在主义的治疗者更愿意在团体中流露当下的情绪及自己过去的经验。部分原因是因为他不只看重"转移"的本质，也同时看重病人—治疗者关系中"真实"的本质。另外也是因为治疗者对自己的反转移持一种容忍及接受的态度。他觉知到自己某些反转移可能反映了人格中退化及未过渡的部分时，也能欣赏反转移中某些正向的范畴，包括了对病人真诚的照顾及关注。确实，某些存在主义分析者会认为若没有这代表一种爱的关注，病人虽可能经验到症状的改变与关系中产生了某些改变，但是不可能经验到象征性的再生或是性格的真实转移。

存在主义治疗者期望能促进团体中"真诚发生"的气氛以使每个人（包括他自己）都自由表达自己存有的所有层面。不论是真实的还是幻想的、病态的还是健康的，存在主义治疗者均尽力地将它们呈现出来，甚至会夸大了可能有的反转移的感觉及幻想。因为如果治疗者对自己性格中的冲突元素并不是开放的，治疗者怎么能帮助病人容忍他的矛盾与冲突呢？因此当 R 医生谈自己对摩特的身体攻击可能有一种神经质的害怕时，他分享了他的幻想（摩特破坏办公室）。接着，其他的私人的行动与经验也揭示出来——他眼中的菲莉西亚是一个需索无穷的小女孩。当她公开批评他时，当摩特指责他故作害怕时，他生气并且即刻纠正了露芙一开始认为自己要她少用团体时间的知觉。在相当的程度上，他涉及了病人当下细微的各种经验中，而这就是在当时当境他"在世界中的存有"。

因治疗者迫切希望对自己的经验坦白对待，他必须迅速选择自己主观的反应——那些在直觉上与病人存有的、有意义层面最相关的部分。在这个过程中，他看来像是被科恩所谓"选择性的真实"（selective authenticity）

（Cohn，1972）所导引的。在这种情况下，领导者有意识地或潜意识地决定分享那些他认为对促进与丰富团体互动最有利的个人感觉及想法。但是任何过度的、分量过重的刺激可能超出病人所能承受时，便破坏了存在经验主义的精神。存在经验主义看重治疗者自由与自发的重要性，并尊重病人对治疗者自我坦露的任何反应负责任的能力。治疗者的真诚是一种发挥示范功能的策略（告诉病人如何开放自己），是为达到特定目的的特殊工具，作用在于降低病人存有的客体位置。总而言之，确切地说，存在—经验主义应被看成是一种与病人"存有共处"的方式。存在主义者宁愿称之为治疗者的"出现"而非"治疗技术"（May，1958）。

　　这种对病人的非操纵性态度通常被描述为"让他去吧"。而这种让他在自己世界中的自由，包括了病人病态的及抗拒的所有态度。当然，治疗者也有相等的自由来表达自己对病人存在方式的反应，而病人也并没有义务为治疗者改变自己。以反转移的概念来说，存在主义认为正统心理分析已渐渐离开了对抗拒的一种尊重的导向，而走向相信适时适切的解释是可以引导病人接近顿悟而治愈。存在主义则对此持怀疑立场。他们认为一般的心理分析都太轻易放弃去看到病人在抗拒治疗者的努力中所蕴含的自由的意义。存在主义确信病人有权利选择自己在世界中存在方式的自由，确信人们这种基本的存有的自由后，存在主义的治疗介入指向了一种激发与继续个性化与成长的模式。

第四章　训练团体与敏感度训练

训练团体（T-Group，T 代表 training）又称敏感度训练团体（Sensitivity Training Groups）或人类关系实验室（Human Relations Laboratories），始创于 20 世纪 40 年代。该团体着重于教育性的团体经验。简单地说，训练团体是一种用密集性的方式探索自我与团体过程的学习，也就是团体成员在团体的经验中学习如何了解团体动力的现象。

一、历史背景

库尔特·勒温可以被称为训练团体实验方法的精神之父。勒温出生于 1898 年，1933 年移居美国。作为犹太人，他对纳粹党对犹太人的迫害深感痛苦。第一次世界大战与第二次世界大战的经验促使他对如何发展出能呼应社会真实问题的有用的知识投注了巨大的心力。在这样的生命背景下，他开创了团体动力学与行动研究，强调做判断的基础来自相关的完整的资料分析。勒温认为应该使用有效的资料作为了解行动的基础，并探讨该行动的影响，这样便可为以后做决定生产更有用的资料。所有这些概念的发展，在理论上为训练团体概念的产生提供了背景与基础。

训练团体的构想是在一个协助社区领导者施行"合理雇用实施法案"（Fair Employment Practices Act）的研讨会上被意外发展出来的。在麻省理工学院团体动力研究中心的策划与指导之下，这个研讨会于 1946 年在格州康涅狄格州举行。担任训练工作的是从事成人教育的贝恩（Kehnneth D. Benne）与布拉德福德（Leland P. Bradford）以及社会心理学家利普特（Ronald Lippitt）。同时，勒温和利普特也指导有关此次研讨会经验的研究。

当时，此研讨会由大家对一连串有关如何实行此法案的讨论开始，并且由来自各方的参与者提出他们在处理这些条款时所碰到的问题，而团体中的另一群人则试着来解决这些问题。

有趣的是，触动发展出训练团体的灵感，并非来自研讨会内，而是在会外的晚间会议。晚间会议原本是会议主办单位人员用来讨论研究员对白天研讨会所做的观察。一次，三位研讨会的成员，在晚上的休闲时间，敲门问工作者(领导员)他们是否能加入工作者对白天研习课程进行的讨论。勒温征求大家的同意后，允许他们加入。对主办单位这些研究团体动力的学者来说，在研讨后成员面前讨论他们对研讨会成员所做的观察，是非常少有的状况。然而却发生了一个令人惊异的现象，即一些成员与学者对研究员观察的真实性产生了争论，讨论变得非常激烈，却也越来越引人入胜。此后，所有的研讨后成员都来参加晚间会议，有时甚至持续几小时。这种出乎预料的状况引发了团体动力研究中心的学者发展出训练团体这个相当有效的教育性工具的构想，也就是现今众所周知的团体过程(group-process)的学习。个人可通过与他人的相互冲击，观察自己在团体中的行为，并接受其他成员对自己行为所做的反馈。也就是说，在这以前，勒温的团体过程研究，均尚未发展到让团体成员直接地检示他们在团体中行为的资料。在这之前，这两个过程是分开的：团体成员参加他们的团体工作的活动，研究员收集有关团体过程如何影响团体工作的资料。而现在，训练团体则用独特的方式，使这两种类型的活动合并，团体成员不但进行活动，也对自己的行为做检查，用他们自己的经验来学习团体动力。于是一种全新的团体动力学的研究方法，就这么产生了。

虽然许多训练团体发展的原动力得自勒温的工作，有些方法也在他在世时酝酿产生，但他却于1947年在初训练团体发展成形之前去世了。研讨会的成员为了继续发展初步的经验，与1947年在缅因州一个叫贝兹的小镇聚会，贝兹因而在后来几乎成为"训练实验室"的代称。在那里"基本技巧训练团体"(basic skills training group)——训练团体的前身——的构想产生了。它有两个主要目的：①它是一种媒介，让我们学习如何在社会系统里激发一个有计划的改变；②它提供了解及促进个人成长与团体发展的机会。

由于实验方法的开展，基本技巧训练团体的功能被加以分类，其目的也被细分成两个团体：①训练团体（T-Group）着重从团体本身的行为里获得对小团体动力及人际关系形态的了解；②行动团体（A-group 或 action group）则有更显著的社会学导向，着重大社会系统里社会行为与社会改变的策略，并用传统的教导方法呈现及讨论团体所阅读的材料。前者以人际互动为特色的训练团体，非常吸引参与者，使得这种分析形态有超越行动团体的趋势。这两种团体在形式上逐渐发展成十分相似的一种形式。几年之后，围绕不同的学习层面以实验方法解决问题的努力成为这些经验性课程的特色。最后，行动团体被放弃，产生了一种结合训练团体与其他教导性经验的实验方式。

在贝兹镇的发展过程中，参与者的背景扮演着非常重要的角色，早期发展实验方法的团体成员几乎全是社会心理学家，他们追随勒温的行动研究模式，基本上是想使用团体动力来影响社会改变的历程，并且发展更有效的方法使社会改变运作得更好。一些临床心理学家、精神病学家也被邀请加入。训练团体除了原先强调的团体动力、团体发展与做决定的过程之外，也开始重视个人行为改变的历程。当更多临床导向的参与者在训练团体的发展中变为主流之后，自我本身的学习也就是了解个人行为如何在团体中形成以及他人对个人行为的冲击，便成为主要的团体学习目标了。

训练团体所强调的人际学习，使人们产生了改变大规模官僚组织，使之更富人情味、更具生产力的欲望。的确，一段时间之后，许多训练团体继续在大规模的组织里，强调有效与创造的功能。但后来，他们越来越强调人际互动，也因此偏离了改进组织功能的角色。当然，这与勒温以及他前面的行动研究与社会改变的导向是背道而驰的。也许这并不只是与临床学家的加入有关，这一变化趋势也与当时时代的特质有关。在 20 世纪 40 年代末 50 年代初，心理分析与其他人格动力理论正是心理学界的主流，对大众有极强的影响力。

具有讽刺意味的是，在 20 世纪 60 年代中期，强调改变大规模制度的呼声再度提升，表现出对早期训练团体形式的信赖。但此时训练团体的方法与目的，却已不再着重在有关影响社会改变的学习了。大规模社会改变所涉及的复杂性，结合了逐渐强调小规模人际动力的训练团体模式后，使得重点转移到与其初衷不合的方向上去了。然而，另一种偏向计划性组织改变的模式产生了，即组织发展（organization development，OD）。组织发展如同一个策略性介入的小团体，帮助组织使其功能更有效。它的重心是使个人成为更有效的组织成员。虽然组织发展的实务工作者强调组织发展是超越个人意识的，贝恩却在 1969 年指出，训练团体的活动常被企业组织使用而远离勒温的原初想法，许多机构组织并未想做社会改变，也不去调停敌对的小派系。贝恩表示，组织发展并没有成功地发展出一些技巧，从而处理组织中的对抗情况，也就正如同训练团体虽然成功地与商业团体共同工作，但却不能为社会中受压迫的、发展不利的个人与群体服务。

国家训练实验室创立于华盛顿市，是一个提供发展实验方法的正式机构。最开始，国家训练实验室只资助在贝兹的暑期训练，到后来却演变成全年的活动。早年 NTL 主要是提供训练团体的训练机会，后来，一些其他的组织也带入某些类似训练团体的活动，但是 NTL 仍着重于训练团体的领导者训练，并在通过实习经验后，颁发合格证书。

训练团体曾被各种不同的形式所使用，有马拉松式的周末聚会，也有一星期、一个月甚至延伸到一年的聚会。我们无法一一详细介绍其中的变化。近来训练团体也引用了其他团体的方法，如会心（encounter）及完形（gestalt）模式。在此，我们来描述一下训练团体的结果。它开始于勒温始创的实验方法，由一至两星期的密集经验组成。我们来看一下这些经验是如何被组织起来的。

二、住宿实验室的设计

在两星期的住宿实验室中，可将实验室经验的基本形式看得更清楚。这些实验室经验的详细描述，由贝恩、布拉德福德与利普特在 1964 年，以及沙因与贝恩在 1965 年所提供。

住宿实验室的重要特色在于文化岛屿的创造。住宿实验室通常在远离城市的郊区或乡村地区举行。在那里，参加者可远离他们所熟悉的环境。虽然文化岛屿对参加者有各种不同的影响，但有两个特色非常重要：①使参加者远离原有的环境，将其放入一个新的位置，使其能更开放自己去接受新的信息与经验；②这个不寻常的安排，带给成员高焦虑与不安定的实验室实验。在住宿实验室期间，虽然有一些小团体理论、大型会议与社交活动的课程，但训练团体的经验仍是最主要的学习形式。

训练团体的住宿实验有一个主要的特色，即不断会发生的一种具有压力的学习情境，其中之一是除去成员原有的工作职务，迫使其学习以不同的姿态面对问题。我们看到训练团体中有一类典型的成员，他们是来自大组织中的中层管理阶层，其工作形态常是活跃的、多产的。然而，训练团体的经验在本质上所呈现的恰与其日常生活经验相反。训练团体是一个非结构性的情境，没有清晰的期待、议程，也没有任何指导，如适当的行为或对他人的期待等。成员好像面临一种真空状态。团体中有一位名义上的领导者，但是只是一个催化员，并非一般的主席或权威角色。事实上，这位"领导者"其中之一的角色功能是创造一个真空情境，"让参与者用自己的行为填满它"。而有一部分的议程是要学习分析自己的团体资料。在团体中所引发的行为以及对各种行为的了解，成为团体基本的学习材料。虽然成员自己的行为是团体的学习材料，但是当他们进入此经验时，他们并不能明显地察觉到这些。在此，我们虽介绍了典型团体实验室的经验概况，解释了什么是训练团体的经验，但仍然相当抽象，而且，成员若没有训练团体的经验，也无法将这些知识具体化。

典型训练团体的开始常常是由训练员（trainer）启动。他说，猜想大家来此是要来学习如何通过自己以及他人的经验而有所学习，对于如何进行学习，他没有提供任何的议程或建议。在此真空情境中，每个成员开始用自己特有的方式呈现自己，有些人建议安排议程或选一个主席，使其结构化；有些人抱怨领导者没有带领好；更有些人表示他们之所以焦虑，是由于缺乏结果所造成的。这些意见的出现，常伴随着相当长时间的沉默。团体成员在面对这一模糊不明的情境时，体会到相当大的紧张。虽然有人提出一些如何进行的建议，但却没人呼应。团体成员指望训练员的引导，而训练员却一次又一次地反映团体想要被领导的期待。最后，有人提出一些比较容易被同意的方式进行，如自我介绍。之后，团体紧抓住此意见，并且同意用这种方式进行。第一阶段常有的情况是成员感到困惑，并且对团体这段所发生的过程，与接下去要进行的过程感到不知所措。

接下来进行的部分，再一次显现出团体成员努力回应模糊与缺乏结果所带来的挫折。由于发展领导方式的失败，团体会演变成两派，一派非常希望有领导者与结构化；另一派认为在团体还未要做什么之前，反对将其组织化。训练员建议成员去探索那些当他们不能使团体按照自己的意愿进行时所经验到的挫折感，但此建议始终不被理会。团体中可能还有其他不同的对想要组织化的失败尝试，如成立委员会，选举主席等。这些尝试的失败使得团体的挫折意识升高。最后，团体终于回应了训练员的建议，来检视成员们是如何共同参与及建构了团体的进展不力。

此时，团体的注意力转向检视成员的行为与其人际形态。此时，团体首先可能会指向刚才特别想选主席的那个成员，而在下面这个作为例子的团体中，亚历克斯（Alex）正是这一角色。他是一个生产部经理，人很固执。他所得到的反馈是关于他专制与权威的方式。他自己的方式是对的，不能接受自己的意见被改变，而且会公开地攻击不服他领导的人。他起初很防卫，不愿去接受这些批评，但许多关心他的成员表示，他们的批评是为了帮助他对自己的探索并非恶意攻击。亚历克斯终于相信他们所做的。慢慢地，他开始注意自己对表现的过度关心、对工作的要求完美以及对他人能力的不相信，这些导致他不能将责任分配给他人。此时，其他成员类似的特性也开始被探究，有的靠成员自己的发现，有的借助其他成员或训练员的协助，在团体互动中的刺激或反馈。后来，唐（Don），一个在团体中常说话犹豫不决的成员，自动地谈到自己在团体中不敢负责任与不断的逃避，说话也常为自己保留余地，觉得自己与亚历克斯对照起来完全不同。其他人则陆续谈到太有攻击性，太被动，太投入，太冷漠，太情绪化，或太迟钝等团体成员表现出来的特质。最后，团体转向内德（Ned），一个相当沉默的成员，大家都认为他看来并不想透露自己的感受，也不太想让其他人认识。

在反馈环节，团体成员互相给予的支持，可能导致彼此表达了大量的积极感受。例如，唐可能因其揭露自己难堪的一面的意愿而被过度地称赞。团体的凝聚力在此时达到了高潮。而后，团体所关注的可能会转为对每个人投入与卖力程度的比较，而这也就自然地对照出团体中那些似乎不太投入的人。内德再度被团体注意到，他也表示愿意让自己更参与这个团体。当团体快近尾声时，大家的注意力转向评估与检视成员在团体中在与别人互动时是否有较多的自我觉察，并且知晓团体的过程是如何运作的。

前面的叙述显示，成员们在训练团体过程中的学习是不同于平日在生活与工作中的学习。这一学习包括对自己的行为以及与他人互动的观察与检视，它需要的是一种与这些中层管理阶层参与者在日常工作生活中的人际关系形态所完全不同的方式，而这种发生在训练团体中的学习，只能借着一些当下发生的当下经验而被激发。换句话说，相同的内容若用教条的指导方式，则不会使成员们在这一有效形式中学习到有关个人与团体现象的知识。实验室的训练也包括理论部分，但是与经验性训练团体是分开的，理论部分与经验部分都被期待能对个人的学习有所帮助，但经验性的部分仍是训练团体的主要重心。

在住宿式的实验室中，非正式场合的接触经验亦是学习过程中重要的一环。为了催化这些非正式的接触，成员被安排同住、共进晚餐，并有鸡尾酒时间和相当多的自由时间，以便让成员彼此自由讨论而产生互动。同时，实验方法也鼓励非正式的穿着，平日的地位、角色，正式的穿着与组织或教育的头衔则不被鼓励。成员们在两星期的住宿式实验室中，可以有一个周末的时间，任其选择回家或住在附近的城市。

为期两星期的住宿式实验室，如同提供了一种特殊的角色经验。参加者在第一个星期的主要任务是融入实验室文化，而这种文化要求以一种全新的方式去学习如何观察自己以及他人。融入之后，学习焦点转为应用这种新的方式到实际的经验。为了催化成员们的学习，虽然训练团体经验仍强调"此时此刻"的学习，但在第二星期的"理论课程部分"，会加强成员在面临实际生活状况的学习。

如前所述，实验室方法包含了几种不同的经验——训练团体、讲演以及团体之间的活动——但是训练团体是主要的学习重点。在整个课程设计里，每天都有1～3次以2小时为单位的训练团体聚会，尤其在实验室开始时，会特别加重与集中。典型的实验室中，约有50位参加者，分为四个训练团体，每个团体10～15人。除了训练团体之外，也有理论课程提供关于训练团体原则的讲解，并有团体之间竞赛的集中练习。理论课程运用讲解团体过程、沟通与行为观察的方式，补充训练团体中经验性的学习。而发展一个概念性的架构，则是帮助成员了解正在进行的训练团体的经验，更能扩展成员的学习机会。另外，团体之间的竞赛则需要每个团体成员的合作，例如，尽可能地制作一些可交换的祝贺卡，或者发展出一系列使组织结构更民主化的想法。催化员则观察大家如何进行这些活动，然后再邀约成员一起分析，也是一种训练团体的学习。

许多时候个人改变的经验是很难描述的，训练团体的经验也不例外，但有相当多的参与者会将他们的反应记录下来。对于参与者而言，要其在两星期后，甚至是在团体正在进行的过程中，确切地描述他在训练团体的经验，这并不是容易的事。参与者常感到自己学到很多，但却很难清楚地说明学到了什么以及是在何种方式下改变的。有人表示，团体中亲切与相互的关系是一种非常重要的积极反应。对他人与新经验所表现出的自由开放的感受，似乎是许多成员反应的特征。克劳（Klaw，1961）从观察员的角度生动地写出了实验室经验。他详细记述了成员从早期对模糊情境所产生的焦虑，到努力地处理团体里开放与信任的问题。他还描述了成员如何从人际的冲突中学习，同时，他也提出了他对在此经验中成员是否真正会改变的怀疑。

三、哲学与理论的基本概念

(一)价值基础

训练团体的发展，虽然在方法上根植于社会科学理论，但发展过程却大部分来自实际的练习与经验，而非大量的有系统的理论。训练团体的构想直接来自库尔特·勒温所强调的行动研究与团体动力，并以分析团体本身所产生的资料为基础。一些理论上关于个人改变与团体影响的关系，以及与团体凝聚及平衡状态的关系，也是脱胎于勒温的理论。早在20世纪50年代初期训练团体形成的时候，它就已成为一种看重实际演练甚于理论发展的形式，并以此形式探讨人际互动及团体过程的基本知识。因此，并没有一套十分清晰的理论架构来看待训练团体的技术，当然也有人对团体过程的研究非常感兴趣，也会用相当严格精确的方式来观察描述，但仍未出现系统且完整的理论。

有不少人，如沙因和本尼斯(Bennis)在1965年，吉布(Gibb)和贝恩在1964年，均普遍同意，以下价值的基础在训练团体创始的开端，奠定了训练团体意识形态的基石。他们也赞同训练团体的方法对教育的一些重要价值。例如，训练团体的实验室方法试图通过个人的改变，能发生对阶层制度结构做出修正的效果，并期待以此来产生改变组织的冲击，这一直是勒温与其研究伙伴非常关注的一环。我们将这些重要的价值观点陈述于下。

(1)科学的方法。训练团体早期的重要目标之一是想从行为科学中，特别是团体动力学中，引进一些想法，带入机构中，进入组织成员每日的思考与计划的参考架构里。而其背后的期待，是想通过较多的行为科学知识，支持一种更理性的研究组织发展与更开放的探索事物的态度，并将这一态度带入生活中，开放自己去知觉，让自己在做决定时懂得使用所有相关的资料，觉察自己的价值观是如何产生的，以及将会影响自己判断事物的方式，这些都是科学的方法。

(2)民主的导向。许多参加训练团体的成员来自结构化的机构中，这些组织均是阶层分明甚至是极端专制的。而训练团体的创始者们深信这些组织会阻碍生产力，于是引进了一种强调民主的价值观。勒温的这个理论之所以产生，是基于他所属的研究团体之前的研究结果，这些研究结果显示，民主的、做决定的方式对团体的发展是好的。然而，每个人均很清楚官僚结构未必能有这种方式的改变。也就是说，组织内所有成员不太可能都参与到任何一个对其有影响的决策历程中。较可行的方式是，在团体中达成较多的合作，并使阻碍生产力的潜在不满降到最低程度，也就使得团体成员的参与程度增加了。成员由训练团体所培育出来的一种学习是觉知到如何协力合作来催化团体的功能，从更扩大层面来看，是能促进整个组织的功能，希望成员在训练团体中学习，能在其回到大的机构中产生冲击与影响。

(3)真诚地关心他人。训练团体的创始者有一个重要的想法，想要在非人格化的大组织内，输入较多具有"人情味"(humanness)的意识，照顾他人、愿意帮助他人、关心他人的感受，这些均能促进有效的组织功能，同时也能使成员们更有活力。训练团体就好像是个活舞台，人们学习如何从真诚的、关心人性的互动中获得成长。

(二)目标

训练团体的第二个重要的理论概念脱胎于上述的价值观念，即训练团体对参与目标的描述。许多人曾经试图表达过这些概念，有非常一般性层次的分析，也有详细的分类说明，还有清楚地用次目标加以描绘的。虽然不同的训练团体理论家有一些不同的看法，但对一些核心的特色均持一致的看法。这些目标被描述与讨论如下。

(1)学习如何学(learning how to learn)。训练团体的目标中，被广泛提到的一个中心概念就是"学习如何学"。在课程的教育性经验中发现，大多数的人通常习惯于期待专家出现并给予知识，视教师如权威者，学生如全然的吸收者。而在训练团体的经验期间，参与者有机会学习，"自己也是有本领用自己身上的材料来酝酿新的、有用的知识"。因此每个人来"学习如何学"是借着用他自己的观察能力，扩展他的想象力，聆听别人在说些什么，回应对方并仔细观察他们对此回应的反应，并且检视自己的行为对别人的冲击。读者们可回想在前面所举的训练团体的例子：一个叫亚历克斯的成员在训练团体的初期，不断地指望团体有结构性，并且要求训练员提供结构，甚至提出自己对结构的建议，团体也针对他所提的建议进行讨论并且照着进行。他很快获得他人的反馈并且必须马上处理自己一心想要做的事。靠着这个事件延续的力量，他更懂得调和自己内在的经验、行为与别人的反应。另一种关于"学习如何学"的方法，是发展更敏锐的观察力，不但要有能力观察自己的行为，同时也要注意到与自己互动的对方的行为。

（2）自觉（self-knowledge）。这个目标可视为"学习如何学"的一部分。例如，学习如何觉知自己，包括自己的行为及反应。训练团体提供机会让人们更清楚地认识自己，人们可在开放的气氛中，由他人对自己的反应进行学习，并且有机会让自己比平时更细心地观察自己。在前面的例子中，唐和内德能经验到自己的被动性就是在与亚历克斯的风格对照之后而发现的。在这种方式下，他们开始学习一些关于自己的特色、别人对自己造成的影响。

（3）做一个有效的成员（effective membership in group functioning）。训练团体还有一个目标，是帮助成员在团体的情境中，能更有效地与他人互动。训练团体不断地提供成员呈现自己与获得别人反馈的机会，而这个反馈也反映了该成员是如何被他人理解的。当成员更加能够觉察人有不同的需要与不同的表达需要的方式，并且更能在团体的场景中表达自己的需要与想法时，他将会学到更有效的方式，来检查与调整自己的行为。

（4）领导者的技巧（leadership techniques）。训练团体给成员许多机会学习如何做个好的领导者，不仅是在团体的情境，而且是在他们所处的组织化的机构里。也许用领导者技巧这个名词不很正确，因为这里想表达的是，团体成员要学习更加有效地回应他人的需要、回应一个阶层化机构中部属们的需要。这里所期待的领导者的风格是深植在真诚地关注他人的价值基础上，他是一个不专制、会回应、照顾他人的人，同时也会注意他人的希望与想法并且会试着创造一种工作气氛，来满足这些需要。这样的态度对组织化结构中存有的支配及非人性的工作导向，有一个软化的影响，而最后的目的，当然是希望增加生产力并且能改进产品的品质。

(5)对组织的影响(impact on organization)。这个目标与训练团体的实际活动最不相关，虽然如此，训练团体与实验室经验得以发展的一个重要的动机，是希望影响组织使其产生积极的功能。因此，训练团体的一个目的，是给组织中的人际关系带来影响，特别是当团体中包含一些来自相同组织的成员。当有足够数量的组织成员，能够更自觉、更关心他人的需要，成为更有效的团体成员与领导者之后，他们最后应该会对任何系统的结构与功能，有着积极的影响。这种对组织的影响的提倡，是源自民主导向与关心他人的价值立场的。

四、操作上的基本概念

在这里，我们选择几个操作性概念来描述典型的训练团体所发生的重要事件、活动或过程。我们所选择的均是我们认为最重要与最密切关心的，并且是大多数人一致的看法。

(一)注重此时此刻

在训练团体中的学习过程，相当程度上依赖团体中的观察以及对团体本身正在发生的事情的反映。"注重此时此刻"的假设认为，当成员在观察当下经验的时候，同时能去感受它所带来的情绪与影响时，是学习人际关系形态的最佳时机。学习也最容易在这种时候发生。当经验引发自己的感觉时，注重此感受，并且去了解是什么引发了这些感受，这是成员不断要注意的。因此，成员若牵扯到他们在职业生活中所碰到的问题、个人生活上的陈年旧事，或是想要去解释自己现在的行为与过去的关系，这些行为都是不被鼓励的。成员的学习是来自参与团体过程、观察团体过程并且去反映它。另外，训练团体的理论学家均一致地认为，注重此时此刻的学习经验是学习团体动力的最佳材料。

（二）解冻

"解冻"（unfreezing）是要人们除去在人际世界里自己标准化的行为以及对自己与别人固定的看法。这是一个复杂的过程，通常是发生在突然的、戏剧化的改变的状况之下。名为"文化岛屿"的住宿式实验室，不但提供了解冻的历程，而且表明"解冻"一旦发生就可利用此解冻历程作为一种学习的媒介。由于训练团体缺乏结构性而且没有任何正式的会议事项，反而提供了一个机会、刺激与要求，让成员们固定的形态和功能有变化成新面貌的可能。团体结构的模糊、缺乏身份与地位的支持、不确定的期待以及成员在团体中想要表现出来的适切的行为，都可视为对团体成员既定学习形态与行动方式解冻的一个助力。

（三）团体的支持与信任的气氛

"解冻"的历程使人能用一种新的方式看事情，但有足够的安全感、动机与意愿去这样做，是团体发展过程最基本的机能。成员互相关心、对别人失败与错误的宽容、领导者创造心理上安全气氛的努力以及鼓励冒险的态度，都是发展成员之间信任感受的重要因素。以上这些，旨在发展成员之间的支持力量，因为他们共处于一种与其原先经验相当不同的环境里，所以特别需要彼此的注意与关心。

（四）坦露

训练团体的一个基本假设，是认为在训练团体的环境中，所有的成员都有学习的动机，差别只是强弱而已。有时，成员们会出现一种抗拒学习的现象。这种现象是由下列几种情形造成的：因模糊与不确定所产生的焦虑、对情绪投入的害怕，或担心暴露自己的缺点。训练团体中有自我坦露

（self-disclosure）的规范，也就是袒露自己的反应、自己的感受，这非常有助于克服焦虑与增强学习的动机。但是，这样的期待对成员产生相当大的压力，使他们的坦露常超出自己所愿暴露的程度，这时亦产生一种非自主选择或过度坦露的危险。因此训练员必须避免这种危险的发生，但他得创造一种催化并鼓励成员能做自主选择及适度开发的环境。因为在训练团体中，成员只有通过揭露自己的反应，彼此才有学习。然而要暴露多少必须有个限制，因为它是一个有时间限制、非治疗性的团体。因此，必须发展出实际的规范来决定多少的自我坦露是适合团体的。而这种规范的发展，对训练团体中的有效学习相当重要。

（五）反馈

大部分的训练团体理论家均认为反馈——成员彼此之间对他人的行为所做的反应——是学习的必要条件。成员间彼此真诚的分享与反应，提供了最基本也最有利的资料，让我们了解个人是如何影响他人的。在前面所描述的训练团体的例子中，成员告诉亚历克斯，他们对其权威态度的反应以及他们之所以说服他，是因为真正关心他，这里所描述的是一种非常好的反馈形态。而当反馈是在一种信任、吸引人以及彼此分享、自我坦露的气氛下进行时，这样的反馈将是促成个人成长与改变的最佳时机。同时，要注意另一种可能带来伤害性的反馈。若反馈是在一种敌意的态度之下，用一种让人不能接受及无法获得学习的方式，或是以回应者自己所理解的角度来代替事实与歪曲个人事实的方式呈现，则都将破坏使用反馈所能带来的好处。因此，训练者有一个重要的任务，就是帮助团体产生一些规范来阻止这种有伤害性的反馈。

五、发展团体规范

大部分的训练团体所发展出的规范，脱胎自前面所讨论的价值基础及其他团体过程中所强调的重要概念。例如，刚才所描述的此时此地的导向。在此，有一点须特别注意的是，一个团体可能发展出某些特异的规范，而它们是不利于有效的团体功能的进行。例如，一般常有的开放与关注他人感受的规范，有时会被扭曲地认为是"不要给负向的反馈"。因此，领导者要警觉到这种规范的产生，并且对团体所产生的无益甚至抑制参与动能的规范，在团体中提出质疑。又如，有规律的轮流发言、过度地有礼貌或对某个成员太过于保护，像这样的规范，是与团体的基本目标相背的。

六、典型的团体过程

本章一开始就简单地描述了训练团体的经验，让读者大致可感受到这样的团体会发生什么。这一部分我们将更进一步地来看团体的发展阶段。训练团体比其他任何的团体更注重团体过程的研究。因此，催化员要尽可能地推进团体过程。当然团体的运作仍存有许多变化，这些变化是依着许多不同的变数而产生的。领导者的个性与风格、成员的组合——他们的背景、个性特质、职务上所担任的角色、不同的动机、彼此是否熟悉或陌生——都会影响团体的发展。

韦伦·本尼斯将团体发展的不同阶段及团体过程的变化做了一个有趣的描述。他依训练团体的时距把团体分为两个主要的阶段，各个阶段又分为三个副阶段，因此整个团体发展过程总共有六个副阶段。

第一个阶段为依赖期，包括以下三个子阶段。

（1）子阶段Ⅰ：依赖—逃走（dependence-flight）。团体最初的主要问题是成员们试着寻找一个共同的目标与大家一致同意的方法去达到目标。如前面所提到的，训练团体有一个很重要的特色即模糊。它使得成员想对领导者产生依赖，希望从领导者处获得结构、指导以及告诉他们如何进行，同时也对其他的成员产生依赖，希望获得行动的指示。团体中同时有两种不同的希望在进行着。有人喜欢有结构，有人反对结构；有人期待有领导者出现，有人则阻碍领导行动的产生；有人希望训练员能负起责任来提供团体结构，然而却又不关心也不注意训练员所提的建议。

（2）子阶段Ⅱ：反依赖—逃走（counter dependence-flight）。这时成员更积极地回避领导者，并且开始提出他们自己的结果与程序。通常，这时会发展出两个对立的次团体，一个想要建立结构、发展议程与选举主席，而另一个次团体则反对所有致力于提供结构的行动。团体中不满训练员的形势渐渐上升，但并未直接地表达出来。训练员被视为一个妨碍者与对立者，并且看起来他对团体的事不是很感兴趣。成员私底下认为他不能且不愿意在团体里去碰触他们的学习需要。

（3）子阶段Ⅲ：解决—净化（resolution-catharsis）。前两阶段最大的特色是团体成员对任何有益的学习经验采取分裂与回避的态度。在这样的经验里，成员心中会产生许多不同的期望，形成团体中的另一种动力，因此在这个时候，虽然团体仍非常沉静，但成员却可从其中获得最有用的学习。在子阶段Ⅰ与子阶段Ⅱ中，一个积极性的经验，是团体成员从在一起工作而发展出相互的关系，并且发展出成员彼此之间的信任感，自动自发形成的次团体即为一例。在此第三阶段中，有更多独立的成员对团体的发展是重要的。一般来说，这样的成员将会指出他们所认为的团体做得不好地方，并且提议如果训练员离开团体一阵子，团体可能会进行得较好。这样的态度表达和成员前面的感受相当不同。前面成员认为即使训练员没有成功地尽到责任，仍在团体的运作过程里相当重要。这样一个直接的攻击，使团体成员将训练员视为权威人物时的暗藏的愤怒被揭露出来。成员开始去认识自己对权威的态度，以及这样的态度如何刺激了团体中有效的运作，这样的认识激发了团体成员最初的自治意识，以及成员在团体里对团体发展与学习责任的认知。

第二个阶段为互相依赖期。在此期间，权力以及与权威的关系变得不重要，而渐趋重要的是成员们有效地在一起工作，并且彼此互相关心。

以下是第二阶段的三个子阶段：

（4）子阶段Ⅳ：欢乐—逃走（enchantment-flight）。这段时期的特征是成员着重于彼此之间所散发的积极感受。他们在副阶段Ⅲ看到他们可以像一个团体有效地共同工作，正可借此机会彼此放松，愉快地在一起。此时，成员优先考虑的是关心他人的感受，以及团体成员之间的欢愉气息。然而，团体的团结并不长久。每个人为了维持彼此融洽的负荷是一个相当重的负担，并且很快地，个人因团体的缘故所压抑在心中的愤怒又开始出现。

（5）子阶段Ⅴ：反欢乐—逃走（disenchantment-flight）。这个时期团体又再度分为两个次团体。但是它所面临的问题，并不同于子阶段Ⅱ的时间结构与独立的问题，而是个人投入程度的问题。因此，出现两类的成员，一类是希望彼此能有相当投入的关系，另一类是尽量避免高程度的投入。这个阶段，成员心中会害怕"假如他们真正知道我的话，他们会对我有什么样的看法"。在一点上，即我们前面所讨论的关于自我坦露程度的敏感争论点，此时成为团体所注意的重心。有些成员以亲密的方式与他人结合在一起，并且以注重自我接纳与接纳所有成员的方式反映着他们的焦虑。其他成员则以拒绝对团体投入及对团体感到无兴趣的方式来防止焦虑的产生。

（6）子阶段Ⅵ：共同同意的有效性（consensual validation）。训练团体经验的结束迫在眉睫，使成员之间会有一种评价的心理，即评估每个成员对团体过程所做的贡献，因此成员都想完成在团体中团体动力及人际行为的学习。子阶段Ⅴ所提到的两个次团体，都在逃避角色评价。那些避免投入的人，以侵犯个人隐私为借口；而另外一些成员之所以寻求人际亲密，则是因为评价引起了团体成员间不公平的比较。在最积极的情况之下，团体会再度被一位较独立的成员推进。例如，他可能要求团体把焦点放在自己身上，并且给予反馈。当评价实际地进入团体时，害怕被攻击的声音渐渐减少。在这个阶段，重要的学习来自每个成员加强的觉察力，觉察自己是如何回应他人。此最后阶段的任务是试着解决团体成员互相依赖的问题，并且为不可避免的分离做准备。

七、领导者的角色

训练团体的训练员有一个特殊的角色特质。他不是一般所说的老师、团体理论家、程序进行的主席或一位团体的领导者，他被视为一位学习经验的催化者（facilitator）。因为，在训练团体聚会开始时，领导者只提供了一点点结构，这使得一种真空的结构与期待被创造出来。这种真空的状态激发成员们来决定团体应该如何进行，而使成员们显现他们各自不同的行为。这些行为与对此行为的分析，自然成为团体经验的基本内容。

训练员的角色有一个重要的方向，即他有能力创造一个有效的学习环境。这种环境的创造包含一些复杂的活动与特色。重要的是，训练员须清楚地让成员们了解，他不是一个权威者，他是要帮助团体发展它的目标。另外，他亦须不断地塑造一个好的团体成员的行为，例如，开放、对他人的需要有所反应、热切地想去了解及探究正在进行的团体现象，以及要求提供建设性的反馈。注意并参与团体过程的变化并且有能力让团体把重心放在此时此刻的团体过程，而非过于投入个人所关注的事情，这些也是训练者重要的技巧。

下面是一些在训练团体中被视为重要的领导者特性。

(1)学习的催化（facilitation of learning）：最常被强调的训练员的角色是他提供机会给成员们在团体情境里呈现自己，并且观察自己的行为。事实上，领导者不提供结构，不向成员要求采取权威的控制，不给特定的行动指示，这些都使得成员们表现出他们自己特有的风格，也使得他的角色如同一位催化者。而事实上，训练员拒绝做一个专制的指导式的领导者，而只是帮助团体寻找它自己发展的路径。这是这一角色的重点所在。

(2)保护（protection）：帮助在团体情境中发展一种信任的气氛，是领导者的另一个重要角色。当某成员对另一成员的反馈有敌意或不正确而使接受者产生很高的焦虑时，训练员必须介入。例如，如果在团体的早期，有个非常害羞的成员吞吞吐吐地说团体不明确的情境使他感到非常焦虑，而又有一个鲁莽的成员很快地反击，认为他非常可笑且不可思议。此时，训练员可转向其他成员，引出相似的焦虑感受。假如当时没有人发言，训练员可以告诉这位害羞的成员，他完全理解为什么他会感到这样。

（3）助人者、成员与专家三种角色的平衡：训练员的角色含有一些次角色（subrole）元素。如前面所示，助人者或催化者均是其中重要的角色之一。除此之外，训练员也有如成员的功能，特别是当团体发展出一个真正平等的气氛时，训练员势必要站在一个平等的基础上，与其他成员有相当程度的分享。训练员应该做个开放、关心他人感受以及注意此时此刻行为的典范，而这些均是组成一个好的训练团体成员的行为。另外，训练员有时又必须是个专家，他比一般成员有团体过程动力的知识，这是毋庸置疑的。而且这种角色须有一些特殊的专门技术。例如，他可能需要在团体与团体竞赛时，指导团体成员做一些演练，如进行相关的热身活动与指导角色扮演的环节，如制作问候的诗卡与角色扮演技术的发表。而最重要的是，训练员能平衡这三种角色，并且有能力进行这三种角色之间的转换。

（4）注重团体过程的导向（group process orientation）：训练员另一个重要的角色是必须细心地观察成员之间的互动，在团体进行的过程中，如有助于成员们此时此刻的学习时，他必须随时介入，并且不断地辨识团体互动的本质以建立自己的假设。在前面所举的例子里，亚历克斯认识和接受了自己蛮横的态度确实给他人造成不舒服之后，训练员可借此机会，帮助团体成员探索他们对这种人的要求以及自己当时的反应为何；这样的结果安排，对一些成员的参与来说是相当具有吸引力的。注重团体过程的导向也可帮助训练员避免许多训练经验的陷阱。例如，在团体中变得太过具有指导性或太过临床导向，或过度注意"彼时彼刻"而非"此时此刻"。换言之，团体过程的导向特别有助于训练团体所提供的这种学习，即对团体的互动以及在团体中别人带给自己冲击的学习。

（5）收放自如的介入（controlled intervention）：在任何情况下，想要做一个有效的助人者，需要不断地注意团体的动态并不断地做决定。另外，是否让团体自己寻找更好的进行方式会更好呢？对于这个问题的回答不是绝对的，凡事过犹不及，对于如何介入以帮助团体运作这一点来说，训练员不要扛太多的责任。例如，如果有一个团体成员建议选举主席并安排议程，一个有经验的训练员知道这个提议将会落空，但为了不让团体觉得他是在使用权威阻碍团体成员的进行，训练员并不会打断对此问题的讨论。他必须让团体思考这个问题，直到有足够的成员失去对对此想法的兴趣。并且，他需要开始检视在团体中那些为了逃避一开始的模糊而一直努力提供结构的人。

八、训练团体不同的用法

如前面提到的，训练团体在开始的时候被称为基本技巧训练团体，并且着重于发展有关团体动力、领导员技巧与觉察人际关系的知识。随着临床心理学家与精神病学家的参与增加，使得社会心理学家方面的色彩减少了一些，代之而起的是对个人成长的偏重。经过一些年之后，训练团体有一个值得注意的转变，即从偏重团体的导向转至着重个人的自我实现。这很清楚地反映在用词的变化上，如20世纪50年代中期时，"敏感度训练"这个名词普遍增加。敏感度训练很清楚强调自我、自己的感受，并不注重了解团体的过程。这种倾向很普遍。很明显，这一变化表明，此时期团体与团体之间、团体的领导者与团体的情境，均产生了巨大的变化。有些训练员支持早期所强调的团体动力与领导者技巧，这是实验室方法的特色，亦是本章的特点。实际上，训练团体的训练员有两种不同的观点，一种较着重于组织，另一种对个人的成长与改变较感兴趣。

若想知道实验室方法的使用的范围，另一种可行的方法是看训练团体被哪些情境所使用。我们会发现，训练团体被使用的范围相当广泛。有两大类团体最常使用的实验室方法，一类是商业组织，另一类是助人专业工作者团体，如心理学家、社会工作者、精神病学家、学校咨询师以及护士。最近，训练团体亦被社区行动团体、跨文化团体普遍使用。

我们也可以从训练团体不同参与者的背景职位来看训练团体不同的使用方法。训练团体早期最常见的模式是来自不同组织但职位相似的成员所组成的团体。例如，来自不同公司的中层人事经理，后来又引进了其他的形式。其中一种形式即阶层分明的组织中有许多不同阶层的人，远离他们平日办公的地方，参加同一训练团体，因此医院内的精神医师、心理分析师、社会工作者、护士等均会是其成员之一。对于训练团体的成员组合是来自不同的组织彼此陌生较好，还是来自同一组织在一起工作的同事较好，引起了一些争论。有人认为在组织内举办的训练团体，会使较低阶层的成员因害怕日后被责罚而不敢在团体中开放，因此造成此训练团体中的人际互动关系非常困难。也有人认为在此情境之下，才可能产生真正的学习。目前这些争论均未有正式的研究报告支持任一种说法。

九、训练团体后来的发展

虽然训练团体最早所重视的团体动力与组织的改变依然持续，国家训练实验室目前所进行的团体，同时也重视个人成长与发展的主题。如前面所提到的，在20世纪50年代中期，较多临床学家的加入，使得这方面变得突出，但它是被放在组织结构的场景里谈个人的运作。结果，随着团体个人成长方面的加强，开始吸引许多人的参与。这些团体的方法与技术可能与其他的团体模式有重叠的地方。例如，会心团体的非口语技术会被引入训练团体的方法中。NTL所发起的团体有着特定的主题，这也造成与中心主题团体(theme-centered group)的重叠。

我们可以看一些NTL所举办的这类团体，以便帮助读者了解近几年团体形式的移动与变化。在NTL最近的课程小册子上，有下列几种工作坊：①发展你的潜能——一种个人成长导向的经验，以促进人与人之间真诚、信任的关系；②夫妻的互动——学习新的方式来分享人生；③生为女人——发展在丈夫、孩子与父母所期待的角色外的个人意识；④家庭关系——全家人的参与，一起学习较佳的方式，表达你的需要、愤怒和情感；⑤两代之间——年轻人与老一辈在一起，一同检视彼此之间的代沟。

以上所描述的实验室内容，呈现两种不同的方向。第一种非常清楚地强调个人的成长与发展，特别是在人与人之间的合作、真实与自由。第二种强调每个工作坊有特定的内容。其实，早期实验室的主题很少有特定的焦点与内容，通常是关注职业角色的功能，而现在已开始将一些被曲解的非工作角色扩展并更丰富它的意义与内容，如丈夫与妻小、年轻人、女人、家庭成员、老人等角色。我们看实验室历史的演变，会发现一个有趣的现象。最初，它的目的想帮助人们，因为人们的工作角色一定是在权威的组织结构里，通常在本质上是被认为不具有个人的风貌与人情味。虽然原始的住宿式实验室的形态仍然继续，但最近更多的工作坊所关注的角色，却是向来已被人们认为最具高度个人化的角色。如果有人在生活中不满意自己与他人的关系，均可选择加入适合自己需要的工作坊。这种发展趋势，若将其放在实验室方法的历史发展上来看，很清楚地扩展了它原有的兴趣，而这种发展可大致地被归类成"人类潜能运动"。

第五章　心理剧

心理剧是一种团体治疗的方法。它的设计是帮助个人以戏剧形式，借自然流露的扮演，表达个人在问题中的感受。

简单来说，心理剧是由一个工作坊或治疗性团体组成的，其目的是借当时的场景而让压抑的情绪涌现，由向他人叙述自己深刻情绪而使自己的情感得以抒发，同时使其获得新的行为模式。

心理剧的重心是让参与者的忧虑可借其在当下得以直接地、立刻地以戏剧形式帮助释放感情，并改善问题。总而言之，以行动来亲身体验是心理剧最大的特色。

一、历史背景

当我们提到心理剧时必会联想到莫雷诺。他对心理剧的贡献可由其个人历史略见一斑。莫雷诺于 1889 年出生于欧洲的东部。按其个人叙述，他是在巡航到黑海的一艘船上出生的。

心理剧早在莫雷诺 4 岁时便出现在他的生命中。他在维也纳（Vienna）家居地下室扮演上帝及天使的游戏。在房间中央的一张大桌子上堆了一些椅子。莫雷诺爬到最高的椅子上扮演上帝，而其他小孩则摇动着小手扮演飞翔的天使。当莫雷诺听从其中一个小孩的建议做出飞翔状时，竟摔下来跌断了胳膊。虽然发生了不幸的事件，可是在游戏中，他体验到那种令人振奋及自然流露的感受。因此，振奋的及自发的两个元素，便成为莫雷诺以后所发展的理论中的中心概念。

当莫雷诺 16 岁还是一个医学院学生的时候，他常花很多时间在公园里运用他的幻想力，与在那里的小孩扮演一些童话故事。他不但察觉到孩提时幻想的戏剧常带来情绪上正向的影响力，同时也让他再次投入自由、开放及创造性的感受中。在1917年得到医学学位后，莫雷诺对这种自发性的戏剧（spontaneity play）兴趣更浓。1921年，他在维也纳开创了"自发戏剧"（Theater of Spontaneity）。莫雷诺发现传统戏剧完全遵照脚本原稿，经过多次彩排的演员变得鲁钝及毫无创意。在莫雷诺的自发剧场里，是不需要任何脚本的。一开始，他提倡"活报纸"（the Living Newspaper）的概念，即使演员与观众处于毫无准备的状态中，并以每日周遭所发生的事件（daily news）作为演出主题。原先，他只强调戏剧应在不用彩排的自然状态下进行，直到其中一位女演员把她的私人问题带到莫雷诺面前，他才悟到这种不用脚本的戏剧可帮助个人解决问题。从此，心理剧便开始应用在治疗上。

1929年，莫雷诺移居美国，继续发展心理剧的研究。几年后，他在纽约创立一所疗养院，开始了心理剧在美国的第一步。他在心理剧、社会剧、社会探测及有关范畴上都有很多著作。除了写作、编辑外，他还积极地在美国和世界各地进行心理剧教学与示范工作。

莫雷诺在团体心理治疗（group psychol therapy）发展史上具有举足轻重的地位。从发展到现在，心理剧这个概念可算是当代流行最久的特殊团体治疗技术，但我们很难去评估莫雷诺的技术及想法对团体治疗发展的影响。从美国不同机构设立心理剧场的盛况中，可见其运用之广泛。当然，心理剧不一定要在特定的戏场才能运用，它不但是一种可以独立使用的技术，更可配合其团体技术同时运用（Siroka et al.，1971；Blatner，1970）。

科尔西尼（Corsini）于1957年发展出一套经过修改的新技术，称之为心理剧团体治疗（psychodramatic group therapy）。从葛林伯格（Greenberg）1968年的叙述中我们了解到心理剧已发展到态度改变的新面貌。

单从心理剧的技术是否被广泛运用来评估莫雷诺的影响力也许不太公平，重要的是也需要注意他的构想及技术对其他团体治疗的发展及个人成长方法的影响。莫雷诺强调"行动"（action）反对分析，并且着重"此时此地",以及他所发展出来的各种特殊技术都获得广泛的响应,这些在本章接下来我们也都会描述。事实上,他的影响力比我们所知道的还要大。对会心团体最具贡献的舒茨曾与莫雷诺研讨后,发现他在会心团体中所使用的许多技巧(如幻想法)都是不自觉地受莫雷诺概念影响而发展出来的;而莫雷诺亦很快地指出这些概念早年都曾在其《社会探测》(Sociometry)刊物中刊登过。

莫雷诺的贡献之所以被人忽略,可能存在下面三个因素:

(1)除了不重礼节外,他那种盛气凌人的态度及他对于自己创作知名度的过度关心都让很多人敬而远之。

(2)虽然他拥有大量著作,可是因不够精练而不能直接清晰地表达其理论的哲理及概念。

(3)莫雷诺强调非分析性技巧,并且常用在处理公众的、人与人之间的问题以及意识层面上的态度,这与当代那些着重分析个人潜意识的主要潮流正好相反。

自从进入21世纪,心理学界逐渐肯定了莫雷诺在团体互动及团体治疗技术上的贡献。

二、对心理剧的描述

我们将试着描述一段如同在纽约莫雷诺剧坊所举行的心理剧的面貌:

在一个小会堂里,像其他剧院般有一些座位,却没有前台。舞台与第一排座位距离十分接近,而会堂后面有灯光设备。

参与心理剧的人物包括:治疗师或导演、扮演主角的病人、扮演主角身边的人物或扮演主角不同面貌的配角、帮助治疗的职员、访客及其他准备参与的病人。

因为"自动自发"在心理剧中扮演十分重要的地位,因此莫雷诺强调先热身(warm up)，让参与者放松，更易进入状态。许多途径能达到这种效果。例如，莫雷诺本身散发出相当大的个人魅力及一种非凡的领导力。他有能力去激起相当大的兴奋，并且使人对心理剧的过程感兴趣。例如，带有情绪性的音调是所有心理剧的领导者所必备的。任何能创造笑声及幽默的方法，都是团体热身的有效方式。一些更特别的技术有时也会被用到其中，如许多像后来在会心团体中所发展出来的技术。例如，某成员被邀请主动接触一位在团体中吸引他的成员。其他方法，如非语言沟通等技术均被运用。简言之，使用的技术能有效地促使成员更自由、开放、舒坦及直接地表达自己的感受便达到了热身的目的了。

当心理剧进行初步热身阶段时，导演扮演非常重要的角色，他发挥催化的功能，让组员能自然及舒坦地审查本身的问题。导演于热身前后会在团体中挑选一位愿意自我揭露的成员当主角。另一种进行的方式是导演挑选一个主题，邀请团体中每位成员都发表感想，经过一般性地讨论后便把焦点放在其中一位成员身上，该成员便被鼓励担任主角。导演一旦发现主角有害羞或上舞台会害怕的现象时，便会以各种方式(如拍拍他的肩膀、请在场观众暂时背向主角不要看他)来稳定主角的情绪，让他能轻松及舒坦地走上舞台演出。导演根据主角的描述便展开布景的活动，倾听及仔细分析后便着手安排一场模拟情景。当时的人、事、物都力求逼真地重现在舞台上，让这位主角能回到当时情景的感受。

辅导的功能是让心理剧更生活化。配角尽可能由主角挑选，但导演发现某一团员十分适合的话，便由他派选。当全部演员选定后，便要详细勾画出戏剧情节的结构——主角开始详细描述各配角的人格特质、行为态度以及思考模式。

下面这一案例可做说明：主角唐纳德(Donald)与其顶头上司发生冲突是本次聚会的重心。主角所描述的上司既吹毛求疵、说话粗野，又大吼大叫，加上那种盛气凌人的态度就更叫人受不了，更甚的是上司常在一个敌视唐纳德的同事——佐伊（Joe）面前严厉地批评他。自然发展下来的情节已演变到唐纳德告诉上司，自己只有在独处时，上司所给予建设性的批评才较能被自己接受。此时，配角所扮演的上司以温柔及鼓励的态度反应并表示歉意时，唐纳德便立即指出他的上司不是那样子的。在重演时，唐纳德要求上司不要在佐伊面前批评他，上司的反应非常强烈——辱骂他不事长进、经受不起一点点批评，并且总希望享受特权。主角不但被这番话摄住，更使他想起以前父亲也曾这样说过他。唐纳德已按不住被激起的情绪，怒不可遏地指责上司不公平的对待，永远对他所说的事不满意……接下来，他便变得沉默不语。虽然上司立即表示歉意但他却无动于衷。在几分钟的静默后，导演便出来询问："为何演出突然中止？"唐纳德在沉思后察觉自己从未曾向父亲及上司表达自己的愤怒及怨恨，而他们也没有表示过歉意。

导演趁机询问主角："您真的那样与上司说话吗？"

主角的回答是："我从未尝试过这样，这对我是太困难了……况且我也没有发现自己对上司及父亲的态度是这样子的。"

经过内省及情绪的宣泄后，唐纳德很快便醒悟到：假如他在扮演父亲眼中不长进的角色，只会让上司瞧不起而已。

落幕后，各人回到观众席就座。一些可以继续进行的活动包括：对主角情绪反应进行评估——团体中各组员提出观察心得与意见，导演则进行解说或点出问题再把问题抛给每个人。在本案例中，导演对于唐纳德被辱骂后设法适当表达感受的状况使用了"分享"（sharing）的技术，让观众提出相关经验。另一种可使用的技术是导演或观众站在主角的立场，设身处地地提供可解决的方案。

当这一场戏告一段落后，主角便可能转换到别的场景继续进行或由其他观众来重演刚才的那一幕，让主角有机会以第三者的身份去观察及感受。

在本案例中，主角向他人叙述自己深刻情绪时，不但立即能产生自我觉醒的效果，更能抒发压抑的情感。可是，其他案例中却发现主角需要经历更长的时间及更大的痛苦才能让久抑的情绪抒发出来。让主角体验情绪的反应只是心理剧的初步工作而已，应进一步去了解主角对权威的态度以及其态度所导致的行为方式。最后，以角色扮演的方式让主角学习新的适应行为才是心理剧最终的目的。

三、以哲学为经，理论为纬

（一）行动与演出（Action & Acting）

莫雷诺最基本的概念是行动及演出。虽然心理剧与心理分析都发源于维也纳，但莫雷诺对心理分析却十分反对，认为"它"是一种消极抵抗的技术，只呆坐着沉思、幻想，简直荒谬绝伦。他深信"行动"才能帮助我们把以前不曾察觉的事物涌现出来。

莫雷诺曾在 1946 年表示，早期一些反对心理剧的原因，是由于心理卫生工作者认为行动是危险的，而言语的交换（verbal interchange）才是可信的方法。他认为心理剧在美国的反应比在欧洲好，是因为美国有较多的行动者。因此，较能接受这种以行动导向作为教育与行为改变的技术。

对莫雷诺而言，演出是一种开放的方式，演出人的梦想、愿望及抱负，引导人们逐渐地开放，并且更接近自己的感受，更有朝气及创意，就好像对自己情绪上及成就上的限制，将要被自己突破。更进一步看来，莫雷诺在心理剧发展上的基本目标之一，即帮助人到达一种更高的境界。他的思想与存在人文主义所追求的自我实现相似，而与当时流行的心理分析学派背道而驰。他反对弗洛伊德对梦的分析，而肯定地指出他要帮助人类怎样去扮演上帝子民，以达到自己的理想。他更深信开放（openness）与不受约束（misconstruction）是人类发挥其功能的重要元素。

（二）自发性与创造性（Spontaneity & Creativity）

莫雷诺提出的"自发性"与"创造性"与他先前提出行动的概念是息息相关的。

（1）莫雷诺的心理剧是在他的自发剧场发展的，这个剧坊基本上接近戏剧的形式，而非治疗形式。

（2）他的剧场形式强调通过当下的经验，并将它立即演出来，这样做是为演出者及观众创造一个鲜活与震撼的经验。

在莫雷诺的眼中，传统戏剧与心理分析一样都是封闭及反创造性的。

莫雷诺深受早年在维也纳公园里与小孩一起发展的即兴戏剧所影响。他发现小孩可以无拘无束地自然流露出真实感情，自由地在幻想世界中驰骋，在角色扮演的时候也较能进入情况；而成人却受制约而不能发挥创造力及进入幻想世界。因此莫雷诺通过心理剧的方法来使其恢复。

自发性一词很难定义，但具有两大特点：

（1）让团体去经验自己的感受及所在状态，并将外在的障碍及内心的抑制减到最低。

（2）对现实需求发出真实的反应，以活泼的心及创作力去处理新的情景。

莫雷诺在剧场中所介绍的关于自发性学习的目的，足以纾解个人过去的刻板行为，并帮助其发展出一套创新的现有经验。

（三）此时此刻（Here & Now）

莫雷诺十分重视此时此刻的经验。心理剧所强调的不是"说"问题、"说"过去或"说"现在的关系，而是用行动在此时去经历它们。因此，无论重演过去或预演将来的情景都没有差别，因此，此时此刻所流露出自然的情感、所经历的情节反应才是最真实的。

心理剧强调的不是在过去曾真正发生或将会发生的事件，它的重点在于演出时发展出来的鲜活情境。

他所强调的学习，是出于此时此地的真实经验和个人对此经验的反应，而非口头重述过去的事情或深藏的情感。

（四）净化作用（Catharsis）

莫雷诺在1946年发展出净化作用的概念，这一概念由亚里士多德的理念延伸而来。亚里士多德相信好的戏剧（尤其是悲剧）具有唤起观众强烈情绪的震撼力，观众从剧中人的遭遇产生共鸣及洗刷罪恶感的感觉（purgative effect）。

莫雷诺的观点超越了亚里士多德的说法。他认为，在心理剧中演员比观众更能获得全然的净化。可是传统的戏剧中，演员是通过剧本及多次的排练，不能真正地经验到情感的释放。因为他们的演出并非出自自己的经验，而观众接收到的也只是一种替代性的情感。但在心理剧中观众因为演员现身说法的演出，使他们能展开全然地投入与同理，并获得伴随而来的净化效果。

当我们深入研究时，不难发现莫雷诺的三个概念：净化作用、行动、自发性均如出一辙。他所强调的是，把个人真实生活的情境搬上舞台，主角身兼演员及导演之职。在热身及"行动"导向技术的催化下，主角便能"自然流露"其感情并获得净化。

四、方法学或操作上的主要概念

（一）导演—治疗者的角色（Role of the Director-Therapist）

莫雷诺（Moreno，1946，1953，1964）描述的导演角色，如同三个重要的身份：制作人、治疗者、分析观察员。

（1）制作人：担任喜剧场景的组织工作，带动团体中成员做热身及监督整个喜剧的进行。

（2）治疗者：发生催化的工作，鼓励病人体验情感的自然流露、创作力的发挥及强烈情绪的抒发，并且还帮助成员从经验中获得内省及发现意义。

（3）分析观察员：需要随时中止行动，进行澄清工作，并确定各演员的演出恰如其分。同时要顾虑到各观众是否在观察学习中收到治疗或教育的效用。

扮演导演的角色必须针对各种不同的情况而弹性处理,适当地运用各种技巧。比如,在医院中带一群由具有退缩行为的病人所组成的团体,导演便要扮演一个非常积极活跃的角色。"在热身的过程中,他必须使病人愿意投入,这需要导演付出相当大的精力,要有能帮助病人放松感觉及自在的能力。例如,导演以团体中一位当时具幻觉经验的组员做主角,困难的是因为这位主角相当退缩,只提供一点点线索让导演去安排心理剧的场景。所以,在这种情况下,导演能同理并进入病人的经验世界、引导病人顺畅地演出便是非常重要的。"但当心理剧用于成长团体,在热身时导演不需要那么积极主动,因为团员都已做好心理准备。心理剧应用在精神病患的团体中,导演便要加倍谨慎,主角需要经过细心预选,演出场景也要特别慎重安排。而在成长团体过程中,导演只需要在热身时找到共同的话题作主题,让团员讨论便是了。

当热身结束后,团员已经在放松自在及做好心理准备的状态下,这时便可以开始挑选主角与布置心理剧的场景。在没有强烈情绪困扰病人的团体中,导演可以站到较后的位置,让主角自己设计、担任编剧的工作,把自己现实生活情景搬上舞台。此外,还要挑选配角做搭配。导演必须随时提高警觉去对整个演出过程做监督及指导,包括在整个剧情发展上进行澄清、引导配角称职演出。对于那些深受情绪困扰的病人,导演需要特别注意,采用积极主动的态度,获得病人的信任,随时提供资源,不断关注主角的感受并随时介入加以指导。在需要的时候,导演也会运用一些特殊技术进行催化并让主角的潜能发挥,进行内省工作。

当这一幕心理剧结束后,导演便会使用一些技术让剧情丰富化。他可能与主角直接进行沟通,从演出的剧情中做澄清,更透彻地了解主角。莫雷诺认为主角还在十分投入的心理状态下时,应把握机会做进一步的探索及剖析。因为心理剧不但为主角提供直接的帮助,也希望旁观者能从观察中学习，有所获益。

　　心理剧流程进入尾声时常会使用"分享"的技术。在分享的过程中，观众尝试把剧中人与自己的生命联结，把自己的体验在团体中进行分享及讨论。另一种常用的技术是说明与解释。在导演的引导下，各组员设身处地地为剧中人提出自己解决问题的方案及行为模式。这些技术除了帮助各组员更能投入及积极参与外，更能让他们的情绪得以宣泄并借由情境去洞察他们行为背后的动机。

　　（二）主角—病人（Protagonist-Patient）

　　主角一旦被选出后，便成为心理剧的灵魂人物。在一个组员都十分熟悉的团体里，因为相互的背景资料以及所关注的事都已了解，所以很快便能进入情况，进行演出。但在一个新组合的团体里，在互相都十分陌生的情况下，主角便要大量提供个人基本资料及剧中其他角色的特性。虽然在场景的安排上要花很大精力，但这才能让其他角色投入并且进入情况。

　　在导演的协助下，主角在选定配角后便开始详加描述每位配角的背景资料、个人特质、与主角的关系及互动情况，以及其行为与思考模式。在必要时，主角要做示范表演，让配角更透彻了解及掌握所要扮演角色的特性、行为反应及与主角互动的方式。

　　在主角彩排真实情境下，剧情自然流畅地发展，主角与配角在演出时也会体验到真实情感的自然流露。正如上述案例，主角唐纳德一旦发觉配角在扮演上司时反应有谬误，便立即暂停演出，待经过修正后让剧情有意义地发展下去。

　　在剧终时，主角可建议照原样重演或做部分修改，并且在主角或导演的提议之下，也可修改自己的角色。这些都是为了要观察主角是否能改变自己的行为，同时也能看到他的改变对其他人的影响。而一场心理剧，可能修正重演的次数以及过程中可能使用的特殊技巧，都是无法估计的。

　　诚然，在团体中获益最大的是主角。他能直接亲历自发的情感、净化的经验、内在冲突及压迫感得以解脱的历程。在真实情况中进行内省工作，不但会让主角觉察到自己的行为模式，更可帮助主角发挥潜能，学习新的适应性行为模式。

（三）配角(Auxiliary Role)

在进行心理剧演出时，除了主角独白的部分外，剧情往往需要其他人物搭配演出。这些在主角身边的重要人物如父母、配偶、朋友、医生、护士等为"配角"。

经过主角详细描述各配角的资料与特性及导演加以指导后，配角便可进行角色扮演。

要特别注意的是，在不同性质的团体中，配角的配合也有所不同。例如，在出院病人所组成的团体中，团体的成员即可担任配角，而在精神病患所组成的团体中，便需要邀请那些经过特殊训练的人参与发挥配角的功能。莫雷诺曾指出，那些曾患病而得到康复的朋友最适合担任配角的角色。配角具有双重的任务：

(1)他必须按照主角的指引，再加上自己的揣摩来扮演，并且要能同理主角，且能进入冲突的情境。

(2)配角同时也具有观察员的功能，在演出后，提出个人的感受，以及对主角的反应，借以帮助主角深入了解冲突场面的意义。

心理剧演出时，配角往往需要借助一些特殊"技术"，这些"技术"将会在以后的篇幅介绍。在心理剧活动中，许多关于主角的描述，也会提供给配角，因此配角必须在热身时，就准备好扮演自己所要演的角色，让自己进入状态参与一个自发的创造性演出。

（四）观众(Audience)

心理剧的观众在某方面与一般戏剧的观众一样。莫雷诺认为心理剧是延伸至心理分析与净化的领域而成的，因此比亚里士多德所认为的古典戏剧，更能达到净化的效能。然而心理剧的观众也有其他特性，因为心理剧常会探讨人的问题与冲突，因此观众会有很多机会来同理并与自己的经验联结。

除此之外，观众也具有协助主角的功能。在心理剧演出结束后，有些延续性的活动需要配合一些特殊技巧来进行。在使用"分享"的技巧时，全体观众都被邀请参与，并分享刚才观看演出的感受及自己的经验。观众在分享时，演出的成员也一起加入，并提出对演出的一些感触，或是给主角一些建议。

（五）特殊技术（Special Techniques）

虽然心理剧的重点是主角在模拟情境中自然流露的演出，但是适当地运用一些特殊技术会有助于演出进行。这些特殊技术的发展源于导演的困惑——在心理剧的演出进行时，导演务必要提高警觉，在需要的时候借着运用一些技术去提高治疗及训练的效果。

莫雷诺曾在1953年提出警告，说明这些技术的援用，要避免使心理剧从自发性的运作变成了僵硬的戏剧表演！这些技术是要激发心理剧自发的、内省的以及净化情绪的可能性。这些特殊技术的发展是无可限度的，导演可随着不同情况的变化，自由发展一些适合所用的技术，达到催化的功能，让演出更顺畅地进行。

莫雷诺夫妇两人曾在1959年整理出一些普遍被使用的技巧，以下我们将简单地介绍其中一部分，供各位参考。

1. 独白（Soliloquy）

顾名思义，独白就是主角直接地向观众表达自己的感受。正如一般戏剧一样，这是一个戏剧中独白的场面，但不同的是这一技术包含了自发性的情绪表达。

当导演发现病人在心理剧的场景中，无法适当地表达自己的感受或由于场景所引发强烈的情绪反应，不能继续进行时，便会考虑使用独白技术。

独白能提供机会，让主角暂时抽离自己的情绪，并进一步地探索自己刚才的情绪反应。

2. 双重我(Double I)

当导演发现主角在剧中(与其他角色)产生冲突而陷入困境或无法表达自己真正的感受时，便会使用"双重我"的技巧。导演会指派配角站在主角的背后，与他一同进行演出。配角需要具备很高的同理心，去感受病人的心理状态，并且帮助其表达出来。

有时候，单单站在主角背后，随着其情绪身体动作以及态度的变化而一起运作，便能增添主角的力量，帮助其适当地表达自己；有时候，"双重我"也被称为"另一个自我"，它可能反映出配角所认为的主角的感受，而非主角实际的感受。

3. 角色互换(Role Reversal)

角色互换的技巧是让主角与配角互相对换角色。导演会在如下两种情况下考虑使用此技术：①当他觉得角色互换，可增进主角对敌对角色的了解；②导演想给主角一个机会去扮演身边一位重要人物，并示范他所期望该角色的表现。相对来说，配角扮演主角，也给主角一个机会了解别人如何看他。

4. 镜子技巧(Mirror Technique)

此技术所强调的是上面所提到关于角色互换的最后一个功能——让主角有机会以第三者的角度看自己。当导演认为主角先退开，站在后面看别人扮演自己，从观摩中能有所获益时便会用此技术。此技术特别适用在主角难以理解自己的行为是如何对别人造成影响时使用。

主角加入观众的行列，配角代之扮演主角。在主角的指导下，配角便尽力揣摩以期能扮演得栩栩如生。

当主角不能进入自己的角色时，导演也使用镜子技巧。他可指示配角故意夸大或扭曲主角的原意来演出，借以刺激主角更能真正投入，进入状态地演出。因为配角错误的表达能刺激原来的演出者，再次上台演出其真正的感受。

5. 团体背后(Behind the Back)

这一技术是让主角停止舞台演出而隐退到台下，坐在团体的后面进行观摩。在导演的引导下，大家便开始谈论主角的感受及观念。

正如镜子技术一样，这一技术让主角从自己的世界抽身出来观摩别人怎样看他，及别人对他所作所为的反应及感受。

6. 神奇商店(Magic Shop)

当主角陷入矛盾、困惑及模糊不清的状态，不能了解自己生命中的希望及目标时可使用此技巧。导演或配角扮演店主的角色。在神奇商店中所拍卖的不是物件，而是个人的特质、价值，甚至一生所追求的目标，如健康、财富、成功、卓越……在神奇商店中购买的方式，不是用金钱，而是付出自己拥有的一些价值及特质，用以物换物的方式，来换得自己喜爱的物质。

此技巧是让个体有机会去评估什么对自己才是最重要的，同时在取舍间能澄清什么是自己真正想要的。在心理剧的发展中，到目前为止仍只有少数的技巧被发展了。这些技巧都是心理剧用来增进对情绪的了解并使探索过程顺畅进行。

第六章　完形治疗工作坊

完形治疗以其创立者费列兹·波尔斯对个别和团体心理治疗革新的论说而著称。病人与自己的极富戏剧性的对话，在即刻专注中生动地表达出情感及冲突。就技术的观点来看，完形治疗似乎排斥精神分析中所强调分析者与被分析者之间大脑的、历史性的、随意的言行对话，而以极端的经验主义形式确立自身的学说地位。波尔斯本身就非常排斥精神分析的程序。然而，就我们所知，完形治疗呈现出的是一个复合的概念及方法。它是由一些精神分析、存在经验甚至是心理剧所组合而成的，这些学理形成统合一致的"完形"，这即完形治疗。

波尔斯几乎与完形治疗同义。尽管他从他太太罗拉（Laura）及为他提供非传统技术的同事那儿得到很大的协助，然而创始者的名誉仍归于他。波尔斯去世于 1970 年，享年 76 岁。关于他的生活的许多的探寻、振奋、挫折及成长，记述于自传式的回忆录（Perls，1969a）。他不断地反抗既存的思考方式，时常为了生命中的无聊及贫乏而战。对他来说，精神分析的活动是权威的、封闭的，因此他脱离早期受弗洛伊德的影响及在当时普遍流行的有关精神病医学及神经学的概念，另外开创了一个创造性的新方向。"变动"是波尔斯的个人生命的主题。他受苦于人际的分裂、地理上的迁徙，在他的理论中，强调人生命中经常性地衰退以及健康的、当下中心自觉（presented-centered awareness）经验流的重要性。

波尔斯第一次迁居是离开他的家乡柏林到法兰克福。由于纳粹不断地威胁，他便再度移居到南非。经历了颠沛流离后辗转到了纽约，在迈阿密立足，而后在洛杉矶发展他的事业。1966 年，波尔斯加入加州伊莎兰中心。1969年，他到加拿大温哥华(Vancouver)岛参加探究完形的学术团体。波尔斯在1947年出版了《自我、饥饿与攻击》(*Ego, Hunger, and Aggression*)，在1951年出版《完形治疗原理》(*Principles of Gestalt Therapy*)。那时他未满60岁，居住于伊莎兰，对发现人类潜能的活动兴致勃勃。逐渐地，波尔斯本人及他的治疗理论建立起国际的知名度。波尔斯在他生命的最后几年，从事于工作坊示范数量的增进，并且是美国心理协会1968年会议中活跃的参与者及发言人。1969年，波尔斯的另外两本书问世——《进出垃圾桶》(*In and out of the Garbage Pail*)和《完形治疗词汇集》(*Gestalt Therapy Verbatim*)。同时，在这些年里制作的许多视听教材、影片、录影带中，我们可以一窥工作中的波尔斯。

无论是个人或团体的情况，完形治疗都能够用不同的方式来施行。在个人方面，他的风格是将病人与治疗者的直接互动减至最少的一种纯粹的风格。病人试着将他即刻的经验转述为正在进行中的自己所演出的心理剧。在剧中，他将所察觉到全身的感觉、情感、思想及他人都做一种拟人化的呈现。甚至将他对治疗者的感受发展成他与"空椅子"上想象中的治疗者(the therapist-in-the-empty chair)的对话。这个过程中，个案并非与真实的治疗者对谈，而是与他本身幻想及投射中的治疗者对谈。另一方面，个人治疗也能够在个案与治疗者的较保守的持续性的交谈中进行。在治疗者与病人的对谈中，可发现波尔斯非常注意个案非语言的行为，偶尔建议病人尝试种种不同的演练和实验(例如，试着加强你脚上正在做的动作，并看看你经验到什么)。对病人的提醒，较专注于病人当时当刻的实际经验，而非人们所谓应该或不应该的论断形式。治疗者使病人注意到自己的脚不断地在踏脚，而不是告诉他，踩踏是错，应该停止的。尝试着让病人觉察到踏脚并感受到他所表现的，最后逐渐地免除了恐惧不安。

在团体方面，治疗者仍然可以利用纯正完形的方法，鼓励参与者专注地观看治疗者对一成员进行治疗而避免其他人自发的接触，或是可以采取较不纯正的方式，允许团体自动自发地交流，但选择适当的时刻以完形的技巧做特殊的介入。通常这种介入是有目的的，通过精巧的技术，引导特殊的病人，强化与夸大其各种不同的察觉和抗拒。例如，参与者的直觉专注于团体其他人对他的批评，治疗者就提出一个精确的反转练习，使病人走到每一个成员面前，存心故意去发现他人的弊病，然后开始批评。

像大部分的精神分析、经验性的治疗团体一样，完形治疗团体通常也维持一段时间，每周定时聚会一次，也可在短期内多聚会几次。这种形式较适合训练，以指引方法，能够专业化地介绍完形技术，并且可被用于会心团体和敏感度训练的团体。其目的在于短期内加深个人对健全人格的自觉。伊莎兰研究机构提供两种完形治疗工作坊：一种为训练专业治疗者而设计，另一种为指导外行人学习完形学派的技术。

在波尔斯生命的后几年，完形治疗工作坊的形式才确立。在伊莎兰和泛瓦岛及许多录影带和影片中可以看到他的工作仍旧在继续着，参与者或是专家或不是专家，从半天到几星期的时间不等。波尔斯进行团体时采取顺其自然的方式，他较专注于个人的接触而非大团体，他将病人的注意力转离团体或治疗者的现实而引入个体的内在自我。完形治疗学派在团体方面最大的不同即它纯正的完形模式，亦是我们所能呈现的。

工作坊开始时，治疗者邀请团体中的人。有谁要进行尝试，无论是哪位志愿者，就坐上那把令人坐立难安的椅子，面对治疗者。参与者此时即成为病人，开始叙述困扰他的特殊人生问题，如果他保持静默，会被治疗者要求表达当下的感觉。无论如何，重点在于尽可能地经验此时此地的感受。下面，将会简单描述激励参与者强烈和夸大经验的各种练习，病人的"治疗"在类似完形个别治疗的场景中发展到极致。在团体方面，其他参与者的作用有如合唱者（Denes-Radomisli，1971）的共鸣，成员对能引发自己投射、认同之处予以强调。在某些时候，治疗者会要求团体加入。通常，会引入一种使治疗者与病人间更深入地将现场组织起来的方式，如治疗者建议做"绕圈联系"（go-around），此时病人走向每一位参与者，以同样的句子开头——"我要你喜欢我的……"，然后由每一个人来完成这个句子。病人可能持续坐在热椅（hot-seat）上 10～30 分钟，一直进行到他与治疗者均有可以结束的感觉时。典型的一次聚会中有 3～6 个参与者坐上热椅。

完形治疗团体形式，逐渐在波尔斯的手中形成，发展至今成为任何人可运用的方法，无论是专业或非专业人士，治疗者或病人都能在工作坊外的生活情境中，由自己当时的经验中获得更大的体验。完形团体治疗不像精神分析和经验团体，后者需投注在团体中延续着的人际关系中，个人与家庭关系逐渐再现，在团体的人际互动中，经验到重新建构其过去经验的历程。反之，波尔斯的方向，只要求个体强烈地集中于自己的"经验流"，借由像禅的治疗者的指引，使这个沉思的过程顺畅，这个方向对那些不愿进入正式治疗形式，但寻求生命力及再统整经验的治疗者具有强大的吸引力，他们通常都是在同业的陪同下进行短期的治疗。尽管这样的模式仍保持"治疗者"与"病人"的称谓，但与心理治疗的医疗模式已有显著的不同，患病的病人痛苦地经验着心理疾病，而后被医生诊断和治疗。现在，医生可以是一个理性的、健康的治疗者，但像其他人一样，在他的生活中也有问题（Szasz，1961）。这些治疗者与病人所共享的生活中的问题以完形的术语来说就是"阻塞""躲避"等，这些问题可能发展为一个工作坊聚会，不论它多么诉诸情绪，也会有一些类似教育性的课程讨论。同心理剧一样，完形治疗工作坊不走长时间的团体治疗路线，而倾向短期教育性的治疗经验，逐渐融入于"会心"的模式中。

我们一再地提到完形治疗与心理剧非常相似，两者的模式均可以一种不连续的、工作坊的形式运用在健康人的身上，甚至是更基本的、鼓励病人对自己的不同面相或自己的行为做戏剧化和拟人化的呈现。不同的是，接受完形治疗的病人自己扮演所有的角色，而心理剧中的角色由不同的团体成员所扮演。莫雷诺和波尔斯有着不同的理论背景、不同的哲学观点和不同的团体程序，但在其形式运作的技术上却有相似的特征。二者的模式均根源于戏剧。波尔斯在德国有做学生演员的经验。波尔斯直接受到莫雷诺技术的影响有多大程度，仍是值得深思的问题，因为在他的著作里几乎从没有提及莫雷诺或心理剧。

一、主要概念

(一)完形形象—背景的动力学(Figure-Ground Dynamics)

回顾勒温的场地论和对团体动力心理治疗的应用,我们就会浮现在知觉理论中,三位完形心理学家:苛勒(Kohler)、考夫卡(Koffka)和韦特海默(Wertheimer)。这些理论家强调知觉是对模式化关系(patterned relationships)辨别鉴识与组织的一个过程,在这些模式化的关系中,有些被看成"形象"(figure)而其他则被知觉为"背景"(ground)。此外,某种知觉的元素或刺激只有在我们进入其背景整体的脉络中时才会被知觉到。换言之,它不可能抽离出其脉络(context)而被知觉到。例如,在白色背景上的一个黑圈是能够很清楚被知觉到的。然而,若深埋在许多线条及模式的复杂图形上时,对观察者来说可能就是一个隐藏的形象。

完形知觉心理学是比较现象学的,认为个人对世界的意识知觉是由有意义的或是教导性的心理资料所建构的。它同时也具有整体不可分割的性质,强调个体对不连续的事件赋予模式与意义的能力,以及将现象组织成复杂整体的能力。波尔斯将这些现象学与整体不可分割的观念延伸到人格作用上,与他对当下经验的看重伴随而来的,是他对人格功能的整体观点,他认为治疗者的工作与其说是协助当事人解决冲突,还不如说是统整这些冲突使之更为和谐(如思想与感觉的冲突、主动与被动的冲突等)。然而,他并非第一个受完形理论影响的人格心理学家。波尔斯的老师——与勒温一起的肯特·格尔斯坦(Kurt Goldstein)——曾把完形概念应用到动机与场地的概念中。他坚持主张人格并非只是由许多习惯聚集组成的,而是为了某种统合而奋斗不懈的。波尔斯与完形心理学的关系在于将简单的知觉转移到人格作用的整个范围。他维持了原始理论中"形象—背景"概念并专注于针对每一时刻的自觉经验,试图将它明确化。

让我们将完形心理学创始学者对视觉刺激的注意力延伸到每天的生活情况中,就像一位母亲听到她的孩子哭而希望哭声会停止时,其他的噪声就成为背景而不易为她所察觉到了。一旦小孩的哭声停止了,她也许会察觉到一个原本是在"背景"中的声音，如电风扇的飕飕声等。这声音成为"形象"后，她又会回到她知觉中的"背景"里去，而"形象"又被其他声音所取代。通常没有任何一个刺激可长期作为一个形象，人类的注意力是不会如此的。当形象达到饱和状态的某一点时，立即会开始退回到背景。这个原则说明了形象—背景的转换。例如，两个白色脸颊侧面的轮廓浮出于黑色的背景，相反地，黑色花瓶的轮廓浮出于白色的背景里去。

什么是知觉？对波尔斯来说，知觉即觉察（awareness），在引进觉察的范畴时，他延伸了完形现象学，使之超越了单纯的感官、感觉与思考。觉察涉及所有这三个因素，不过波尔斯认为人类经验到最大的困难是在感觉觉察的范畴上。精神官能症的发展在于，在觉察经验的某一点上，原本可成为形象的感觉被病人阻挡住而放到"背景"中去了。因为当事人对这种感觉感到"恐惧"，因而他尽量避免这种不愉快的感觉被自己清楚意识到。完形治疗者的任务即关注病人的"觉察的连续"并针对"阻塞"的部分使之明确化。通常，这些观点都涉及了"逃避"，正是这种逃避的行为打扰了病人健康的正常韵律以及对当下经验的觉察。当不同的情绪、知觉急需要增强到某一点时，它们就清楚地成为一个驱动的力量。当这一驱动力充分发挥其"形象"功能后，便又遵循知觉的法则转化成为背景。如果这些驱动涉及了实际的物理需求，如饥渴，如果他注意最能满足其需求的层面时，这个人便如有机体般地在发挥其功能。一旦需求被满足后，这些驱动就像其他的知觉，会逐渐地从觉察中消失。

波尔斯并没有忽视病人的现象学感官面相，在治疗一个"阻塞"的病人，特别是当他陷于沉思，试图发现什么是自己真正的感觉时，波尔斯通常直接引导他进入最简单的知觉层次："你看到什么？听到什么？闻到什么？"这是他常引用的箴言："将你的心情放轻松，回到你的感觉上。"这个陈述意味着他并不认为分分秒秒都进行思考是有多大价值的，除非那是直接针对解决问题或从事科学研究。人们的思考活动绝大多数是计算的一种形式，这种计算通常是以幻想形式出现的，在其中我们"预演"不同的角色，这种角色是个人为了要加深别人对自己的印象而想去扮演的。对大多数病人来说，思考帮助我们逃避恐惧。对波尔斯而言，正常的觉察，除了包括感觉与想法外，仍必须对物理环境也有仔细的考虑，这一考虑使得正常的觉察又回到完形心理学在初始时所建立的知觉脉络的概念中去了。

(二)现时及如何(Now and How)

完形治疗理论有两个重点，"现时"，即我们的觉察(在基本形而上学的意识中)必须是经常存在于立即的"此时此地"。无论这一觉察是关注于过去或未来，不论现在所发生的事实有多清晰仔细。我们对过去的详细记忆或是对未来的预测，都包含着幻想或想象。不论这些想象有多生动，一般而言它们只能将我们从当下的立即性经验中移开，以及在特别的情况下，使我们离开了我们的感官及情感性的经验。

波尔斯认为弗洛伊德自由联想的治疗方法，有些相似于他自己对感觉处理的方法，即试图协助病人说出他们当下的经验。问题是，要病人说出所有他心中的话，减少环境的刺激，弗洛伊德减少了病人与环境真正接触的机会。波尔斯的目标则是帮助病人在生动的当下情境立即地接触他的经验，而非轻描淡写地来谈它。因此，若有病人叙说他有一些悲伤的感觉，完形治疗者则会问他："你的悲伤感觉是怎样的？就进入你的悲伤之中吧！"或是病人诉说："很多时候，我都想去威胁别人。"治疗者则会说："好，现在尽你所能展现强烈的胁迫，来威胁我、威胁房间中的每一个人。"区别于心理分析治疗中散漫的讨论态度及行为，完形治疗者会有意在治疗中进行证明。

波尔斯的论点是，若没有这些加强的技巧，常常会造成病人陷入无所助益的沉思中。根据波尔斯的观点，为什么感到悲伤、为什么总喜欢使用威吓等的"为什么"问题只会导向一个对过去无止境且无趣的沉思与玄想中，只会更强化病人抗拒现实经验的困扰。有如现象学家，完形治疗者仅仅要使病人进入即刻的经验中。他认为，如果过去的影像是深具意义的，则很可能显现在此时此地的过程中。通过自发性"现在我开始想到我的母亲"或是治疗者机警地提示："你命令自己放弃事业的方式，听起来是否像别人的声音？谁会这样警示你呢？"因此，对完形治疗者来说，什么

（what）、此时（now）及如何（how）替代了精神分析中为什么（why）的位置。

有关如何的问题，与病人对自己经验的恐惧以及避免痛苦的意图相当有关系。这时候，治疗者必须对生理上的线索非常敏感。例如，病人可能为防止落泪而将冲动哭泣的感觉抑制住，因而表现出某种肌肉的紧张。他并没有意识到自己的行为，直到治疗者指出他的举动（你觉察到你的下颚的感受吗？试着谈谈你的下颚）。或者当治疗者注意到病人对他眨眼睛，而问病人这个时刻他经验到什么。病人也许会回答，他是被外界事物所困扰的，如未来的事件。此时治疗者有一个很重要的线索，即注意病人如何退缩、避免碰触到刚刚在他内在形成的情感；他最好促使病人在这个时刻继续对治疗者眨眼，一直到他的焦虑无法忍受为止，此时病人就会更加明白他被某些必须在以后处理的事情所困扰着。他借由眼睛向上转动所显露出来的焦虑以及不知不觉中快速上升的紧张，才和占据自己心灵的事情连接起来。

假如病人能察觉到他试图想避免的痛苦情绪，治疗者可以促使他持续那种感觉（停留在你的空虚中，尽量尝试去感受你的空虚）。经过治疗者的提醒和帮助，病人更能面对抗拒挣扎的感受，而发现自己比原先所想象的更具有承受力。同样地，当个人能够承受情感完全的表达，就会体验到不再有持续不散的令人恐惧的感觉，而且也会减轻了对感觉的畏惧。如果一个人经常性地抑制情感的出现与形成完全的形象，内在的恐惧则会持续并巧妙地被保护着。

从另一方面来说，治疗者可以鼓励病人更去加强他逃避的感觉，而不去鼓励病人否认与抗拒自己逃避感觉的做法。这主要也是因为治疗者并没有其他的选择，因为病人不知道自己要躲避的经验到底是什么。这一策略虽然与完形哲学完全一致，但也有一点与精神分析的观点"与你的抗拒同在"（Sherman，1968）是一样的。例如，如果病人说"我感觉到自己的退缩，我想脱离这里"，治疗者会鼓励他这样做："进入到你的想象，想象你所喜欢的地方，向我详细描述那地方。"通过进入逃避并尽可能地使其完全显现，治疗者逐渐为这一形象饱和点退回到背景的需要在铺路，到这个时候，病人已经能够重新接触他所难忍受的感觉。然而还有一种可能性，即想象本身会显露某些病人极力想去避免的当下的问题。例如，假如他想象自己正在海边，治疗者会要求他身临其境地想象或是假设自己就是海洋并发言。如果他的反应是"我将重击你，重击你，直到你毁坏为止"，他开始表现出一些心中的冲突，即他最初想用这个幻想去逃避的问题。

让我们回到前面的例子，以为病人为了克制即将涌出的眼泪，产生了肌肉紧张——嘴唇和喉头肌肉的紧缩，在这种时刻，典型的完形治疗程序即要求病人强化他的抗拒，尽力紧压肌肉。如果这时命令病人允许自己哭出来，可能会是徒劳无功的。因为他的这种哭泣是不可能能被自己控制的。不过，一旦病人察觉到自己肌肉收敛，肌肉的收缩便是在他自己的控制之中。除此之外，治疗者请求病人停止逃避的行为，可能重复了病人过去痛苦的经验——父母拒绝接受他这种逃避的样子。完形治疗认为：当病人"不想去改变自己"的权利被接受时，治疗者利用了一个重要的矛盾，这时改变最有可能发生。这个信条反映出存在主义者所强调的"让病人随意所至"。根据波尔斯的论点，病人试图去"计划"与"强迫"改变，是主要使他陷入"精神性束缚"的因素。当治疗者要求病人停止逃避，会使病人相信，他可以控制那些事实上不能自主控制的情绪。无论如何，要求病人（个案）强化他的躲避时，治疗者仍然要似是而非地给予一些控制此行为的力量，借由使他对行为本身有所察觉，治疗者同时要求当事人承担其行为的责任。

因为我们很难去避免以"意识"来理解"形象"，以"潜意识"理解"背景"，以及以"防卫"理解"逃避"，所以，一开始，我们会说精神分析对完形治疗有重大的影响。现在的完形模式明显地包含了心理动力观点中的人格心理分析（理论）和一些专有名词，如恐惧（phobic）、投射（projection）及内射（introjection）等用语，都直接地被合并到完形治疗的用语中。但十分明显地，波尔斯试图强调他的学说具有浓厚的现象学观点，并且着重于实际行为事件的原始资料，反而不重视有关潜意识内容的理论思考，或是有关早期特殊事件和后来变态心理之间的联结的假设。他所关注的是个案所公开显露的行为细节(如嘴唇的抽搐、眼神的逃避),并宣称这些细节能具体表现出个案经验中具有重大意义的部分,而这是病人自己所没有察觉的。波尔斯在精神分析对内在心理的偏重与行为主义的习惯取向之间取得了一个和谐的观点,因此,我们会发现他描述的完形治疗有如"行为主义的现象学"(Perls,1969b)。

(三) 身体语言(Body Language)

当事人的非语言线索提供给治疗者非常重要的信息,因为这些感觉通常是当事人在无意识中所显露的。"你的手在说些什么呢?"这是一个普通的完形问句,或者当个案紧紧抓住自己另一只手时,"你的右手向你的左手说些什么呢? 他们彼此谈话吗?"同样地,治疗者会试着直接引导个案专注于自己声音的状态。例如,声音中隐含着哀伤,借由除去语言内容的方法使个案更能够接触到自己的状态,治疗者会要求他强化自己的非语言行为。例如,"你的声音中有哀伤的声调,把它夸大,就发出那声音,是那个声调,而不要说话。"或者是"注意你手臂挥动的动作,强化它。"治疗者给予这些指示时,并不事先预测或计划还会如何变化及发展。"拟订计划"是违反完形理论的,因为"计划"含有对未来的想象,而完形理论却是要与个案停留在同一时刻,并紧紧地跟随他自发的流动。如果个案挥动的手臂成为重击或碰撞,则会被要求伴随着动作发出声音,强化这个经验,这样能够促使他自己清楚展现这一动作的情绪。如果个案开始发出愤怒的声音,治疗者要求他对这声音说出一些话来;若这语言是"我恨你",治疗者会再问,谁是你语中的你。个案若说"我奶奶",治疗者最后会鼓励个案与他的奶奶对话等。这种"未尽事宜"(unfinished business)暗藏的愤恨及意识的幻想,都在此时此刻之中交织着。

治疗者要特别警觉个案语言与非语言不一致的线索。例如,当个案说他对治疗者生气时,脸上却带着微笑,治疗者不急于解释(如你害怕使我生气,所以你借由微笑让我不要对你太认真)而让当事人继续这一倾向,并自然地告诉个案他看到什么。"即使你宣称你生我的气,但我看到你在笑",或者再更进一步要求个案谈谈他的微笑。

（四）投射（Projection）

波尔斯对投射方法的运用比当初弗洛伊德所应用的还要广泛。弗洛伊德将投射概念使用在对病人拒绝接受其内在感觉或冲动的归因上（例如，一个人内在的冲突是"我恨他"，但却归咎到对方"他恨我"）。自从弗洛伊德创造了这个词，投射便被无所局限地应用。例如，在投射测验中，施测者的人格可能在外在刺激的引导下而投射出来，如在罗夏克墨渍测验中，某种图腾的概念，被视为善或恶的表征。这些松散、粗略的对投射的定义较接近波尔斯对这一概念的使用，因为对他而言，"投射"泛指人类共通的一种倾向——将自我之内的某些属性投置到外在的人、事、物上去。波尔斯对投射作用的探索使他注意到人们认定某人是好是坏，主要是因为自己的所作所为曾被他人描述成"不好的""坏的"，而这使得我们觉得某人某事"好"或"不好"。

波尔斯理论的另一个面相在他"梦的形成"的理论中得到了极致地表达。对他来说，梦中的每一个人和每一件事物都表示一种投射，即使做梦的人认为无关。例如，一个暴君的影像可能代表当事人有支配的需求，即自我中支配的部分。波尔斯拒绝使用精神分析解释梦的方式，而代之以帮助做梦者借由扮演梦中重要的影像，包括人或非人的事物（如房子），发现梦对自己的意义。波尔斯梦的学说主要由两个哲学观点所构成：①鼓励个案能够实际进入梦的经验中，而非只是谈谈梦境而已；②相对于治疗者，使得病人能担当起了解梦的主要责任。

波尔斯认为，常经验到自我意识的个体无法拥有自己观察及批判的能力。当他放弃了自己的"双眼"时，他变得能专注在他人眼中所看到的自己。某些完形技巧是针对如何帮助个案"拥有"（如重新认同或重新整合成自我的一部分）他的投射。例如，如果一个人接收到治疗者或其他成员对他的批判信息，治疗者则鼓励他做一个"反转"练习，让病人批评治疗者或是绕团体一圈轮流批评每一成员。治疗者说："找出每一个成员任何微小的缺点，并尽量地夸大它。"如果个案宣称他在别人身上无法发现任何缺点，则会被鼓励"假装有一些"而将它表演出来。通过这个技巧，治疗者鼓励个案重新练习潜伏在他们心中的批评能力。

另外一种常被使用的是完形技术。当个案宣称团体中的其他人都对他感到厌烦、困扰时，治疗者就让个案去实际验证自己的假设，看看这对其他人是否是真实的。验证的程序就是在帮助个案分辨什么是真实发生的、什么是由投射所生的假现象。

（五）空椅子（The Empty Chair）

由于向外投射会使我们更加舒适，所以，能够将我们自己的某些部分蓄意的外部化是件相当自在的事，这就是波尔斯要求病人做空椅子技术的原因。他拿把空椅子，紧挨着病人，然后要病人将他自己的某一面相放在这把空椅子上去。假设有一个病人渐渐意识到并抱怨自己贪婪的感觉，治疗者会引导他首先将他的贪婪置放于空椅子并与它谈话，然后离开原来的座椅走到空椅子上，再自己扮演贪婪的角色，对代表自己的原来的座椅回话。对话随着病人来往于两把椅子间而发展着：一个为贪婪，一个为自我。他会对贪婪说："贪婪，你是我存在的祸根，赶快离我而去！"贪婪会回答说："我一点也不想离开，你难道不知道我最大的快乐就是折磨你吗？"……

这一技术可以从几方面来看。第一，协助病人在不同的程度上触及自己的贪婪——能够深入对话而非表面上触及；第二，帮助病人免于疏离，让他能够辨明那的确是他自我所投射的一部分。当他说"我不喜欢贪婪"时，病人也许会意识到贪婪代表着他怀恨、痛苦、固执的一部分，甚至是父母的内在投射。若治疗者能意识到这一点可能是真实的时，会小心地观察病人进入假想贪婪角色时所有的某些相似的姿态或声音。治疗者会问病人"贪婪使你联想到你认识的某些人是吗？你想看看，谁在说那些话？"如果病人回答说"那是父亲的声音"，治疗者就让他扮演父亲说话，然后再回到病人本身的角色。应用波尔斯这种分裂的技巧，这些对话将会使存在于个体内的两面性及冲突获得更高阶层的统整。当自我与贪婪甚至延伸到生与死的挣扎时，波尔斯的目标是促使二者能够和谐共存。太多人试图努力使用直接而强迫的方式带来改变，可是根据波尔斯的论点，自我是不能压制贪婪而使其消失的，如同贪婪亦不能胁迫自我接受它一样。

（六）向内投射（Introjection）

内射是投射的反面。它涉及了一个人吸取了他人的某部分成为自己的一部分，尤其是父母亲身上的东西。一个人若没有能力从他人那里获取所需，生活中也就没有人际影响或学习的有意义的形式了。波尔斯的理论说明了某些获取的过程是不可避免的，甚至是期望中的。而关键的变数，则在于我们能够不断地分辨从他人那里所学的，我们是否谨慎地学习那些有价值的部分，而抛弃那些让我们感到罪恶或愤恨的部分，我们的学习是因为自己实在喜欢还是受到其他人的威吓？经历越多的选择过程，不需要的部分就越会被筛除掉，在完形理论中，这个选择历程被称为同化作用（assimilation）。

不经分辨的内射会造成吸收的不适应，导致个人心理上的消化不良。有一种特别有害的内射形式被波尔斯称为"优势"（top-dog）。波尔斯所谓"优势"类同于弗洛伊德超我（superego）的概念，专横的优势部分总是鼓动了内在的紧张的对话，指示他应该像什么或是距理想还有多远。于是，优势部分会被人格的另一部分——"劣势"（under-dog）——怀恨与抗拒地回应着，劣势部分拒绝改变，并且表现出反叛、不遵守指示的类似儿童的角色。优势部分与劣势部分的挣扎，说明了通常我们未能持续对自己的允诺（如完成一件未完成的工作）。我们的劣势部分不断躲避着根植于我们内在的内射了的道德规范。这些内化的强制性规范造成如波尔斯所叙述的重复地毁灭性的"自我折磨"的游戏，这是他为何要十分留心当病人被邀请坐入"热椅子"后，呈现出来令人苦恼的习惯或症状——抽烟、咬指甲、手淫等，对波尔斯来说，这些症状是来自优势部分的强迫和要求。当事人必须承受他内在"图像"（program）痛苦的打击；一直试着去控制那些不能控制的部分（如自己的经验及行为），而这只有使其与自发的情感和冲动更加疏离。

空椅子技术提供了一个促使病人将内射外化的方法。如果我们引用上述的情况，波尔斯会立即令病人坐在空椅子里，之后再回到当事人的热椅上（hot-seat），并告诉自己，必须停止拖延、抽烟、咬指甲等，这个技术仍然是有一个一致的目标，即使互相冲突的因素和性格在更高层次进行统整。在这种情况下，有两点额外的收获。①皆有内射的"开口说话"（假设它变成以"母亲"的角色出现在对话中），病人会更深刻地与自己充满了恨意的劣势部分接触，他自己内在"劣势"的部分即注定了要破坏他的自我要求（真正的母亲已去世许久了）；②治疗者会特别地刺激他，促使他内化的温和母亲的部分也能被自己接触到。可行的一个方法，就是使当事人向坐在空椅子里的母亲说出他欣赏、喜欢她的是什么而不只是说他的不满及愤恨。

与内射相关联的自我折磨的游戏，可被治疗者以另一种方法来处理，在这一方法中，整个团体的投入是必要的。治疗者要求当事人走向团体中的每一个人，以下面这句话去完成适合于每一个人的句子："我要……（怎样）折磨你。"这个技术有几项功用。①引导个案将内在导向的攻击外在化，这无疑将与当事人的过去有关。②将使个案面对他仍然欲折磨他人的事实（就像那些必须与自己无休止的自我批评及怀疑共处的人一样），但经过这一间接的方法后，其自我严惩的力量及动力渐渐减弱。③这样做时使他释放出那些曾被他的"自我关注"所束缚的能量。④在热椅上一段长时间的运作后，使他再度地与团体接触。当他对不同成员完成不同内容的句子时，也使得他能针对每个人独特的特质进行回应，这一活动也使治疗者暂时得以休息，有几分钟的时间可自由地"退缩"一下。

（七）内向折射（Retroflection）

"内向折射"是指某些原本是由个人出发指向外在世界的功能，现在改变了指向，由指向外在世界而转向针对它的原始发动者即个人的内在（Perls，1956e）。恋爱中自我取向的爱、被虐与抑郁中自我取向的恨与报复都是这种现象的实例。在这些情况中，个体原始的冲动是想与外在世界接触，但因对惩罚、嘲笑及困窘等的害怕而形成了一股原始的抑制力量，这股抑制力量使个体原本往外的接触被与自我（self）的接触而取代了。

病人严以律己的习性可能使他表达出对其他人批判与生气的态度，而控制及规划自己的意图（如前面所建议，这也可能反映了内化了的力量）可能反映了他想对别人有所控制与专断的一种原始期望。如果治疗者怀疑病人将其原本是对外在环境发动的动力往内折射到自己身上去了，他会鼓励病人将其朝外转化出来，特别是转向团体。病人可能被要求轮流批评每一成员，或是专断地命令他们做某些事。病人打、抓或捏自己的自我取向的攻击形式也被运作而转向外在环境。这时，治疗者可能会以某些无生命的物体，如枕头作为媒介，要求病人在将攻击的力量对自我做出任何行动前先对枕头做出相同的攻击行为。

"内向折射"与威廉·赖希（Wilhelm Reich）的"性格盔甲"（Character Armor，1949）十分相似，即个体原本应指向与外在环境相关的生活、性或生气的接触的感官冲动被否定或抑制的反面冲动所遏制住了。这样一来，便渐渐导致了慢性肌肉紧张，这种紧张是由一组想往外接触的肌肉与另一组反向对抗肌肉之间的运动所形成的。这些紧张的肌肉运动，时常在扭曲的脸面表情与僵硬的姿态中流露出来。一位紧缩面颊肌肉以控制泪水的病人便是一例。正如这个例子所示，治疗者可以要求这位病人更用力地压紧面颊肌肉以帮助他更觉察到自己的紧张。

（八）生物有机的自我（Organismic Self）

波尔斯理论的核心是有机的、自主的自我。如果让这个自我依其自然生物性的韵律而不以道德教条及强制社会的毒素去污染他的话，这个自我可以发现自觉、真诚的存在方式。阻碍实现这一真实自我的问题在于，相对于这一自我概念（真实的我），有一个神经质的、需要取悦他人，附和外在完美期望的自我影像。这一部分的自我导致了"虚假"的及角色扮演的行为。波尔斯看重个人追寻真诚存在，这使其学说在根本上走向了存在主义哲学与现象学。如第四章中所指，后者的观点视人出生来到这个世界上来是没有什么明确目标的，他存在的课题便是扬弃支配性的道德与宗教的哲学所赋予的外在生命结构，以及拒绝或选择不进入或附和所生存的社会环境中的某些互动的游戏。

由这一概念直接衍生出来的一项技巧是：完形治疗者可能会问病人他原始生命游戏在这个团体中谁是他认同的对象，然后对每一个例子，加入下面的自我信息："这是我的存在!"例如，"我主要的目标是证明给你看，我是多么强壮及独立——这就是我的存在"。治疗者此时的目的是鼓励病人对这一特定的游戏负起完全的责任，以及对他选择如何对待自己有限生命的方式深有所感。

完形团体一致的目标是使病人拥有"自我支持"的功能(相对于"环境的支持")。一个人越幼稚的时候，就越会扮演出一副无助及蠢笨的样子去操纵别人，以期能得到事实上并不真正需要的慰藉和支持。有一个办法可以帮助病人碰触到自己这种伪装的无助，那就是使病人参与前面提过的夸大技巧："好，现在做出最无助的样子"或是"对团体的每个人要求某些你认为需要从他那得到的东西"。若病人抱怨治疗者没有满足自己，波尔斯偶尔也用一个技巧：要病人坐到空椅子上去扮演波尔斯。在许多的例子中，这个病人在演波尔斯时，都能给自己提出相当的建设性建议——"你知道，你可以从自己那里得到更多的照顾"或是"你的一举一动看来好像你正在受苦，但我有很强烈的感觉你并不是真的那么糟"。当这位病人再次回到自己的座位上时，多半会报告说他不觉得那么受挫了——虽然刚才满足自己需要的事实上就是自己。

上面这个例子，可以被理解为病人的解放是因为他发现自己不再那么依赖环境。另一种与完形的内射理论一致的解释是，病人现在比较能接触到自己"母性的部分"，完形的人格模式假设，人格是由许多自我(selves)所组成的，如男、女、好母亲、坏母亲等，而非单一的"自我"或"本我"。这些自我越整合时，人格也就越强化。病人不能运用自我照顾的、抚育的自我来支持自己，是因为他完全认同与内射其严苛的坏母亲。换句话说，他不允许自己内射母亲正向的部分。治疗者催化这一历程的方式是帮助病人承认他对自己真实母亲的认同与欣赏(见下面有关"分裂"的讨论)。

另一个鼓励病人对自己负更多责任的建议是，要他将"它"的陈述改成"我"信息的陈述。例如，如果他说"它"(指双手)发抖了或"它(指声音)在呜咽"，治疗者会鼓励他说："我在发抖"，"我在呜咽"，不管病人是不是有控制这些反应的意志力，它们都是"他的"了。这一语言的练习至少可协助病人开始知觉到自己在生命中是一个主动的位置，并且对自己的感觉有所认同。

二、未尽事宜

未尽事宜是完形理论的一个重要概念，通常涉及那些未表达的感觉。虽然可能有清晰的记忆、幻想及想象与这一情感联结，但因为这一感觉从未被允许完全变成"形象"，所以它便一直停留在背景中，但它却会"干扰"有效的"接触功能"（contact functioning）。"接触功能"需要对自我及他人有一种"目前—中心"及符合现实的觉察能力，因为"形象—背景"关系本质上是变动不居的。被自觉摒弃于外的感觉被允许完全形象化之后，逐渐达到一个临界点。越过了这一点，觉察的浪潮便再重来一次，而另种一感觉便取而代之了。同时，这一概念化的工作也解释了波尔斯的信念：只有当我们全然接受自己的某些部分时，它才能改变。一旦一直被否认的特质成为形象而被当事人觉察后，它就不再是一个中心组织化的图案了。完形治疗者命令"热椅"上的病人说："去啊，尽可能做出恶毒的、强迫的或是困惑的样子！"这样，当负向的品质一旦被凸显或拥有之后，它们才可以较为自由舒适地被当事人统整起来。

未被承认的感觉创造了不必要的残留的情绪，反而阻碍了"目前—中心"（present-centered）的注意力与觉察的产生。绝大多数的未尽事宜是有关怨恨与未完全度过的分离。我们对另一个人恶意的、紧紧抓住的、死死咬住的态度，在完形理论中经常是涉及了对那个人未度过的愤怒。对愤怒犹疑不决的态度，抑制了个人去完整经验到一种真实的分离（real separation）的可能性。未被承认的哀伤是另一种未尽事宜，它也阻止了个体在失去一个爱的对象时经历过一次较为完的分离经验。因此，"珍重再见"的技巧常被完形学者引用，即想象一个死去的或是活着的对象坐在空椅子上，当事人开始一段与他的对谈。它可能包括对这个人的喜欢及憎恨，而其中任何一面可能一直控制了病人的意识，而使得相反地另一面无法被病人所察觉到。例如，死去的父亲可能是一个毫不留情的苛责的人，所以病人难以承认自己对父亲的好感。

(一)分裂(Splitting)

"分裂"描述了在热椅上运作出来的两极情感、冲突或矛盾的表达。这一概念也就是治疗者运作正反对立的情感的做法(引导病人陈述憎恨后，接着陈述他的欣赏，或是为自己贪婪的部分发言后，再代表拒绝贪婪的每一部分发言)的理论依据。另一类常见的"分裂"技术是围绕着一个特定的困惑展开的。治疗者可能首先要病人进入冲突的一部分，如"我想要离婚"，接着再到另一面去"我不想离婚"。这样进入冲突的两面，可使当事人更完全体认到它们。在真实生命的经验中，个体可能太冲突了，以至于甚至不能让自己在这种矛盾不明的任一面停留片刻。完形理论在这一活动的目标，不在于对特定冲突的解决而在于对心理的统整。从这一个经验中，当事人可能产生对自己婚姻状态的质疑——不论是结婚或是离婚，婚姻都不再是建构他生命的全部了，他的生命会继续下去，为了小孩，为了事业等。这一态度指出了一种不同层次的整合，即虽然当事人终究得以某种方式来解决自己的犹豫，但某些心理的压力已减轻了。

不同于婚姻的僵局，某些极端情况是永远不需要被"解决"的。波尔斯的观点带有东方思想的色彩。他认为好与坏、男与女(阴与阳)、主动与被动，都是正反一体两面的关系，一个人并无必要择其一而拒斥另一个。分裂的活动便是指向在人格之内对这些元素做一个较和谐的结合。

(二)接触与退缩(Contact and Withdrawal)

接触与退缩是最后也可能是最为两极化的一个概念。在完形治疗的思想中，健康的功能涉及了有效的接触界限(contact boundary)，这是指让个体自己的感觉与感官全然地呈现(形象化)，同时也让他人的现实不被扭曲投射所阻碍，从而也能全然地呈现(形象化)。然而，如果没有退缩就不可能有真实的接触，退缩为我们提供了重新整合与再生的机会。我们常会遇到过度外向的人，他们给自己留的独处的时间太少，他们有"接触"的外观，但过度的感官刺激反而使得真诚的接触不可能发生。对波尔斯来说，这是一个生物性的规律。一个人在独处时的沉思、幻想或梦想都可使得他对人、对事物更具觉察力。很多时候，接触与退缩的问题变成了"应该"——"应"多花时间和人在一起、"应"多单独一会……

在"热椅子"的应用中，退缩可以被看成是对接触的一种逃避。波尔斯十分尊重这种逃避，他允许这个逃避成为"形象"，所以，如果病人说他心理上想离开这个情境，波尔斯就会鼓励他这么做，而且准备好陪伴他度过当他进入退缩时会发生的任何经验。在这里，临界点的概念，再一次被应用，一旦个体退缩的需要被接受时，它便撤退没入背景中。这些似是而非的概念令我们想到东方世界的"禅"的思想。禅师鼓励人们"放"和"舍弃"，因为没有任何事是需要永远维持的。而西方思想则较倾向于强制、坚持并使事物成真。当病人完全准备好了要回到团体的"此时此刻"中，治疗者会鼓励成员间相互接触。

如之前建议过的，完形治疗者的一个主要工作是调查清楚病人是如何以及何时逃避接触的。他的目标是通过使病人更加清楚地觉察到逃避，而能对这些机能负起责任来。让我们举一个明确的例子，假设病人常常通过眼神游移来打断自己与治疗者的接触。治疗者对此现象探究后可能发现，病人这么反应时，多半是因为他对自己接下来要说的话感到焦虑。如果治疗者此时要求病人为自己的焦虑发言，病人可能很快就流露出他的幻想、投射。在这些幻想和投射中，病人可能假设如果自己沉默的话，其他成员便会对自己不耐烦。治疗者可再要求病人替不同的几个成员发言，想象他们每个人在想些什么。在这样的方式中，病人被引导着接触了自己、治疗者以及团体。完形治疗者会很小心地提醒病人，他有完全的自由继续逃避接触，不会被认为"应该"不要逃避。治疗者想做的是使病人做出更深思熟虑的(亦即较少不经思索的自动反应)对接触的选择。完形治疗的存在主义精神鼓励了病人选择让自己同时经验到接触与退缩，而且在任何特定时刻都能对接触或逃避做出更自主的决定。

(三)领导者的角色

完形团体治疗领导者的专长在于他的技巧与建议能协助病人加强自身

经验。完形团体治疗者对非口语信息的警觉以及对逃避接触行为的辨析能力是其特点。在经验主义的阵营中，治疗者的焦点放在病人的经验上，而治疗者个人以及自己的觉察则都是背景，病人身上被治疗者所注意到的部分被视为病人内在生命中尚未揭露出来的部分，特别是他的投射及内射。波尔斯并不像存在—经验模式那般直接与病人接触，他适时要求病人对着空椅子中假想的波尔斯说话，希望这些一来一往的空椅对热椅的对话能促进人格不同部分之间的对话。

审视整个工作坊情境时，我们会发现，当作为主角的病人以及他当下进行中的经验被清晰地呈现出来时，领导者与团体都会扮演辅助性的角色。重要的是，我们要了解波尔斯对团体存在的看法——认为团体相当神奇地与热椅上的运作相互关联着，彼此都能使对方有一种有意义的情绪经验。至于二者如何"给"与"取"则很难明确地描述，完形治疗的相关文献也并未对这一点有所详述。一种可能性是，病人从团体所给予的暗示性支持中、从治疗者建议的活动所产生的潜在接触机会中有所获益，其他的参与者亦有所获。因为每个人都是这一高度真诚的经验的同理者，而这一经验感动了病人经验中的某个部分，激起了他想缓和对生命做情绪化反应的意图。

在治疗过程中，领导者的角色发挥了触媒的作用，而且是一个主动与被动的有趣组合。从持续教导病人做什么这一方面来说，领导者是主动的，像是一位导演一样。然而，写剧本的人却是病人自己，这时领导者便是被动的跟随者。虽然病人与领导者都对要怎么发展、怎么走下去没有事先的计划，但基本上，当病人被自己的觉察所引导而设立方向时，他是自己的感官与感觉的主宰，此时治疗者则努力观察，以查明某些尚未觉察到的特殊行为。一旦某一特定行为被指出来后，最终仍是病人发现了它的意义，而治疗者一边跟随一边做假设。举例来说，病人双手接触自己的脸部，这一行动导致治疗者可能随后建议病人为触摸自己皮肤的手指发言。病人在引导下会说"我觉得表皮好像一块黏土"，治疗者会接着说"那你为这块黏土吐露一下心声吧"。在任何时候，治疗者都不对病人经验的意义加以解释，相反，他会试着去创造气氛以及催化过程。意义并不是被人以口语概念化的形式陈述，而是在完形对谈的自发行动中涌现。例如，在上面这个例子中，黏土般的脸可能很快地清楚地被病人感受到，它像是一个面具，而这是病人发现的而非治疗者告知的。完形过程与梦的工作有相似性，因为经过具体的象征以及戏剧化的行动，梦有希望被重述出来，而完形治疗中，病人"正在"进行中的强烈经验，自然地描绘了做梦者当下的紧张，而不像梦，这些紧张在睡眠中才出现。

另外，即使是在病人已拿定主意要探究自己的某些问题时，可能仍会对自己在热椅子运作下展开的对谈信息感到惊讶。治疗者十分像禅师，要病人去做最不想做的事来解除自己的防卫。同时，当领导者表示了对病人这些特点的接受之后，病人开始更加地想改变自己。领导者的所作所为是为了接受而非控制，是为了什么"是"而非什么"应该是"。由于所有自然的历程都有流动不居的特点，没有任何的态度、感受、需要或特殊运作的行为是必须保留固定不变的，特别是当它不再被压抑而被允许成为形象之后。没有任何事情是恒定的，人们所有的就是"现在"所决定，总是包含了改变的创造力与推动力。然而，想要去规律化这些改变却也是超越病人的权利的。完形治疗者最重要的工作便是使病人得以迎接更多的开放以及信任奇妙的"现在"。

第七章　社会工作团体

就历史的发展而言，最早的社会工作团体是现代心理治疗的先驱。社会工作团体的历史可以追溯到 19 世纪后半叶。随着工业革命以来社会的发展与变革，面对劳工、住房、娱乐以及伴随着移民所带来的严重的贫穷、脏乱等社会问题，社会工作者致力于改善人类生活的品质，社会工作团体的方法也在这一过程中应运而生。

1889 年，简·亚当斯（Jane Addams）在芝加哥创立了赫尔之家（Hull House）。在渐进改革的年代里，他们鼓励移民工人，组织团体，争取改善住房与工作环境以及增加娱乐的机会；同时，通过团体为移民提供休闲和教育机会，强调社会性参与的价值、民主的过程、学习以及成长泛文化的接触。随着第一次世界大战的结束以及社会改革的热情逐渐消退，正在成长中的中产阶层对休闲时间也越来越重视，他们关心既有的社会价值观的维系，以及社会的人力资源。同时，为年轻人服务的基督教青年会、基督女青年会、童子军组织及社区中心等机构也得到大力发展。他们通过团体来提供教育性与休闲性的活动，强调对技巧与价值的学习。在这一时期，团体中的治疗观念尚未形成，团体工作者大部分未受过训练，通常是直接为一般的社会成员提供社会化的经验。在具体的实务工作中，这一时期的团体工作也深受玛丽·派克·福莱特（Mary Parker Follett）所提倡的参与性民主与约翰·杜威（John Dewey）哲学的影响。特别是杜威所提倡的"从做中学""个别化""团体在哪里，就从哪里开始"等原则，不仅为小型的、休闲的团体工作提供了基础，而且促进团体工作者开始发展方法学。

20 世纪 30 年代末到 40 年代初，受心理分析的影响，团体社会工作的重点也发生了显著的变化。社会工作以运用团体达到治疗的目标，以此作为方向，团体社会工作者开始进入心理医院、儿童辅导诊所、监狱、儿童机构、公立辅助机构和学校等不同的机构之中。在这一团体工作过程中，社会工作者逐渐将改善社会的大目标，转换成关怀团体里接受治疗的个体成员。

20世纪40年代到50年代，雷德尔（Redle）等人的著作，进一步促进了治疗的发展以及团体工作在方法学上与社会科学的整合。之前，大多数的团体工作者虽然在社会机构进行实务工作，但他们对社会工作专业的认同是松散的。1946年，美国的团体工作者协会与其他社会工作同行正式结合，组成国际的社会工作者协会，成为目前众所周知的社会工作者国际协会。

20世纪50年代之前，团体社会工作者已经是创立社会工作专业的成员。在形成以团体方法开展社会工作服务的趋势中，他们在快速发展的社会科学中占有举足轻重的地位——特别是在小团体理论、偏差行为的社会学理论和系统理论中。与早期团体工作把重点放在改善外界环境相反，这一时期，大部分学校对社会工作者提供的训练倾向与人相处的、治疗个人问题的团体工作方法。有些团体工作者试图重振早期的社会改革运动。他们在变迁的环境中，运用团体的方法学，在社区中实践团体社会工作，使其得以充分的发展。社会团体工作者虽然仍关心他们的服务对象在生活里所面临的环境冲击，但一般来说，目前的趋势是走向娱乐的、社会化的治疗性的目标。

过去30年里，团体社会工作者结合社会科学理论和实务工作经验，建构了他们的理论及实务知识。许多团体社会工作的形式是十分有效的，其中以克那普卡（Gisela Konopka）、克莱因（Klein）、菲力浦（Phillips）、海伦·诺森（Helen Northen）、伯恩斯坦（Bernstein）、文特（Vinter）、特罗普（Tropp）、舒尔曼（Shulman）和施瓦茨（Schwartz）的著作最为杰出。虽然这些作者的著作互有歧异之处，但仍可把它们分类成两个主要范畴：①治疗的模式。最有代表性的是文特。②互惠的模式。对这一模式诠释得最清楚的是施瓦茨。文特和施瓦茨的模式中所建立的理论的、哲学的和操作的概念均鼓励工作者去分析及从个人及团体行为不同的层面采取行动。两种模式在团体工作的历史中，都有它们的根源。两位作者勾勒出团体工作传统的不同面向和社会科学的不同取向，两人都对当前的社会工作理论和实务的发展有很大的贡献，因此分开来看这两个模式是很重要的。在本章中，我们将针对这两个模式分别呈现其主要的哲学和理论概念、关键的操作性概念和一个典型的团体过程，并比较文特和施瓦茨的模式。在最后一节有关领导者角色的讨论中，考虑他们的概念的适用性。下面先通过一次团体聚会的描述为大家提供一个思索文特、施瓦茨的模式的基础。

一、一个典型的聚会

某州立医院的心理病人团体，第五次聚会。社会工作者已和团体成员订了8次契约，帮助成员准备履行。这个团体的成员包括：阿伦先生，一名极端独立的中年男子，正计划着想回到他父母亲的家；葛伦哲先生，一个相当独立的年轻男子，上星期刚找到工作；罗莉太太，因慢性忧郁住院的家庭主妇，即将回到丈夫和三个十几岁孩子的身边；麦莲小姐，年轻的精神分裂症病人，被暂时安置在中途之家(halfway house)；史密斯先生是一名处于急性焦虑症康复期的三十几岁的男子，将回到以前的工作；特里先生，有着极端强烈的不安全感和妄想症的年轻男子，正住进中途之家。

聚会一开始，工作者说阿伦这个周末回家时有一些困扰的经验，想请团体一起来帮忙。阿伦显得非常沮丧，敲着椅子，声音颤抖着，他告诉团体，在家时他被父亲的一位朋友质问。在工作者的鼓励之下，阿伦描述了这桩意外事件。一开始，他父亲的朋友问："你的思考能力有没有问题?"接着又问了一连串有关医院里"电疗"和"疯子"的问题。虽然那位朋友认为阿伦是爽直坦白的，而且他也不认为他是"疯"的，但阿伦感到他似乎遭受攻击，变得十分沮丧，以至于这个周末的其余时间都退缩地躲到房间里。工作者了解这一事件是如何破坏了阿伦整个周末，而且想知道其他成员是否也曾有类似的经验。罗莉说，她能了解阿伦的感受。当她圣诞假期在家时，她女儿的朋友以一种可笑的方式一直盯着她看；逛街时她碰巧遇到同社区的太太，后者试探性地问她离家后发生了什么事。特里跟大家分享了在医院之外的地方他有被注视的感觉。麦莲说，无论她去哪里，不管别人有没有问，她都会说她刚从州立医院回来。她觉得"他们可以尽情地打量我"。这时工作者插入指出，听起来似乎大部分人都曾被问及关于他们在州立医院住院的事，或者感到人们想要知道有关他们出院的事情。他说，麦莲已经对团体简要概述她做了什么，这样有助于了解其他成员如何处理这类情境。成员们有各种不同的反应，但是他们大部分都厌恶跟别人提起关于住院的经验，而且有两位成员曾极力设法否认住院。罗莉告诉那位同社区的太太，她是因妇科疾病住院，她甚至怀疑那位太太真的知道她去那里了；葛伦哲则告诉他的新老板说他前阵子到北边找工作去了。麦莲突然带着一些情绪插嘴说，如果他的老板发现真相的话，葛伦哲将陷入大麻烦，因为根据她前一次的住院经验，她找到一份工作，可是她没有表示她正处在病愈疗养的阶段，后来因此而丢了工作。

麦莲发言之后，成员们开始争辩起来。大家争论人们是否真的看出来他们是病人，他们应不应该告诉别人自己住院的事。葛伦哲继续坚持他的看法："你告诉别人你曾是心理病人，只会伤害自己，他们将拒绝给你工作、担心你有疯狂的举动等。"但是，其他成员"隐瞒真相"之后更感到不确定和害怕。

工作者为他们下暂时性的结论——假如别人已知道了，就不要隐瞒自己是因心理疾病而住院。阿伦指出，虽然他觉得他应该告诉别人或回答他们关于住院的问题，但他仍感到非常沮丧，而且不知该说什么或该做什么。聚会快结束时，工作者提醒团体，他们讨论了作为一个心理病人的感受。几名成员对此次聚会发表了正面的评论，特别是罗莉，说这样的讨论的确使她感到好受些。阿伦插嘴说："是的，讨论的部分很好，但我仍然不知道要对别人说什么。"工作者表示："你们似乎都不知道如何回应，试着以不同的方式回答别人也许是有帮助的。"他建议团体做些角色扮演，把情境架构化。

接着，团体便以阿伦父亲的朋友（曾先生）所带给他的问题为主题。工作者扮演阿伦，请阿伦扮演曾先生，回顾曾先生在家里的言行。工作者请成员协助对阿伦这个角色进行设计与扮演，几位成员纷纷建议他应如何应对曾先生的问题。首先，葛伦哲说他会避开愚蠢的问题。罗莉很快指出："但是，这正是阿伦所做的，它一点儿也起不了作用，他不是应该给他一个诚实的答案吗?"麦莲表示同意，说："是呀，告诉他们你是处在一个疯狂的储藏室，但你不像那些发疯的人。"罗莉反对："这样听起来不妥当，你可以这样说：病人只是有健康上的问题，但他们并不是如你所听到的那样疯狂。"史密斯说："是啊，说成是为了心理健康，而且社会工作者和医生可帮助你了解问题、过得更好。"工作者说："这不是容易的事，但也许我们最好往前走，并了解它是如何运作的。"然后，阿伦和工作者继续在团体的观察下进行角色扮演。

角色扮演之后，工作者协助团体评估阿伦对这个问题的反应，并探索阿伦的感受。阿伦说，扮演曾先生的角色帮助他了解为什么曾先生会问这些问题。然后，工作者和其他成员给他支持，阿伦接受其他成员的建议，扮演他自己。在角色扮演中，阿伦开始能够面对曾先生的问题。他承认他有一些麻烦，但是他在医院里得到很多帮助。他的表现换来团体成员热情的鼓励，他们也对处理这样的情境做了一些额外的建议。讨论当中，葛伦哲说："这些观念只对回答亲友的问题是合适的，但并不十分适用于我们在外面找工作。"工作者引导团体成员去思索在什么时候、以什么方式告诉那些有远见的老板关于他们住院的事。然后，团体进行了几次角色扮演，情境的主题在于老板与雇员之间的对话，所有成员都至少参与一次角色扮演。这次聚会的最后几分钟，工作者回顾团体成员推荐的几种有关如何告诉别人住院之事的不同方式。虽然有些成员仍不能肯定他们处理这类情境的能力，在工作者的鼓励下，所有的成员都同意在他们的周末假期，试着去向医院以外的人解释他们的住院，并且在下次聚会时要回来跟团体报告。

二、文特模式

文特模式(The Vinter Model)是以解决问题为取向的。它通过呈现一种有计划应用社会科学理论的架构，可用于团体里的个人。这一模式已扩展到包括预防和治疗个体的官能障碍的一些领域。文特模式的基本公式是聚焦在问题上——认明个体和环境对问题条件的发生与维持有哪些贡献。20世纪40年代，团体工作者的治疗基于他们的自我心理学的深厚基础。文特的贡献在于他确认了个体的特质对问题形成的影响及贡献，同时，他也能察觉到环境对个人的影响，这与早期社会团体工作者关注社会变迁的努力有关。通过与社会偏差行为社会学理论的结合，他对个体与环境互动的了解更为精练，他的互动概念提供了评量个人问题和团体治疗的基础。

文特的"科学取向"明显地出现在他的治疗策略中。工作者以有次序的、有技巧的方式，应用他对团体功能和个体的知识，依序地评估团体、设定目标、计划与介入以引导改变的过程。这种活动可在上面的实例中看到，我们看到工作者帮助成员表达他们解释住院的问题，并维持这个主题作为聚会的焦点，而且引导团体通过角色扮演和讨论来处理这项争论。虽然团体的自发和创造的重要性是预设的前提，但此模式强调预先计划的活动所具有的潜力。这一模式的重心集中于工作者(团体领导者)以及为行动提供指引。

个体是介入的目标。工作者运用不同的方法协助团体成员达到个人的目的。团体、个人、社区或环境都被视为可能造成影响的因素来源。无论如何，工作者主要的努力是指向团体的。在团体内，工作者通过与成员们的关系，以及自己所学的有关人格与学习理论、角色理论、小团体理论的知识，使个人的改变结构化。为了维持其强烈的社会科学基础，这一模式近来的努力大都是行为取向的(Lawrence & Sundel，1972；Rose，1972)。因为团体被视为改变的最基本工具，所以工作者试图建立一个团体，这个团体的成员愿意主动互相帮助，而达成个人的目的。在文特的模式中，讨论只是诸多计划工具中的一项。早期评估模式的重要性时，发现娱乐性活动是非常具有特色的团体工作。领导者精心设计结构化团体活动以协助治疗性的个人改变与增进团体的潜力。很清楚，文特模式的工作者是一个影响者，通过个人、社区、团体的介入，为个人改变提供了刺激的原动力，而这之间最重要的影响力量是团体。

三、哲学及理论的重要概念

(一)"偏差"的互动观点(Interactional View of Deviancy)

行为的来源不仅在于个体也在社会环境里，行为被界定为"偏差行为"是仅就个人与其他人或机构的互动而言的(Vinter，1967)。有时候，他人的期望和反应有益于表现适当的行为。也有一些情境，会引发、期待、增强偏差行为，就好像自我预言(self-prophecy)一样。阿伦的行为正好说明了这一点。面对他父亲的这位具有攻击性的朋友，他显然期待心理病人有疯狂的举动，阿伦对他的询问无言以对。后来，团体的支持使阿伦能有些信心回答关于住院的问题。工作者和其他成员称赞阿伦的表现，增加了他在未来成功地处理类似情境的可能性。当然，由于阿伦回应敌意的能力是有限的，他可能无法仅从一次团体练习中获益，这时，需要进一步的介入。

于是，个人的特质(包括以令人满意的方式回应的能力)以及社会脉络(social context)的特征(引发、维持及界定行为)，将决定被引发的行为是否会被判定为适当。这一行为的互动观点，不可避免地使社会工作者在估量问题时，回到个人行为所存在的社会脉络。这样的评估理所当然指出，社会环境、团体和个人都应被视为介入的潜在目标。

(二)团体是改变的工具与脉络(Group as Means and Context for Change)

在所有团体的趋向中，团体皆是为了改变而运作着的脉络。在团体里通过关系的发生与改变，刺激和影响着每个人。成员之间、工作者和成员之间的关系，类似于在个体治疗中所形成的助人关系。它们的不同在于，毕竟其他成员的表现可改变治疗者的方向或影响。

文特模式为团体提供了一个有用的概念，作为改变个体的方法

（Vinter，1967a）。根据这个模式，工作者建立并引导小团体内的力量，去创造一个结构化的影响系统。例如，在心理病人的团体里，工作者会故意创造情境为成员提供机会，当他进行角色扮演时，模仿、增强其适当的行为。

　　成员的个人治疗目标决定了团体运作的需求。因此，工作者如何决定影响团体功能的不同面向，将随不同的团体而异，要视特定团体的本质而定。心理病人团体的工作者，可试着帮助史密斯先生运用其领导力，因为他从决定和执行计划中，展现了信心和能力。假如史密斯获得领导地位，其他成员将适当模仿他成功的行为；相反地，工作者在监狱团体的努力，是想降低偏差行为阻碍受刑人复原力量的。对愿意合作的成员，工作者予以鼓励和奖赏，对偏差成员则再进行更多的个别接触，对十分极端的个案则将他排除在团体之外。虽然，大量的团体压力可以帮助监狱治疗团体的成员，达成其基本的行为改变，但在心理医院的团体里，调节团体的凝聚力就足够了。工作者只需要有足够的团体精神，成员就能利用同伴的压力促进自己执行计划。成员必须很快地离开团体，而不应过分依赖团体。工作者要避免团体里过高的凝聚力。他可以限制团体规则的数量，提供独立的成员做决定的机会。以这样的方式，工作者对团体采取行动以达成个人的目标。团体的这种双焦点（bifocal view）使团体同时是"工具"也是"脉络"。团体不只是一个发生改变的地方，也是一个产生改变力量的场所。

四、有关操作的重要概念

（一）契约

　　契约（contract）是工作者和案主之间有关他们所追求的目标、将使用的治疗方法、各自扮演的角色等达成的一项协议（Rose，1967）。假如案主成了治疗过程的伙伴，他就必须全然投入协议治疗的契约当中，做一个主要、有力的执行者。工作者和案主必须分担彼此的期望和计划，一起达成令双方满意的协定。在心理病人的团体中，工作者和成员彼此承诺，为成员所迫切期待的出院做准备。虽然这个目标受命于医院的政策，工作者必须和案主协商，在团体投入有意义的活动之前，使得整个团体对成员是有吸引力的。病人说出他们的渴求时，也许常感到勉强和不自然，因为他们像是恳求者，在监狱更是如此。因此，引发成员的期望和确认成员能清楚明了自己的选择权，是工作者的责任。

契约的形成，始于工作者会晤个别的案主、解释机构能提供什么样的服务、期待案主有何种行为。接下来，契约发展的工作涉及了整个团体并在团体形成阶段仍继续着。当契约一直维持在可以再协商的开放状态时，最初的同意应该在团体治疗早期即已达成。

由于目标的发展是此模式中契约形成的重要因素，领导者会提供说明来催化目标设定的过程。设定目标是初步的探索，然后是协商阶段（Scholper & Galinsky，1973）。在探索阶段，团体成员和工作者分享他们在不同的选择下，共有的及可能相冲突的期望。这个阶段的目的在于对彼此不同的兴趣和目标提供互相了解的基础。在协商阶段，一些竞争和冲突是典型的特征，团体系统在成员想追求个人目标与团体目标上达成一致。这些阶段可以同时发生，理论上将它们分开是为了强调工作者在目标形成中所需考虑的因素。工作者有责任确认个体的治疗目标，使它尽可能清楚、具体，并且留意案主在团体之外生活的改变。当然，团体成员对目标设定过程的投入有赖于案主的了解程度和他的问题的本质。例如，一个与学龄前孩子相处有问题的父母亲团体和另一个被收容在公家医疗单位五年的退缩型心理病人团体，工作者可在前一团体中引发出更主动的参与。工作者对选择技巧和计划治疗有主要的责任，也须先征求病人同意。工作者应该在口头上或经验上，为成员提供一些方法，宣扬案主的权利，即使他们在团体里更能面对问题和解决问题。这个趋向使案主有权利知道在他进入团体治疗时，会发生什么事。

除了对目标和方法达成协议之外，工作者和成员必须互相了解他们各自要扮演的角色。成员和工作者把他们各自的权利和责任讨论清楚是有必要的。保密、出席和诚实的问题应被提出来。除此之外，成员必须了解，他们要经常履行诺言去彼此帮助，这是"第二级的治疗契约"（secondary treatment contract)。团体要能有效率地投入对解决问题所做的努力时，第二级的治疗契约便是重要的。

(二)介入的策略

在工作者诊断团体成员及与治疗契约中和成员所做的最初协商之时，工作者即已计划其介入的策略。虽然文特的取向承认自发性互动和直觉反应的重要性，但它强调为了有效的服务，有必要做计划性的介入，它的基础在于工作者对案主现状的了解。在形成行动计划时，工作者必须考虑若干进入的点，才能提供对案主最有利的状况。无论在团体成员面前或成员单独一人时，他可以影响小团体进行，或者，他能介入到个别案主的社会环境中，他的行为能直接影响案主。介入的概念有三种系统层次，个人的、团体的和社会体系的，即"影响的手段"(Vinter，1976；Vinter & Galinsky，1967)。

1. 影响的直接手段

直接影响手段是指工作者的活动很快影响了个别的案主。直接的介入，发生在工作者和每一位案主发展出来的关系范围内。文特模式表明这些关系受工作者的个人资源影响(包括技巧、兴趣和人格特质)，工作者会运用他所有有关案主问题的专门知识、技巧、在机构的地位和所能提供的物质资源。此外，工作者依案主的需求而改变自己的主题。对被监护的少年犯团体，他以一个了解而又能帮助青少年的强壮成人的形象出现，也能学习青少年的行为。在夫妻团体中，他可以以一名中间人和催化员的身份出现。虽然每个成员是不同的，但他能协助他们发掘彼此的兴趣和关怀。于是，工作者是有意识、有计划地帮助案主迈向他们的目标。

工作者可运用四种直接手段去影响个别的成员。①作为"中心人物——认同与想要学习的对象"，这时工作者像一个模范人物在团体中行动着，他对成员的感觉反应着，并支持他们目标导向的行为。在前面的团体实例中，有几个例子可看到工作者对成员身为心理病人的感受予以适当的回应。②当工作者担任"作为象征和发言人——合法的模范和价值的代理者"这样的角色时，他正继续澄清政策，设限，创造团体规则和指出行为的后果。例如，他可以要求所有成员准时参加聚会，或表扬一个多动的年轻人在一次简短讨论后能安静地坐着。③为做一个"推动者和刺激者——为个人目标及工作下定义的人"，工作者通过给出忠告、建立新的机会或提供解释，来帮助个人发现新的处理问题的方法。在出院团体（discharge group）中，工作者要求成员在下次聚会之前做到某些行为；在父母亲团体，他可建议使用新方法来对付孩子的脾气。④作为"执行者——成员角色的控制者"，工作者分派责任和改变团体内的关系，执行团体内的角色扮演活动，为成员提供工作机会，有计划地分配角色。例如，工作者帮助麦莲这样的成员，让她更有效率地扮演她的角色和练习更恰当的行为，改变她对团体的观点，并且影响她自我知觉的某些层面。通过以上所提及的以及其他的方法，工作者是直接介入以影响个体改变的。当然，我们也可发现这些行为通常对团体的过程有某些的冲突（它们会影响团体过程的发展特征及倾向）。

2. 影响的间接手段

工作者的重点在于创造和修正团体系统内的条件。通过这种影响的方法，文特模式给出了工作者如何在小团体内应用有关理论和研究的发现。当注意力集中于对个人施以直接影响手段的、直接介入的作用力，以及团体外影响手段中涉入环境的重要性时，团体条件的运用使"团体"变成了促进改变的基本工具。运用小团体理论，创造有益于个人改变的团体情境，是文特模式的要点。

在决定团体组成时，工作者有机会运用关于效果的各种信息，如有关个体特质对使有益于案主改变的团体经验结构化的信息，找出什么是对案主最理想、最有利的团体组合。理想上来说，工作者会非常谨慎地从一群个案中选择成员，并考虑哪些特定的特质是重要的，这将随团体的目标不同而定。而且，必须以这些特质来评估成员的适合性及互补性。为了使团体变成一个有效率的解决问题的组合，工作者必须特别考虑到可能具有实现团体所需功能的能力的成员，以及他们成为彼此学习模范的能力。发挥成员的影响力并达成治疗目标的团体潜力，是团体组成时的首要考虑。工作者对团体大小的决定，与团体的目标和成员的特质有关。以文特模式为架构，布特乔（Bertcheo）和梅普尔（Maple，1971）以个人特质及影响团体变数的知识，提供了一系列的指导原则和团体性质的说明。当然，在许多例子中，工作者很少或根本没有控制最初的团体形成，而外在情境可能持续地改变团体的成员组成。在一个心理病人的出院团体中，工作者从准备出院的病人群中只挑选了六位成员。有关团体大小及成员选择的原则为工作者提供了某些原则，以协助他了解在团体互动中成员组成的影响，以及是否增加或排除特定成员的准则。当工作者在团体组成上的影响力被限制时，他必须只依靠其他间接的手段来影响团体条件。

通过成员的共同需要与关注形成团体目标，并在契约下形成结论，是达成个人目标的必要条件。在心理医院的病人团体中，成员对于离开医院所共享的关怀及认识，以及他们制订出院计划的共同需求，为他们提供了一个共同的焦点。一旦他们达成了为出院做计划的团体目标后，这就又使整个团体投入共同讨论出院计划，以及推动成员为出院计划而努力。团体目标同时也作为选择团体活动和工作者介入的指南。所有成员均认识到他们面对着来自邻居、亲戚及雇主的眼光及问题时，出院团体就非常欣然地接受了工作者的建议参加角色扮演，并讨论他们各自的害怕和共有的反应。

团体内结构与关系的模式，形成了另一连串能促进或妨碍个人改变的团体条件。不同的结构如领导方式、沟通、权利是工作者使用的间接影响手段。比如，出院团体的工作者鼓励开放的沟通结构，这在前面所说明的例子有所反映。在另一种状况中，工作者修正不利于团体过程的沟通模式。例如，一名家长团体中的成员，她的专业训练让她独占了整个讨论，其他成员都感受到她那种显而易见的"专家看法"所带来的威胁感。工作者可以早点介入，限制这位成员对团体的专断，以便在沟通模式尚未定型前将它拓宽。

团体过程是指一系列的行为或互动，也包括一些比较大的事件。过程可以是两次聚会中在几分钟内快速做的一个决定，也可以是涵盖了团体从开始到结束的整个历程。团体过程的内容包括下列现象，如冲突、冲突的解决、规范、团体凝聚力、问题的解决、做决定、团体结构的改变等。文特模式的工作者勾勒出他对团体的认识，调节团体的情境，使团体能积极追求个人的以及团体的目标，并且使团体成为主要的改变工具。在出院团体的聚会中，工作者带领团体通过解决问题的过程，让团体成员讨论如何处理别人对他们住院的看法。在实际运作的阶段，工作者引出有关问题所需的资料，在评估的阶段中，协助团体表达问题处理的意见和建议，在控制的阶段，则引导团体运用角色的扮演解决问题（Bales，1951）。在另一团体中，工作者关注维持青少年犯罪行为的团体规范，并经过几个月的努力，协助成员找到做出社会认可行为时的奖励，并借此改变了团体的规范（Sarri & Galinsky，1967）。

应该注意的是，直接与间接的影响手段并不总是一直有着明显的区别。在团体内，当工作者跟个别的成员发展关系时，其他的成员也受这一互动的影响。然后，当工作者介入团体，想调整团体条件时，他的行动也将立即影响不同的个别成员。模式设计的价值在于，它改变了工作者在个人及团体层面上介入的可能性，并要求工作者评估自己介入背后的意图。

3. 团体外的影响手段

介入的第三个层次，是团体之外的影响手段。这个影响手段的重点在于，工作者会注意团体外的社会系统，即工作者与某些团体或机构的代表（一位或多位）所组成的支持系统。为了使个体产生新的或修正的行为，或是支援和维持在团体内已达成的改变，工作者寻求环境的改变。运用团体外的手段，工作者可以修正一个与案主问题非常有关的人的行为。例如，在团体中，一个非常严厉的老师学习并练习如何忽略教室里某个捣蛋学生的负面行为而注意并奖励适当的行为时，工作者会通过对其他团体或机构的介入创造环境的支持条件。工作者帮助葛伦哲这样的团体成员在出院团体结束后，能被当地社区中心的活动团体接受成为成员。比如在少年辅育院的工作中，工作者可以通过改变规则，允许少年们保持自己的着装，这样的行动可以减少团体成员对机构的依赖，并增加他们对外貌的兴趣。

当工作者在环境中谋求改变时，他可以独自行动或介入成员之间。举例来说，在少年辅育院，工作者可自己单独与管理人员谈判，或协助团体成员自己提出要求并与管理层面对面协商。虽然，工作者使用团体外的影响手段促进团体成员想达成的目标，但他的活动同样对团体成员之外的人有着正面的影响力。例如，改变穿衣规则，会影响机构内所有的少年。

就文特模式的取向而言，团体外的影响手段是重要的，因为行为来源于环境，只有团体和个人层面的介入是不够的。如果新的行为无法在环境中得到稳固，团体内所得到的改变也将是无用的。文特概念化了影响的手段，明确工作者的重点在于案主的环境，工作者为必要的改变做计划以支援或促进达成团体外行为改变的治疗目标。

(三)拟订计划

拟订计划是文特模式的一个独有的特征，指在团体聚会中对工作或活动做连续性的组织。计划包括讨论、角色扮演、游戏或其他活动，所有的设计都为帮助团体达成目标。与许多团体模式不同，文特模式团体的工作者带领团体努力的基础在于他在团体内对现状的观察。文特模式指引工作者在事前对每一次团体的内容做计划。计划可以是为一系列相关活动所做，也可以在延续多次的聚会中进行。假如团体需要的话，聚会过程中可以适当改变或修正原计划。安排计划时，要对工作者试图引发的行为做周详的考虑，期望这样的行为通过安排的活动或任务产生。如一次共同镶制珠宝首饰的团体活动，这一活动需要很多共享的工具和材料，所以这一活动便被用来促进和增加特别成员之间的合作行为。再比如，练习和评估新的行为是重要的，在出院团体的讨论中，穿插于其中的角色扮演也须经过计划。

文特(1967)所发展的活动策略和结果的分析架构，对有效率的计划提供了指导。他认为活动的一些基本面向可分为：规范(如所需规范的形式和数量）；互动的准备（如参与的形式），以及奖励结果（如给予奖励的形式、数量、态度）。比如，在一个家长团体中，处理青春期孩子与异性约会的行为，以非正式的、无结构的方式进行讨论，可以增进友善的、没有竞争性的互动。进而，预定的安排对所有讨论者来说是一种奖励，特别是青少年的问题和需要，能发展出新的趋向或是提供建设性建议。在另一团体中，玩一场足球赛所需遵守的规则、工作者想加强的规则，则激发了攻击性、竞争性的行为，并且着重于胜利者的酬赏。

当工作者计划在所有层面进行介入以带来改变时，拟订计划是一个方便的工具。虽然被认为是典型的间接影响手段，而且最常用来调整团体状况，它也能用来直接影响案主行为或影响环境。对一连串的目标导向活动的详细计划，是文特模式问题解决的理性取向的特点。

五、团体的程序：治疗的顺序

在文特取向中，工作者的治疗计划有五个明确的步骤。第一步：接案。当事人到机构来求助，在初步评定之后，当事人和工作者一起决定当事人的要求和机构的服务是否配合。如果两人意见一致，那么接下来就进行第二步：诊断及治疗的计划。此阶段包括评估、目标设定、目标完成的计划。当事人和有意义的他人（significant others）都在整个诊疗计划之中。内在和外在环境的优点、解决问题时可利用的资源以及对障碍和不安感觉的改变，都需要事先加以评估。而哪一个问题得马上关注、哪个问题是可以纠正的，都会排出优先次序来。以这些评估为基础，工作者可帮助当事人设定适当的治疗目标。而这些个人目标是在治疗结束后，当事人能实际的、合理的达成的状态。以这些目标为基础，工作者可以暂时设计一个计划，用来达到治疗的目的。然后在第三步团体组成或形成的阶段中，工作者选择有相同问题或是容易对彼此有帮助的当事人。组成团体之后，为了达到治疗效果，工作者需要帮助他们发展出一个有效的团体。接下来便是第四步：团体发展与治疗，这乃是当事人、团体、工作者需要共同尽力的阶段，这包括团体中成员相互的访问、团体会议、环境的介入。第五步是评估与结束。此时，团体和个人的成就由其目标来评估，并协助成员结束他们的团体关系。萨里（Sarri）和加林斯基曾指出，一个团体之所以能变成有效的治疗系统，乃因团体自然发展的过程中，成员的行为是可被期待的。他们指出，在发展的每一重要时刻需工作者适时地介入，团体才能成为一个有效的治疗系统。

这一治疗程序并不是一成不变的，而是工作者作为执行工作的指引。若依这一程序，就必须在每一阶段评估现状、计划治疗活动、实施计划、估量结果。任何一个变数都会影响治疗结果。当事人的不信任会延续评估，且治疗目标会在团体讨论了很多次后才出现。当获得新的资料时，诊疗和计划是可以改变的。通常，工作者并没有失去审慎组成团体的机会，因为他同时为很多有着相同问题的当事人服务，而必须在团体脉络中评估他们的状况并为其设定目标。当时间有限时，如为心理病人所举办的出院团体，工作者会发现打乱治疗阶段而同时进行各种活动是必要的。对于任何事件，此治疗程序均提供了宝贵的引导，而如果当事人（病人）要能接受到有效的团体服务，这一程序就必须得完成。

六、施瓦茨模式

施瓦茨团体的系统概念，提出了一个团体交流的模式。此模式提供了社会工作者对了解人类在团体及社会中交流的广阔远见。正如文特模式表现出社会科学的影响和科学的方法，施瓦茨模式则呈现出深植于人与其社会内在关系的哲学思想。施瓦茨以社会的系统理论大力阐释人际间及在人与社会间可能产生的不平衡。他的作品多少有着追怀杜威哲学的味道，而且意欲建立一个更美好的社会。施瓦茨并不强调个人的重要，反而认为个人和社会的需求是相互的，并且相信必须要维持其平衡。团体如大社会的缩影，作为人和社会的调解人，工作者的功能是作为社会工作者执行调节工作时一种方便的媒介。虽然施瓦茨的模式主要用于团体工作，但其系统概念则提供了了解每一种受助情境（helping situation）的基础。

因为施瓦茨认可人与社会交流的重要性，因此他强调团体内的交流，这种交流代表了大社会的运作。他的理论是团体取向的，不同于文特把焦点放在个人上，他描述团体如社会系统，有着交互部分的生存单位。社会工作者着眼于团体系统内的关系和团体系统与机构系统的关系。机构界定了团体活动的界限。当社会工作者努力使团体成员达到愿望而与机构协商时，社工的工作便是一种非常真实和有力的介入。

使用此模式的工作者便成为社会和个人需求冲突的调解者，也是帮助团休成员与其社会达成平衡的促成者。施瓦茨所建立的有关个人和社会共存关系的概念是工作者努力创造团体内交互帮助系统的概要。采用了此模式的工作者对待团体时是站在一哲学的立场上的。他的功用是帮助团体共同决定它的工作并使其真的去做。工作者并不去计划他的介入，他的行动反而是在团体当下的互动中产生的。工作者被视为团体系统中相互依存的各个部分中的一部分，但他得界定那些他能完成并催化团体工作的任务；他扮演一"使其成为可能"的角色——促进但不引导成员的工作。

七、哲学和理论的重要概念

(一)共生

施瓦茨的基本假设是人和社会的关系是共生的。在人类发展的最早阶段，自我的形成是和环境、"社会自我"(the social self)互动的结果。共同的需要和共同的努力存在于人和社会之间，所以将两者视为互相独立是错误的。然而，这种共生有很多次被混淆与打断。失业的人和被封闭的精神病人(心智异常者)，或者是和社会疏离的穷人因为被忽视而感到社会认为他们没有用。一旦一个人失去了他在社会秩序上有贡献的想法，一旦社会无法证明个人自治的重要时，就需要第三者来帮助重整一个必要的平衡。社会团体工作者便是当危机或不平衡出现时，介入此情境中，调解人和社会的冲突，他不站在任何一边，而是帮助双方寻找原本共生的另一部分。

执行社会仲裁功能最普通的设定是社会机构。在团体工作中，团体和机构代表了社会中个人和社会关系的缩影。工作者一个主要的工作，便是帮助团体和机构发现他们是彼此需要的。在出院团体中，成员和医院的互相依赖可明显地在他们相互投资的出院计划中看到。团体成员之间的相互依赖当然是最重要的，在此交会的经验传递中，他们知道他们需要别人，也需要社会。

(二)团体是一种社会系统

团体作为一个概念是一个有明确界限和相互关系的社会系统。成员和工作者是系统中的一部分且其关系是互惠的。两个成员间的互动不只影响他们本身，也会在系统中的其他部分引起回响，影响了其他成员也影响了工作者。而为了了解系统中的每一部分，必须考虑所有互动的部分。在出院团体中，阿伦提到他痛苦的周末引起团体中其他人的共鸣，这为工作者提供了一个经验到他们特别困难状况的机会，也使工作者能够帮助团体得到了共同的需要，超越了医院生活的界限而融合了他们的关系。

由此看来，团体也可视为大机构组织中的一个次系统，但机构系统中其他部分对团体的影响正如团体影响机构一样。例如，当团体的运作受机构内一些因素的限制时，工作者应利用机构可提供的资源来进行团体活动。机构将感到团体活动的影响，并须考虑重新配置资源以符合团体所需或修订政策，使团体工作不受限制。

最后，在一些情况中，当工作者了解其他社会系统的互动时，他会得到更多、更完全的团体成员的资料。和家人或同事的关系，会影响一个人在团体中的互动。但工作者和成员的互惠角色被界定在一鲜活的机制中，作为社会互动系统中一部分的团体之内。

八、有关操作的重要概念

(一)互助系统

理想上，任何一个团体都能在成员中建立一种互助的关系，使此关系成为一个互相帮助、解决问题的系统。互相帮助(mutual aid)的想法源自出院团体的成员会提出的一些处理有关住院治疗问题的想法。为了帮助团体达到这种状态，工作者须确定成员对彼此的需要，及他们能提供给他人帮助的能力。进一步，他须愿意与团体系统中的每一个成员分享他的权威，明确他与他们之间的关系只是许多关系中的一种关系而已。然后，工作者帮助成员与他人形成直接的、有目的的与彼此交流情感的关系，帮助成员建立真实和亲密的关系。从"施"与"受"中，每个人会认为自己是团体的一部分。至于互助系统中的"界限"（boundary），是在工作者与成员共同考虑其契约时便先加以设定了的。

（二）契约

契约界定了团体内与团体和机构之间的关系，这一点是施瓦茨的理论中最具特色的。在此理论中，工作者在整个接触的过程中扮演一个调解人的角色——对机构、其他工作者和成员等人对目的、角色及过程的调解。他帮助成员和机构建立他们的"词汇"。团体必须得在成员个人的需求里达成一致，机构需提供一些它对团体的服务说明。而后，工作者帮助双方达成共同的协议。在出院团体中，成员有兴趣的是他们如何准备出院后的生活，而医院则重视在出院过程中的催化，所以出院计划的拟订就成为互相奖赏的焦点了。在施瓦茨模式中，工作者须把机构所能支持的目标的类型和机构中可利用的资源弄清楚。因为成员从工作者口中知道了细节后，他们才会对他们的目的有一些开放性的了解而且愿意接受机构的劝导。而这个目标，正是他们合作的初步引导。

团体成员和工作者不只要努力地界定他们的互惠目标，也要在角色的类型和最有效的程序中达成协议。在进行这些讨论时，工作者得强调诚实、开放、负责，并因其为调解人，故须为互惠关系打下基础。由此经验，成员便能知道人和社会共生共存的途径，并且对他们在未来社会中参与的过程有所了解。

（三）工作

在团体中工作者会被问到一个最重要的问题是："我们正在工作吗?"或者是"我们正在做说明的工作?"团体的第一个工作是建立一契约，而这个问题便可从契约中得到答案。工作的定义是针对某些事情把成员的能力用出来。工作若符合了团体的目的时，就回过头来因为表达了成员的需要而建立了工作，所以，一个人的需要被迎合的程度是直接和这个人工作得如何成正比的。在出院团体的聚会中，工作者为使成员不受挫于"不知道怎么说"，便改以角色扮演，并提供一些可学习的结构来练习适当的反应。通过这种方式，工作者很快便能得到成员的信任。一个使用施瓦茨模式的工作者较易要求成员在一情境下工作，并使他们决定他们的需要并帮助他们为符合他们的需要而尝试选择一种工作的方法。

施瓦茨对工作的界定并非全以团体目的为依托，工作也和双方互助系统的发展有关。所以，当要回答"我们正在工作吗"这个问题时，团体不只需决定"工作"是否符合其目标，也须检验双方投注在彼此上的精神及情感的交流，及对其共同结果的专注。但这并非意味每个人的问题都一样，工作执行应基于个人需要，同时符合契约及工作的标准。事实上，在一发展良好的互助系统中，团体所关心的是每一个成员的需要。例如，当一个团体延长聚会时间来讨论成员们对婚姻困难共同的关心时，亦应考虑到每一个成员的问题被关注的顺序。

契约引发对工作的定义，为工作者及成员提供了共同评估其活动的基础：了解工作在何时进行、何时被侵犯或掩盖了，以及何时完成。例如，一个租房者提出其搬迁时的许多问题时，其他人必会把主题放在房子问题的一些困难上。当工作者使团体回到"我们正在做什么"这一焦点上时，他并不须特别的解释来讨论大家心理上的动机；对一群正痴痴地笑谈着彼此私事的少女，提出"我们正在工作吗"会很快地使秩序回复。这些问题使工作者能合理地打断他们。若团体不在工作，或其努力仍不甚明显，则工作者的工作便是帮助他们解决障碍。在这种案例中，工作者得谨慎以防表露出自己对团体的意见。他的任务是提醒团体进行他们的契约。工作者必须要能很敏锐地注意到，当契约已无法表达团体成员的目的时，便需要帮助他们重新修正契约。简而言之，工作者代表着"为工作而要求"。

(四)工作者的任务

施瓦茨(1961)认为工作者的介入，在协助过程中有五项主要工作。技巧或条规是不必详细列举的，因为它只是在现状里，指引工作者特定行动的互动。通过对工作的要求，工作者以人性的、互惠的、直接的会谈推进工作；通常，他运用契约作为他的指南。当工作者和成员投身于广泛的活动类别中而感到有所需求时，五项任务会自然地呈现出来。

第一项任务是："找出案主所须面对的，在自己需求的认知及社会要求之间的共同基础。"这项任务有赖于对人与社会之间象征性关系的假设。工作者促使成员超越自身去观照人、事、物，思考他们对社会的义务。他协助成员寻得自己的需求、了解别人的需求及协商可以接受的约定。当成员和工作者致力于发现他们需求里的相似性，以及在最初的契约中努力发展与机构的联结时，"寻求共同的基础"的需要是显而易见的。无论何时，当团体之内或与其他系统之内的交流受到干扰时，或者，和其他人群或体系需要发展新联结时，团体都继续着它的工作，这样的"寻求"将是必要的。例如，在两个成员之间发生摩擦时，唯有让他们更清楚地意识到两人彼此的需求大于两人的不同，问题也许就解决了。工作会晤的讨论可能呈现另一种情境，工作者要成员思索他们对工作要求和老板要求间的关系。在出院团体中，当成员检视自己将再度踏入社会，需要潜在的有助力的关系时，团体的工作将持续地涉入了"寻找出共同基础"。工作者应该继续注意许多例子，在例子里他能建立团体和社会之间的联结，以及成员之间共有的追寻。

第二项任务是，工作者促使成员投身于"探察和挑战障碍，这些障碍遮蔽了成员的共同基础，并使人们认同自我的兴趣及认同注意他人的努力遭遇挫折"（Schwartz，1961）。工作的障碍会以不同的形式出现，但它们一直伴随着成员和他们目前工作的奋斗过程。成员也许不愿意下决定，他们可能会避免协助伙伴检视不愉快的事件，小团体也许和另一小团体争吵交战着，或者，有人拒绝合作，不愿分享他所关注的事。只要工作的障碍存在着，团体便没有以它的自我兴趣在行动着，因而无法达成它的目标。虽然障碍的来源是复杂的彼此相关联的，工作者并不需要处理因果因素，然而，工作者有三个功能待实现：警告团体面对眼前的障碍，但是并不因此责备成员；协助成员从检视与了解中处理障碍；得预防过度地分析障碍会占据了成员的精力，而没做其他应做的工作。

第三项任务涉及工作者"贡献资料——观念、事实、价值概念，这些资料对于案主试图去处理他的问题所涉及的社会现实是有用的，但案主过去并没能得到这些资料"（Schwartz，1961）。成员投入他们的任务时，他们可能缺乏信息，工作者也只能靠他的生活经验，提供成员所需。他可以在列预算时建议提供电脑服务信息，如告诉失业的工人一些找工作的方法。给成员这些信息时，工作者分享着他自己——他的感受、他的观念、他的知识、他的情感及他的价值观。此外，他的行为对其他成员而言，是一模范——自由地交换信息和对团体工作的投入。他必须谨慎小心，毕竟他不能将自己的观念或价值观强迫性地加诸团体上。不论他提议了什么，内容都应该与团体目前的工作直接有关，这是社会现实中诸多可能的观念之一。

第四项任务需要给案主一个印象——工作者在团体的参与中，流露出对人们及社会互动充满希望及鼓励，而对个人福利与社会利益，亦表露出很深的感情（Schwartz，1961）。从事这项任务时，工作者的热情、信念、鼓励、关心团体成员和他们选择的工作与目标，将会扩散至团体工作的每一面向；当团体或成员经验到困难时，这个任务可能是重大的。例如，在出院团体中，工作者通过他的关怀、其他成员的介入，立即对阿伦的压力有所回应。其他时候，当成员报告他们在团体之外成功的遭遇，工作者与大家分享这些喜悦，这将可增进每次沟通的意义。借着他对团体的投入，工作者证明了他同理的能力、沟通的能力；工作者创造了和成员建立人性、感性关系的基础。

第五项任务，工作者涉及"界定案主——工作者体系中，情境的要求与限制。这些规则和界限在工作契约的背景下建立基础，连接了案主和机构，使案主和工作者都能设定其各自的功能"（Schwartz，1961）。团体成员、工作者和机构对契约中所建立的这些关系均分享了相互的责任及特定的管理规则。因此，成员同意遵守某些关于付费、出席及参与的规定；机构和工作者接受提供聚会场所和对案主公平、平等的治疗责任。当工作者以自己作为一名成员的身份影响团体运作时，在于提醒成员这些限制和界限。比如，他提醒成员他们已同意报告这期内所发生的特殊问题。其他时候，工作者需要协助成员和机构，以特别的、清晰的语词重述他们的要求。在面对成员时，工作者必须在契约的界限以内，清清楚楚地执行任务，不能凭恃个人的权威，强制实行规则和规定。工作者的任务不是要去强迫成员遵守规则，而是当他们好像忘了的时候，反复提醒他们，帮助成员再定义、修正、详述，或重新解释所需的要求。

施瓦茨指出，运用这五项任务的主要原因，在于增强团体的工作。工作者活动的风格和程度，则随每个已完成协议的工作团体而改变，工作的选择依工作者的直觉及技巧而定。只有当工作者和成员在一特定的情境下互动时，他才能感受到该适时采用怎样的工作形式。

在施瓦茨提出的架构里，舒尔曼详细说明了工作者完成这些任务时，所使用的一些互动技巧（Shulman，1968）。他提出警告，这些技巧不是行为的法规，而是为了描述工作者更多的特殊活动。仔细推敲中介行为的概念后，舒尔曼把技巧分为三个范畴：沟通、解决问题及认知。沟通技巧的设计，是用来促进工作者—案主体系间的沟通过程。这类技巧的例子包括：察觉到当事人遭遇到混乱、不知如何是好的困窘时，询问他遇到了什么麻烦；使当事人具体描述受困扰的情境感受；促使团体成员一起来思考那位成员可能有什么样的情绪。问题解决的技巧被描述成工作者促进工作成就的活动。当工作者作为团体系统里努力解决问题的触媒及资源时，他给予信息并指出冲突的共同动机，要求团体能针对某一特殊问题做整体性的工作。认知技巧意指一种反映活动，工作者视其为对团体介入十分有利的序曲。这种知性的沉思，或是通过工作者努力去认明成员重复的行为模式，或由工作者对口语及非口语隐藏信息的解释，而得到说明。

九、团体的程序：工作阶段

在施瓦茨模式中，工作者的工作阶段共有四个：准备、开始、在一起真正的工作、转折与结束(Schwartz, 1971a)。一般而言, 这四个阶段适用于单次集会的工作或是团体的整个过程。而且, 每个阶段都有其不同需要, 对工作者也有不同的意义。

在第一个阶段里, 面对团体的挑战, 工作者必须不时地"介入"来带领已经在团体系统中付诸行动, 而且想成为一个有效参与者的成员。在这一个准备阶段中, 或是进入"介入", 工作者发展出一种"初层次同理心"以及个人及团体两个不同层面反映成员的感觉。他可能运用一些特别个案的知识和应对各类个案的广博知识, 如对"老年人精神疾病"的知识等。如果他早已带过团体, 便应注意到前面在团体中所发生过的经验。举例来说, 工作者在比较特别的团体中, 应通过回顾自己受到精神病患不同冲击时的心态, 通过以前集会的过程经验, 使自己能在团体中敏感地进行分类或诊断, 强调运用知识和了解来使自己进入团体的活动。他进入团体, 并没有一个预想的计划, 只是准备好要"介入"有关的情况。

在第二个阶段中, 工作者帮助成员清楚工作的进行, 因为团体活动的开始, 是工作者帮助成员在他们各自界限内有系统地进行契约活动。他要帮助成员了解前进的方向, 也必须帮助他们走向自己的工作, 并指引出一个方向, 以决定他们共同的目标。在这里他便扮演一种代理人的角色, 刺激、鼓励成员对有关主题表达想法、情感及反应。在每一次聚会的开始, 工作者有责任对团体做立即的工作导向。在出院团体中, 工作者对阿伦的需要的回应迅速地使整个团体都投入在工作中了。如果成员不容易发现一个共同的开始或是偏离了主题, 工作者必须帮助他们拉回主题, 寻求焦点。

在第三个阶段中, 工作者和成员忙着参与团体的主要工作, 运用契约, 致力于互助系统的发展; 所有成员的想法、感觉、行动和解释都必须从团体工作的角度来考虑。以出院团体为例, 成员分享他们面对与住院治疗有关问题的不同经验, 工作者得帮助他们面对社会, 引导他们在互动情境中对不同的需求采取行动。在这种方法下, 工作者使用适当的协助使团体走向它所选择的目标, 以及发展团体中互惠互助的本质。

第四个阶段的转换与结束阶段指工作者和成员由现有关系走向另一种新经验的过程。工作者在每次团体或整个团体活动结束时，必须帮助他们结束和进入下一个挑战。在每一次聚会"暂时结束"时，工作者可认明此次团体中完成的工作以及对下一次聚会前个人可做的努力并予以鼓励；如此一来，因结束而带来的中断感受便可得到缓和。然后工作者再协助团体在下一次聚会时有一转换而进入互动，工作者可以再引出上次聚会时团体所发展的资料与主题。当工作者要成员为团体最后结束做准备时，他便会要求他们回顾过去，整理他们的感受及对未来做准备；他必须察觉到结束可能引发的一种很深的感觉，以及成员在结束关系时，团体可能会遭遇到的困难；这些困难常对成员形成相当大的影响。工作者可能需要提醒成员有效地利用剩余时间。这时，工作者分享自己的感觉可能有所帮助。举例来说，在出院团体中，成员的主要工作在于结束他们与医院的联络，并在有限的八次聚会中准备好在社区中扮演一个新的角色。因此，这些成员的努力是结束他们的医院经验，而这也就是团体工作的终止。

十、领导者的角色

这两个团体工作模式在哲学上及方法论上的不同将导致社会工作者对领导者角色的不同定义。在文特模式中的工作者可以描述成计划改变的指导者，用团体的方法对功能不良和有问题的人进行重建工作。相反地，在施瓦茨模式中，在当个人和其与社会相关的系统之间产生令人困扰的交流时，工作者扮演一个"调解"的角色。实际上，在工作者的实务工作中，他并不需要严格地固着于一种模式。目前社会团体工作实务有多种不同模式的演练。社会团体工作者不单可使用社会工作模式范围内的概念和技巧，也可以从团体互动的其他模式中得到启示。

再回顾文特和施瓦茨的几个重要概念与方法，我们发现它们在团体工作者的期待上有一些相同的看法。两种方法都强调团体之外的世界的重要性，特别是，个人与其他系统的关系。文特通过它的"偏差的互动观点"传达了他对个人与系统的看法；施瓦茨则通过人与社会象征关系观点来传达它的看法。不管哪一种看法，社会团体工作者都必须知道这两种模式对于个人和有关系统都有助益，就好像当他们想到他们的当事人在团体治疗中的困难一样。两种方法，都承认团体系统对个体的影响。文特把团体同时视为手段和脉络；而施瓦茨则把团体视为一种社会制度，并突显出它的理想状态是一种互助系统。不论哪一种概念，社会团体工作者都是直接运用成员在协助彼此的努力时所蕴藏及发挥的潜在力量。因此，文特和施瓦茨都强调建立团体成员间契约的必要；而且，两者都描述了有效团体服务所必需的连续性的活动发展，如运用文特的"治疗顺序"和施瓦茨的"工作阶段"。尽管如前所述，每一种方法都有其独特的贡献，但我们不能过分简化它而导致了模糊不明确的后果。

最明显的差异，不是在"做什么"，而是在"如何去做"。很清楚地，拿文特的"介入策略""拟订计划"和"施瓦茨的工作者任务""工作"的概念来做比较，我们很容易得到一个结论，那就是不同工作者的风格将影响每一种模式。文特很明显地界定在对个别成员、个体或外在系统时，工作者都应扮演不同的角色。在文特模式中，工作者是有计划和指导式的。他主要关心的是个人行为和它的原因，他运用各种技巧和该计划来完成改变。这种方法的好处是它对于个人和团体的介入计划是一种运用社会科学知识的理性基型。施瓦茨强调工作者在一个互助团体系统中的交互角色是社会缩影的呈现。虽然成员认为主要的责任在于一起定义和完成工作，而工作者持续的"对工作的要求"帮助成员能保有大家同意的焦点。工作者的任务是以一种一般性的层面来描述的，因为采用这一取向的工作者是视当下情况才决定其介入行动的。最重要的是，施瓦茨指出了在帮助成员解决问题时所展现的感情、情绪和认知过程的重要性，而且提供了工作者所必须具有的温暖、关怀和负责。

显然，要在这两个方法中选择一些适当的概念是受很多因素控制的；个案的需要、问题和人格因素都应被考虑。此外，社会工作者是在社会机构之中运作的，而机构的目标和方针影响了他们对方法的选择。另外，一个决定的因素是工作者的人格、技巧和他的人生哲学观，也就是个人的

"风格"问题。在这章中所描述的精神病人的团体中，那位工作者均衡地使用着文特与施瓦茨模式。他对团体成员的互动反映出他基于对个案的评估而选择对成员独特的需要特别有用的概念。医院的影响在团体准备出院的任务上明显地呈现出来。而工作者的风格在他有些结构化地帮助成员解决困难的取向上表现出来。因此，以不同的方式，工作者适当地运用自己的风格，而且针对个案需要，从团体互动模式所提供的概念中，选择适当的概念在团体中服务别人。社会工作的模式是有弹性的，工作者面对极端不同的当事人，必须适当地应用不同模式的知识、技巧以及个人的风格。工作者针对社会不同阶层和不同文化的人群提供团体的服务，他们的问题很可能和个人生活、工作或社会是有关的。

结 语

中国自 1912 年由美国传教士、北京基督教青年会干事步济时（John S. Burgess）创办的北京社会实进会开启了中国的社会工作服务。中华人民共和国成立后，随着学科的调整和院系的撤并，社会工作被取消。改革开放以后，随着社会学科的恢复，以及民政部门与高等学校等单位对社会工作发展的重视，社会工作的专业发展与实践也随之得到复苏。2006 年，随着党的十六届六中全会提出"建设宏大的社会工作人才队伍"以来，社会工作的发展不断得到重视并逐渐步入快速发展的时期。2009 年，我国正式设置社会工作专业硕士学位，并于 2010 年首批招生。现在全国有 300 多所高校设有社会工作本科专业，100 多所大学设有社会工作硕士点，团体社会工作均是重要的专业课程以及重要的专业服务方法之一。

随着社会工作的不断发展与实践，为了提升其专业化与职业化能力，社会工作者在开展团体工作的过程中，也越来越习惯于援引心理辅导与治疗的各种团体理论与方法。但在具体的实践过程中，社会工作者却经常存在不论自己所服务的特定人群有何特性，以及自己的专业目标如何设定，而习惯性地引用成长团体模式的现象。因此，在社工领域中的团体工作经常出现千篇一律的情形，特别是当今工具性、结构性地流于游戏的工作方式，使得团体社会工作只见结构化、游戏化的团体过程，却不见推进团体社会工作时的具体团体模式。更不用说对团体领导者所使用的团体工作模式的历史与理论背景脉络的清晰理解与认识，以及在当前社会历史文化处境下的差异性的区辨，从而使得理论与实践的脱节日益严重，理论难以给具体的实践提供指引，实践活动难以进一步与理论研究相结合，从而阻碍了本土团体社会工作实践性知识的生产与发展。特别是当前社会大众对于社会工作的知晓度与认知度普遍较低的情形下，粗糙的工具化的形塑为各种串联的团体活动形式变得工具化，甚至让人们产生这些团体活动也并非一定需要受过专业训练的社会工作者来组织带领的认识、误解、质疑或困惑。

此外，当前在各种心理辅导与治疗团体风靡的情形下，社会工作者日渐疏离或忽视了对我们日常生活中各种形式的班会、周会以及集体活动等团体形式中所蕴含着的团体工作现象与经验方法，使得当前的团体社会工作服务多呈现出辅导与治疗的小团体操作形式。而作为操作团体活动的活动串联者，社会工作者缺乏对不同团体经验及运作发展的敏觉与顺势而为，而局限于对不同场域、不同团体中人类现象的理解与体会，甚至因而局限于团体活动的情形之中，而进一步失去了对大的社会系统的认识与对社会不公义处境的敏觉与介入的意识。

本章所介绍的社会工作团体，对于社会工作者重新追溯团体社会工作的发展历史、实践脉络与工作模式具有重要的理论与现实意义。

第三部分

大团体方法：社会学观点与英法心理
分析团体理论的交会

由小团体方法转进到大团体理论及实践的介绍，不能不简单地讨论一下社会学的几个概念视角。我在后面的内容中会用几页篇幅对与团体方法有关的基本概念做一些探讨。1960 年以来，脉络理论（contextual theory）逐渐成为心理学与社会学中有别于解释人类行为传统观点的一个新的观点。在心理学的领域中，对规则的探求，一向是有赖于对变量与自变量之间的相关性研究；而这种相关的寻求，是将该行动从其所发生的场景中抽取出来，而未对行动所发生的场景脉络仔细考察。脉络主义不同意这种将人类行动抽离出来的做法。它认为，只有对人们行动发生的场景脉络进行分析，才能使我们对行动的决定因素及其意义有所洞察。因为"意义"不是私有的、主观的东西，是由社会互动中人们的表达所共同创造出来的（Haree & Lamb, 1989）。

一、内在脉络与外在脉络

派蒂格鲁（Pettigrew）认为注重脉络分析的研究方法是联系理论与实践的一种方法，而进行脉络分析时可分别由水平与垂直（亦即时空）建构因素的两个向度来考察。

派蒂格鲁将脉络分为下列两个面相，并以图 P-1 表示其脉络主义的观点：

（1）指组织内在特点的内在脉络；
（2）指社会经济及政治层面的外在脉络。

脉络主义的垂直元素
（The vertical component of contexualism）

脉络主义的水平元素
（The horizontal component of contexualism）

时间过程（process over time）

组织内外的多场层面：政治、社会经济及组织因素
（ multiple levels inside & outside:
politic,socio-economic and organizational factors）

图 P-1　脉络主义的垂直与水平元素

简单说来，派蒂格鲁强调了任何人类现象均为历史事件（historical event）的本质。由脉络主义的观点来看，任何的团体现象都是发生在特定的社会脉络（social context）之中的，而社会脉络也就是被其中的个体与群体行动所交织建构成的。反过来说，任一团体中成员与成员互动所指的内涵及表现形式，都一定会反映出外在社会政治经济与文化范畴在个人与团体经验上所发生的特定作用。

二、处境中的行动者

由脉络理论的观点来看，团体中的成员都是特定社会处境中的行动者（situated actor）。社会处境是指社会关系网络中一个明确可被认定的特定位置，行动者根据他对特定位置的认同与否，而具有或不具有某一特定范畴的权利及义务。行动者可以主动地去实践，它们也可以只是被设定地应他人要求而被动做出来。但不论行动者是主动或被动地行动着，他的行动均是强化或松动，挑战了社会脉络中既存的社会关系的模式。例如，我们从一小学班级团体中班级干部、班主任老师与学生之间的相处方式，可以看到成人社会中权威者（管理干部）及被管理者这一组社会关系模式的影子。英国社会学者安东尼·吉登斯（Antony Giddens）用互动脉络化（contextuality of interaction）一词来表示人际互动具有建构其社会脉络的作用。①

在吉登斯的理念中，人际互动是处境中的行动者基于他对社会处境的设定而采取的行动，这些行动一方面是个体欲实现其意图的行为，同时也具有继续维持运作或是松动改变既有关系模式的作用。吉登斯称这种人际

---

① 安东尼·吉登斯是社会学家，对当代的结构主义提出了很根本的一项质疑及他的看法——结构主义最大的缺憾就是它缺少了行动的理论。英国与美国哲学家所发展的行动哲学在论及人们行动时并未注重社会科学中的主要论题——体制分析（institutional analysis）、权力及社会改变；相反的，传统功能学派与正统马克思主义者却又采取社会决定论的观点而忽略了行动哲学所关注的人类行为的各种现象。为了要展现出人们行动与社会结构间相互依赖的关系，吉登斯建立了他的行动理论与社会改变的理论。在吉登斯的行动理论中，他的"处境""社会认同"（一般理解角色）及系统再生产的概念，可以协助我们了解本章由社会学观点对大团体现象的论述。吉登斯的这三个概念，是他赖以建立个体行动与社会再生产之间联结的概念工具。

互动所具有的社会结构的属性为"社会实践"的属性。而任一特定社会系统的存在或改变都依靠行动者的行动、人际互动与社会关系之间联系所形成的一个反馈功能系统，此反馈功能系统即吉登斯系统再生产（system reproduction）概念的主要想法。①

社会脉络、社会处境及系统再生产的概念，使我们对团体的动力结构与发展历程的了解，加入了组织体制与政治经济结构对团体作用力的考量。社会结构的观点认为社会系统均有"能动的"（enabling）与"限制的"（constraining）两种属性。历史的与物质的脉络是限制性的属性，而个体行动者的目标性、推理性行为则是能动的属性（夏林清，1990）。因此，团体的发展，虽然主要是靠其所属成员有意识、有方向性的参与行动所推进，但体制与政治经济结构等因素，则一方面通过对角色与规范的设计渗透到个别行动者的行为表现中，另一方面也为团体生命（包括内容及形式）的可能发展预设了界限。②

---

① "处境"（positioning）是吉登斯理论的基石。社会处境是制度与法律治理关系及个人意向结构所形成的交叉点。它涉及了社会关系网络中一个明确认同的特定位置。这一认同作为一"类别"（category），涉及了对一个特定范围之规范性的认定。简而言之，社会处境可被视为社会认同发生与形塑的一个背景。行动者依据这一处境与角色的认同而具有某一特定范畴的权利及义务。不可避免的是，每一行动者都是处于某一处境中的；而行动者的行动皆产生于社会中某一特定的处境，因此其行动被称为行动为社会实践（social practice）。社会系统是由规则化的社会实践所组成的，这些规则化的社会实践跨越时空存在于人们的互动之中。（Gidden, 1978）此外，吉登斯选择用"社会认同"来取代"角色"一词，因为他认为不论是派森思或戈夫曼对角色的界定皆强调角色的赋予或命定的特质；也就是说，根据已设定的剧本，行动者为了尽力做好自己的那部分而准备着。吉登斯认为社会认同（角色）是带有某一特定范围的权利及义务，但它可以被行动者主动地去实践，也可以只是被设定为应他人要求时才被动地去做出符合的行为。

② 人类所有的社会互动都是"处境的互动"（situated interaction），是处于特定时空之中的，所以吉登斯说"处境"时，便顺理成章使"互动脉络化"的概念得以成立；这使得戈夫曼的概念和结构理论发生了直接的关联。吉登斯认为邂逅的例行性特点，代表了社会系统体制化的特点，而人们常易犯的一个错误便是假设这些现象只是无心重复出现的行为，是无须解释的！戈夫曼首先证明了这种说法的错误，吉登斯更进一步认为我们应正视人们例行性互动中所隐含的逻辑及意义，而有关例行行动的理论（theory of routine）并不等同于社会稳定的理论（theory of social stability）。这是很重要的一点，因为我们常易将生活中既存的现实当成是"稳定"的常态，而任何试图改变或松动既存现况的行动则被视为会威胁到"稳定"。吉登斯在集中营生存经验的研究中发现，即使是在最戏剧性的社会改变中，例行性行动也是最坚持而不易被改变的。这些个人行动中的规则及资源运用的方式，一方面决定了社会行动的生产与再生产，而另一方面同时也是"系统再生产"所依据的途径；这就是结构的双元性。

考察社会脉络因素对团体发展的另一面向，是团体中既存的人际行为世界。在任一团体的人际行为世界中，我们可以看到在既存社会关系中，某些特定模式的运作过程。例如，我在对台湾地区小学班级团体所做的参与观察研究中发现，小学班级团体中班级干部与同学的关系有贿赂、讨好、顺从配合、抵制忽略以及抗议等对待方式（夏林清，1989）。在小学一年级班级团体中看到的干部与同学的关系方式，与我们成人世界中经验到的管理者与被管理者间的关系模式十分类似。换言之，小学班级团体，发生着社会角色关系特定模式的一个学习历程。

社会学观点对团体理论的贡献在于它使我们避免了将团体生命视为孤立现象的错误；它在将团体放置在一较广社会脉络之中的同时，给我们提供了考察个体行动者在团体中特定的情感依附及认识发展过程的社会性线索；也使我们对团体作用及功能的界定增加了下面的向度——"大团体作为个人与较大社会组织及体制之间的一个环节性位置及功能"。我们可以说，团体在个体行动者与社会体制之间发挥了一凝聚个体情感与固定化人际互动方式的中介性功能；因此我们对大团体动力的认识对有关个体学习与社会变革理论的深化来说是重要的。

三、建构团体动力的社会性元素

我们视大团体是一种社会系统时，特别是指该团体中角色、关系与规范的设定及运作。角色、关系与规范是社会系统的基本元素，也是通过社会中的人类现象它们才被结构化。换言之，在"关系"中人们不单只是和他人相遇，而是和附着于某些特定位置的不同角色相遇（如学生遇见教导主任）。从社会系统的角度来探究大团体动力是因为我们不能把大团体（如班级团体）想象成是存在一真空中的团体；相反，任一大团体是嵌在一特定的社会次系统中，而该次系统又嵌属在外在社会更大的系统之中。这层层相嵌的关系是社会团体的根本属性。它告诉我们，对任一社会团体的了解，都一定不可忽略对该团体赖以存在的社会历史、政治与经济制度的考察。因为这些历史、政治与经济的机制构成了社会团体生存与发展的生活脉络（the living context）。因此，当我们将眼光转移到对某一特定社会团体的考察上时，我们要能看到该团体内部动力的建构与外在社会系统的关系。若以学校系统中的班级团体为例，我们要问的是班级团体中的哪些现象，反映出其社会系统的属性，同时，这些特定的系统属性对班级团体动力的建构有哪些重要的影响。在下文中所要讨论的便是，当我们视团体为一小社会系统时，建构其动力的五个重要元素。

（一）规范（Norm）

"规范"可以说是团体成员要达到其目标的行为通道。当我们视团体为一系统时，规范执行着规律化的功能，决定动力何时以及如何发生（Agazarian，1981）。我们在学校求学，要达到完成学业得以毕业的目标，就一定要遵守某些规范，如穿制服上学、对师长有礼貌等。在学校这样的一个社会系统中，这些行为规范像渠道一样引导着学生行动的方式与走向。换另一个说法，规范是团体中能量（energy）出现的特定方式，而这一方式抑制了团体能量其他可能的出路，如"对师长要尊敬、有礼貌"的规范限制了师生互动的形式，使得学生对老师的真实感觉或看法常无法自由表达。班级团体作为学校系统中的一个次系统，它的规范行为有两层不同的意义：一方面，由班级团体的规范行为可以看到学校系统的一致性；另一方面，有的班级团体会发展出自己独特的班级规范，或抵制、或对抗外在规范的强制性。因此，班级团体的规范不仅是我们了解该团体特殊动力的重要面相，同时也反映了该团体内部与外部环境的关系。

（二）角色（Role）

"角色"对团体动力的重要性在于，角色不是只因个体的功能而存于团体中。换言之，角色是团体所发出的"呼声"（the voice of the group），只在团体中才出现；离开了团体也根本没有什么角色了，一团体中不同的角色是一组相互关联着的功能，这些功能对团体的运动及发展是有所助益的。例如，班级团体中，班级干部的角色是如何形成与执行的，则是我们了解班级团体动力不可缺的面相。对所有一年级的孩童来说，班级干部是一种家庭经验中所没有的新经验；不同班级中，班主任如何设定与运用班干部，对班级团体的结构会产生重要的影响。例如，教师清楚地授权给班长，使班长在教师不在时有处罚同学的权力。与未赋予班长这种职权的教师相比较，前者的班级中，"干部"与"非干部"之间易形成管理与被管理的阶层结构。角色不仅对关系的模式有影响，并且和个体成员在团体中所主观体验到的感受有关。比如，一个从小到大在班级中常担任班长角色的人，因为班长这个角色带给他与老师较多接近的机会，使他清楚老师的意向与喜好，并分享了老师对同学们的看法，令他习惯地处于老师和同学之间的位置；一旦他不再担任干部时，他可能会因为原先所熟悉的关系模式的改变感到焦虑，不知如何发展平等及亲近的同辈关系。除此之外，团体中亦存在一种循环的角色关系。例如，班级中若有独裁的纪律组长，就一定有一群被动的班级成员。这种相互循环的角色模式对团体的作用在于它们将团体的特定动力予以行动外化了（acts out a particular groups dynamics）（Agazarian，1981）。

规范与角色对团体中人际关系的模式发生着规约性的作用，而下面的两个元素——凝聚力与结构，则对人际关系中能量的运动产生了重要的影响。

(三) 凝聚力 (Cohesiveness)

凝聚力是指一系统内各元素间相互依靠的程度；它是团体的一股内在力量，是使团体成为系统的运作力量。从个别成员的眼光看来，凝聚力与成员期望的满足有关；从团体的眼光来看，凝聚力越大则表示团体的各种属性越能被动员起来。假若班级团体凝聚力强时，班上成员都能寻找到适当的参与位置，在团体中与他人互动且发生关联。在这里，克里格（Kreeger）要对两种团体凝聚力展现的不同方式加以区别：

(1) 群体成员在彼此施与受的互动中相互依靠的互动模式是"整合"的模式。

(2) 团体成员因分享共同规范而产生联结的互动模式是"团结"的模式（Kreeger，1975）。以班级团体为例，在一位重视竞赛成果教师的带领下，一个班级在争取班级荣誉的号令与行动规范的强制执行下形成了某种班级的一致气氛，另一个班级在另一位不注重秩序比赛的教师带领下，因经过长时期在班级团体中发问讨论逐渐形成凝聚的气氛的班级，这二者的差别就是"团结"模式与"整合"模式的分野。

(四)结构(Structure)

简单来说，结构是指一种模式化的关系。团体中的结构分别指：

(1)规范与角色的结构，即指角色与角色间以一种模式化了的关系相联结着，如独裁与顺从是领导者与成员两种角色的一种模式化关系。

(2)沟通的结构，亦即互动的模式，如独裁干部的振振有词和顺从成员惯于沉默、听话的沟通模式。凝聚力与结构在团体动力的建构上，对团体中能量的运动起着相互呼应的作用；互动的沟通模式催化了"整合"的凝聚模式，而规范与角色的结构则产生了团结的凝聚模式。在团体人际互动中发生着的能量，因着凝聚力与结构的不同模式而发展着。最后可用来观察团体中能量运动的团体动力建构要素则是涉及方向的团体目标了。

(五)目标(Goal)

当我们由团体动力的眼光来观察与解释团体行为时，"目标"不单只是指个人层次上的意义，而更重要的是指由"团体作为一整体"的层次而言的"团体目标"(group goal)。在任一团体中，个人的目标是可被个人所陈述的，或可由个人行动中观察到的。例如，学生甲在班级团体中顺从规范是因为甲想博取同伴的友谊；而教师用强制手段要求学生表现出符合规范的行为，是为了免于每周秩序比赛落后。成员不同的个人目标的组合，形成了一个团体层次的目标。在教师带领下为全班所设定并明确表扬着的团体目标则可能是"班级荣誉"，但在团体行为层次上所反映出来的隐含的团体目标则可能是比昂所谓"战斗—逃走"的基本假设倾向(夏林清, 1987)。这里主要想说明的是，团体目标看来浅显易懂，但"团体要到哪里去? 想做什么?"却涉及了前述个人、团体以及明摆着的与隐含的层次所建构的四个领域(如图 P-2 所示)。

	个别成员的目标	团体的目标
明白揭露的目标		
隐含暗藏的目标		

图 P-2　团体目标的四个领域

一般而言，一个团体的成熟及有效性可以由其团体与团体目标是否具有相对的弹性及适宜性决定。例如，一位班主任为了协助学生能在班级参与的过程中学习自律自主，选择不以学校秩序与整洁的规范来强制要求学生。结果是，在学校的秩序比赛中，这一班级从未得过第一名; 但这一班级团体在课堂学习中的参与及师生互动的模式上却有其独特的风貌。以班级团体的发展而论，团体本身发展出了与教学过程较结合的团体目标。当然，在这个过程中，教师选择面对并承受来自同事间相互比较的压力以及教导主任表示异议的压力。

(六)小结

规范、角色、凝聚力、结构与目标，均对团体中能量的运动发挥着它们的作用力。如果我们由勒温的力场观点来对这五个元素对团体中能量运动的作用力做一个简略的描述，这五个社会性元素对团体的作用力则如表 P-1 所示(Hopper, 1975)。

表 P-1　建构团体动力的社会系统元素

规范	规范表现出规约性的功能(regulating function)。它是行为的修正者，决定了团体所允许使用的行为范围与类别，决定了团体能量所采取的形式
角色	不同角色是被不同的行为组群所界定的，这些行为提供了团体立场中操作性的推动及限制的力量

凝聚力	凝聚力是一种能量的建构（energy construct），这种能量的建构与在团体系统内各元素间相互联结着的力量相关
结构	结构可以说是路径图，团体的能量经过既定的结构才得以流动
目标	目标是团体中力量运作的方向，它描述了团体运动的方向性转变

除了对团体内部的作用力之外，这五个元素也反映了任一大团体所赖以存在和运作的体制，以及社会脉络的特点。贺普（Eure Hopper）表示过："要对任何团体（特别是大团体）的结构及过程获致一全然的了解，就要深入考察它所生存的外在环境"（Hopper，1975）。

第八章　心理分析对大团体理论的贡献

心理分析学派对大团体理论最大的贡献应该是：①在大团体情境中，对个别成员心理防卫历程的捕捉与描述；②在大团体情境中，对个体的防卫机制相互联系形成的集体防卫系统(collective defense system)的分析。在欧洲，特别是英国与法国，对集体防卫系统的分析早已普遍被学者运用，而有关投射与分裂等心理防卫机制，更是分析人类经验的基础概念。

基本上，心理分析理论对个体心理防卫机制本质的界定是"自我的功能"(ego's function)。"自我的功能"主要是靠个体使用内投与投射的防卫机制以对抗焦虑。投射过程是个体用来对抗焦虑的原始意图；个体以外投个人内在痛苦的方式来解除内在的痛苦，并选定另一人(客体)作为接受(或拥有)自己这一内在部分的对象(Main, 1975)。相对地，内投也是个体人格形成的一个原始过程。在这个过程中，婴儿和他的客体(照顾与养育他的母亲或其他成人)产生了情绪的关系(emotional relationship)。外在客体的部分(满足婴儿基本需求的功能部分)被个体视为自己的部分便是内投。认同(identification)则是对另一个人的一种情绪联结的最早的一种表达。在这一章里，我将介绍自我防卫机制的基本概念及社会防卫系统的概念。

第一节　客体关系与自我防卫机制

毋庸置疑，弗洛伊德仍是心理分析本我防卫概念的创始者，但梅兰妮·克莱因(Melanie Klein)及卡尔·亚伯拉罕(Karl Abraham)对本我分裂防卫机制及部分客体（part object）的诠释，则是心理分析大团体理论的重要基石。弗洛伊德视"焦虑"（anxiety）为导致压抑（repression）的原因，而客体失落（loss of the object/mother）却是恐惧，超我焦虑；爱的失落（the loss of love）则为焦虑在不同发展阶段的四个来源。在理解客体失落时，弗洛伊德认为焦虑是来自强烈的本能需求。"伊底帕斯"（Oedipal）这个词的意义即为"性"的本能驱力。克莱因便是在这一点对个体焦虑源起之原始动力的诠释上不同于弗洛伊德。

对克莱因而言，"伊底帕斯"并不是儿童对母亲的性的兴趣，而是一种想去保有及控制母亲身体所象征的丰饶舒适与被照顾的一种"前生殖驱力"（pregenital desire）。这种渴求时常在人们口腔结合的潜意识幻想（phantasy of oral incorporation）中表现出来。至于"超我"，克莱因也不认为那是儿童内化父亲权威的一种表现，而是儿童一种与生俱来的罪恶感的醒悟——因自己对母亲的攻击与贪婪而产生的罪恶感。换言之，罪恶感基本上是具侵略性（而不是单指"性"）的潜意识幻想及驱力（aggressive phantasy and desire）的后果（Alford, 1989）。克莱因的诠释转化了"驱力"的意涵。弗洛伊德视驱力是来自身体内在的"张力"（tension）。这一生理张力影响了心灵，而心灵的主要功能就是削弱驱力的张力及保持身心的平衡状态。所以，力比多（libido）和攻击带来身体感官的经验，对此，克莱因持不同看法；她认为力比多和攻击性都指个体和他人的关系，不论是真实或想象的对象。"身体"与其说它是驱力的来源，不如说是驱力的表达媒介。对克莱因而言：

> 从生命的最开头开始，驱力便是情绪（emotion）—热情（passion）—朝向真实或想象对象的情绪。驱力不是缺乏方向性、缺乏对象的心理精力，是朝向真实或想象他人的感觉的模式（pattern of feelings）。（Alford, 1989）

这里的"对象"，亦即"客体"的概念，也和弗洛伊德概念中的"客体"

意义不尽相同。弗洛伊德文中的"客体"是"本能目标的对象"（the object of an instinctual aim），克莱因文中的客体则除作为本能的目标之外，还涉及婴儿情绪、幻想、焦虑及防卫的"客体关系"（object relation）（Alford，1989）。克莱因最重要的贡献之一便是她以"客体关系"的概念引申诠释了亚伯拉罕"部分客体"的概念。亚伯拉罕、克莱因及后继学者费尔班（W. R. D. Fairbairn）与温尼科特（D. Winnicott）则被归为当代客体关系的理论家（object relations theorist）。

要了解克莱因的理论对大团体理论的启示，还是有必要先对她的有关"防卫机制的组织"（the organization of the defense）的概念有所掌握。

克莱因研究儿童精神疾病与心理发展多年，认为大多数病情严重的心理疾病患者，在其生命的早期（前生殖发展阶段），和照顾他的重要亲人（通常是父母）的关系是一种部分客体的关系方式。

克莱因使用"位置"（position）与"热情"（passion）二词来表现她对防卫组织的观点。"位置"是指人在不同发展阶段不同的生存处境，而某种生存位置所建构的防卫组织形式是一辈子都一直存在的，它不因"阶段不同"而消失。所以"位置"不是一个发展的概念，而是克莱因论述自我的一个结构性概念。"位置"概念指涉的是自我组织的一种状态，自我内在的客体关系、焦虑及防卫的状态。"热情"则是指爱与恨这两种原始情感；在克莱因的概念中，爱与恨在本质上都是"客体的关系"（object-related），而爱与恨发生了"驱力"与"心理结构"的作用。克莱因将代表前生殖部分客体关系（pregenital part-object relation）的防卫机制组织形式区分为三类。

一、妄想—分裂位置(0~3个月)

妄想—分裂（the paranoid-schizoid position）是最早期的一种自我防卫组织形式。妄想—分裂位置概念所强调的是儿童对恐惧所产生的双重幻想表现形式——被迫害幻想及为对抗被迫害幻想而衍生出的分裂妄想现象。儿童以通过"分裂"的机制，把"坏的、具摧毁性的"想象，从自我（self）和"好的客体"（good object）中孤立出去的方式，来防卫抵抗"坏的客体"（bad object）所带来的危险。简而言之，"妄想—分裂位置"所要指出的分裂机制和被迫害焦虑是同时存在的。被迫害焦虑则源自死亡本能。和弗洛伊德不同的是，弗洛伊德认为小婴儿还没有形成"自我"，所以不会"害怕"死亡，但克莱因认为婴儿出生时就有某种"害怕"死亡的自我表现。

死亡的本能是通过一种面对客体时，害怕被解体的深层恐惧而被婴儿与儿童经验到的。为了对抗这种焦虑，婴儿将死亡的本能往外投射；克莱因认为，即便是很小的婴儿，也能进行部分客体关系特性的原始幻想活动，这种投射活动创造了一个外化的试图伤害、毁害自己的敌意客体。当婴儿建构与寻找一外在客体作为其外投内在焦虑的对象时，他是连同自己内部攻击性的"部分自我"，都一起投射到外在的一个特定客体身上了。之后，被投射到他人身上的自我的部分（具攻击性的、破坏力的自我），再回过头来通过"坏客体"的具体形象攻击自我。这便是"妄想—分裂"位置中，投射认同的防卫历程。克莱因对投射认同机制诠释的主要贡献在于，她深化了投射概念的意义；投射认同概念所强调的是：

> 个体在可能不将自我的部分投射出来的情况下，只将"冲动"投射出去，投射过程就涉及了分裂自我的机制；再进一步来说，"冲动"不会被外投而自动消散，是被外投而进入某一客体中，个体对该客体的知觉也因此而有某种扭曲。（Alford，1989）

同时，当婴儿将自我的攻击性的部分投射出来的同时，他也将原始的爱（primitive love）投射了出去。奥尔福德（Alford）指出在克莱因的思想中，不管父母对婴儿的反应是充满爱意或是挫折的，他们的做法，对前述攻击与爱的投射历程都没有太大的影响。也就是说，婴儿对好、坏客体的潜意识幻想是由婴儿内在所引发产生的，它们不是对来自父母的挫折与爱的原始反应。在这个时期，婴儿自我的目标是内投，并认同它理想的客体，同时通过持续不断投射外化的机制使"坏客体"远离自己。婴儿最焦虑的是，外面的迫害者会摧毁了他自己以及他的"好客体"，所以投射机制伴随着分裂与理想化的机制一起创造了强有力的"好客体"来对抗"坏客体";对婴儿而言,分裂与理想化的机制提供了一种安全的保护感。奥尔福德对克莱因的理论加以申论,他说:

> 虽然在幻想—分裂时期的这种固着(fixation)具有分裂与情绪失序的特征,但它不应被视为病态的现象。相反地,它是婴儿情绪发展十分关键的一步。在这一步中,婴儿学习通过内投与认同"好客体"的机制克服了他对解体的恐惧。从这一点来看,"分裂"是个体学习区分好、坏客体的必经之道。(Alford, 1989)

因此,在克莱因的理论中,分裂与理想化(splitting and idealization)机制历程的运作不足够,反而会使得补偿性道德的发展(the development of reparative morality)受阻。不过,在正常的儿童发展过程中,这种幻想—分裂的位置是会逐渐转化到一个能视好、坏部分合在一特定客体身上的心理状态,这就是"抑郁位置"(depressive position)。

二、抑郁位置(3个月大开始)

克莱因的抑郁位置(depressive position)概念所指出的是,婴儿在3个月大就逐渐增加了认知结构的复杂性;也就是说,婴儿开始认识到好的与坏的客体,事实上就是同一个对象。婴儿得以发展出这一认知能力的内在心理历程,涉及了与妄想—分裂期不同的防卫机制。在"抑郁位置"中,儿童的主要发展任务是:

> 和自我"内在的好客体"(good internal object)建立坚实的关系。这些内化的自我内在客体,恰似包裹珍珠的沙粒般,使得"自我"得以形成。如果一个儿童未能完成这件事,他将永远有发生抑郁症的可能性。在抑郁位置中,婴儿的自我形成了较前一阶段更为世故圆熟的防卫机制。在妄想—分裂阶段,对抗迫害的原始防卫是伴随着投射认同

历程的"分裂""理想化",及暴力驱逐。抑郁位置则涉及了躁乱防卫机制(manic defense)的产生,特别是在较早的时候。(Alford, 1989)

躁乱防卫机制的特色是个体否认他对客体(他人)的依赖及矛盾情绪,于是在潜意识幻想中,客体或是被蔑视或是被征服。用这种方式控制客体之防卫机制的作用在于,"失落"感就不至于太痛苦或令人恐惧。依儿童的正常发展来说,躁乱防卫机制会随着儿童对自己修补力量(reparative power)的信心增加而减弱;儿童这种补偿力量是通过他在成长中,表达关怀他人的新能力或方式表现出来的。如果说妄想焦虑(paranoiac anxiety)涉及了因对外在力量(妄想投射)而导致的破坏与毁灭的恐惧,抑郁焦虑(depressive anxiety)则来自另一种恐惧——当他人面对儿童的攻击性与愤恨时所可能遭遇到的毁损命运,即儿童害怕自己已伤害了美好的人物(包括自己内在的部分及外在的他人)。这种恐惧与焦虑也正是儿童发展"爱"及"修补"(关怀与照顾他人)能力的动力;而这也正是儿童道德行为的开始,虽然这种"爱"只是建构在一种"廉价模仿"的层次上(Alford, 1989)。克莱因的理论系统被心理分析学者定位为"抑郁位置的道德学"(the morality of the depressive position),或称之为"修补性的道德"(reparality morality);这一定位的意义在于,它发现了人类关系最早期的道德性是建立在怜悯与认同(pity and identification)心理机制的互动关系上。奥尔福德针对克莱因理论对道德论的贡献有如下申述:

这种道德不仅只是建立在为潜意识幻想产生的攻击行动,所做的修补性质的牺牲奉献驱力上;它同时是建立在一种深切地认同他人,和他人命运相联系的能力上。别人的痛苦也就像是自己的痛苦一样。事实上,这种道德感甚至可能具有革命性的启示,正如霍克海默(Horkheimer)所言,"同情"是一种潜在的革命性力量,因为"同情"超越了"自我保存"(self-preservation)。自我保存是小布尔乔亚社会的最高标准,朝向一个人性快乐的团结理想。虽然这种理想是乌托邦式的,但它

却有助于我们揭露小布尔乔亚社会所隐含的矛盾。(Alford, 1989)

　　克莱因对自我防卫机制组织的上述论点，为我们提供了解成人在人际关系及团体的情绪历程中，防卫方式的固着或爱与恨整合能力发展的观点。下面一节便接着介绍克莱因理论对团体理论的启示，及大团体心理分析理论的重要概念。

第二节　个人焦虑与团体防卫

　　心理分析团体理论主要就是由前述自我防卫组织的观点，对个人焦虑(individual anxiety)与团体防卫(group defense)之间的关系，提出了解析。

　　对弗洛伊德而言，团体和领导者的关系，就像孩童依赖父母的关系，而成员就像相互竞争的兄弟姐妹。克莱因并不否认弗洛伊德的观点，但她更重视这种"伊底帕斯"现象之所以存在的原始防卫历程。

　　以团体的形式来论，团体中某一特定成员在团体中的角色功能以及成员之间关系模式的形成，都涉及投射认同历程的发生。当一团体中部分成员对一特定成员投射认同时，幻想的社会关系(fantasy social relationship)可能就被建立了；接着，这些幻想关系是被"投射"与"内投认同"的双向防卫机制所中介形成的。除了投射/内投认同的概念外，"分裂"防卫机制也是使我们能研究领导者以外的团体角色的重要概念(Turquet, 1975)。

　　奥尔福德指出，团体对个人对抗其原始焦虑的作用主要有两点。

一、团体协助了个体防御对抗其妄想分裂的恐惧

　　团体成员的身份，使得个体得以将自己的焦虑转化成大家共享的焦虑，也就是说，团体提供了个人将其焦虑外投的机制，并且可以形成团体对抗的目标，以增进或维护团体的发展。简而言之，团体强化了分裂及理想化的防卫机制。

二、当个人怀疑自己无能力保护自己的价值观而变得抑郁焦虑时，团体也可以发挥协助个人对抗这一焦虑的作用

从团体成员的个人层面来看，当一个人不能整合或面对其内在的对立，但又必须同时存在时，个体可能会在潜意识的层面上将这两种感觉分别投射到不同的客体身上，这就是分裂防卫机制；分裂防卫机制被过度运用时，个体追求自我绝对的状态（如强壮与柔弱），因为对他而言，要整合内在的冲突是一件太痛苦的事情。在团体中，最常发生的有关分裂防卫机制的现象，便是在团体生命中，将我的某一个部分投射出来；接受成员这种投射作用的特定成员，在团体中感受到的压力会迫使自己扮演成"智者"或"拯救者"等角色。

虽然投射过程可以用外化的方式来解除个人内在的痛苦，但它的代价却不小。在投射认同的案例中，个体的自我不只是降低了对自我整体的觉察，更会因为在自我这一重要面相的投射过程中失落了。这种投射性失落（the projective loss）会增加当事人自觉的困难。在过度投射认同的例子中，自我将攻击性的部分外投之后，留下了虚弱及无攻击性的自我；这种投射认同的后果，便是虚弱的个体易对具有攻击性的个体感到威胁，而陷入恐惧之中。如果这种投射认同过度的话，他会表现得惊恐失措，甚至对某些特定对象产生扭曲的错觉（Main，1975）。投射一定涉及投射者与被投射者（接受投射者）。前面是说投射作用对投射者的伤害，那么对接受投射的个体来说，又有怎样的问题呢？汤姆·梅因（Tom Main）用"简单投射"（simple projection）与"投射认同"（projective identification）来区分两种状况。"简单投射"（心理机制）是指，接受者可能注意到自己不再被看成原来的自己，而是一个具攻击性的人；而在"投射认同"（潜意识幻想）的情形中，被投射者可能发现在投射者强迫性的投射压力下，自己真的感觉到自己拥有投射者所投射出来的攻击性品质，以及非自己所原有的行动。他会觉得奇怪而且不舒服，甚至厌恶所发生的事，但在柔弱与懦弱的投射者面前，他却很难抗拒那股稳定地供给自己优越感与攻击的力量。最常见的例子便

是，一个妻子将攻击的自我部分投射到先生的身上去，如果这位先生只有少许的不舒服，就表示他刚好也具有某些配合这些投射的能力或冲动。这种情形被称为"角色适配"（role-fit）。角色适配并不是一件好事，倘使这位先生不只是适合妻子的投射，同时也将自己衰弱、无攻击性的自我部分投射给妻子，那么，这种双方被相互投射幻想（mutual projective fantasies）所主控的婚姻关系会变成一个"闭锁系统"（locked system）。这时，武断、冷酷的丈夫与胆小但尊重丈夫的妻子虽然很不愉快地生活在一起，但他们的婚姻关系却是稳定的。他们为了自己病态的自恋目的（pathological narcissistic purpose），都需要对方来满足自己。这种相互锁定的关系，导致了人际困扰及人格被侵蚀的后果（Main, 1975）。

在小团体或一般人际互动中，只要被投射者本身并未具有太强的相关特质，这些潜意识强迫性的投射所带给接收者的不舒服，则多少是可以被观察到的。但在大的无结构性团体中，投射过程就变得十分不易观察与揭露。由"投射认同"过程的观点来看，梅因特别指出在大团体情境中出现的三种特色。

第三节　大团体心理动力的特性

在讨论投射认同等机制在大团体情境中易导致的困扰现象之前，有一个观点是必须厘清的，那就是投射过程所发挥的"现实—试探"（reality-testing）的作用。

前面对投射过程的讨论可能误导你以为它都是负向的作用，从而忽略了它也有正向的功能。首先，我们要强调，冲动的投射以及将自我的部分外投给他人的投射认同，均是正常的心理活动元素。当自我在进行投射活动之后，自我随即对外在现实（由他人的反应中得到信息）进行检查，使得自我得以区辨自我与他人的差异，也增进了对他人及外在环境的了解，这便是所谓现实试探。此外，平时我们对他人同情或相同的看法，也都归功于我们自我内在与他人经验相似的某个部分在发挥作用。所以，"现实试探"的主要功能在于它决定了我们的投射有多少是符合事实的。但当团体或个人的投射过程发生过度及强迫性的情况，自我的部分已因投射机制而"失落"时，进行现实试探就变得相当困难了。在团体中，个体对他人或情境的这些无法检查或未被检查的判断，可能导致下面三种令人困扰的团体现象。

一、去人格化及人格侵犯

当一个人人格的主要部分，是被这个个体通过投射认同的机制转嫁到他人身上去时，这个个体所残留（未投射出去的那些部分）的自我，对自我的认同感变得十分微弱。这种因失去自我的重要部分而人格受损，以致自我认同不易产生的人格状态被称为"去人格化"。"去人格化"的现象通常伴随着这个个体和他人之间一种奇怪的客体关系。因为当他将自己的重要部分外投时，他一定得寻找某些特定的客体（接受其投射的对象）；对这些接收其投射作用的客体而言，他们就产生了所谓"人格侵犯"的经验。梅因用下面的一段话点出领导者接受成员的投射时，所可能发生的问题：

> 比如说，当团体成员投射自己攻击的部分给一领导者时，团体领导者感受到一股奇异的愤怒与困惑感袭来，但他可能被这股强大的愤怒席卷，而忽略了或是贬抑了自己原有的其他特质。这些他人投射过来的情绪也可能会使领导者高估了这些情绪的真实性，甚至以为这是他自己的知觉。在这种情况下，领导者（被投射者）真实的自我缺少检验，以致威胁到了他的现实感（reality-sense）。（1975）

在大团体中，多重与复杂的人际关系，使得成员在互动中进行现实试探的可能性打了折扣。成员在未检查或无法检查的幻想中，就容易发生去人格化与人格侵犯。日常生活中，多数的大团体是采取结构化的方式在运作的。主席与议程的设定使得成员间自发的个人交流不易产生。这些团体维持形式上秩序的代价是成员对团体的不满足，而且团体也因而在私底下分裂成不同的次团体，以解决与他人联系的不满足需求。正因为日常生活中的大团体绝大多数是被严格的建构起来的，这使得我们并不太容易进行对大团体动力的研究，因此，在一些实验与训练情境中，以及社会急促变革过程中，群众聚会的大团体经验就显现出它的价值了。

二、匿名化与概化

匿名化与概化（anonymization and generalization）的现象，是指在大团体中没有一个人被看成是一个独特完整的个体，被直指其名的称呼；即使成员互相认识，他们也不以名字称呼，比如：

> 为什么某人不说些什么呢？
> 为什么有人喜欢把气氛搞成这样呢？
> 或是团体在浪费时间！
> 学长应该表现出……
> 行政人员应该……

这种"个人认同"（personal identity）被蓄意忽视的现象，尤其是在当个体对团体中一特定对象或事物持有异议时，显得特别强烈，因为大家十分害怕直接的对质（confrontation）。这种匿名的倾向会导致团体开始使用模糊与概化的语词来谈论。比如说，"女人都是……"或"这就是男性的弱点……"等。这种概化的互动方式，使得人们的认识历程陷入了混沌不明及制造错误与简化知觉的后果。

当团体成员回避在个人化的互动过程中去肯定自己及他人的自我，再伴随着投射过程的运作，时常会使团体落入两极化与简化的纷争中。我们常可在大团体中看到的一幕便是，团体进行到后来，演变成男女对抗或行政人员对抗基层工作者的现象，这就是"匿名的阶层战争"。当然，匿名倾向之所以会存在，是因为它的确为个人创造了一安全的而且满足于现状的稳定状态；在匿名的保护下，每个人都可以逃避存在的责任，都不需要特别去做什么。个人在他的幻想世界中感到十分安全，因为他不必担心会被他人(团体)点名批判。但这种安全与满足的代价，却是个人的思想、丰富的讨论及人际的互动都不可能发生的。成员相互结盟而抑制了健全个体的发展。这里必须强调的是，并不是说团体中所展现的集体对抗(如男与女，行政与基层)都是有问题的简化防卫机制，而是指"匿名"倾向所可能代表的防卫机制作用。

三、嫉妒与类似民主的过程

投射过程并不是只指人们自我中负向部分的外投，自我中"正向"的部分也会在投射过程中转嫁到他人身上去。当自我正向部分被外投时，它的命运要比负向部分好一些。因为一般来说，被投射者会对负向特质感到不舒服而有所抗拒；但正向的特质就像糖衣一样，人们亦都多少具有自恋的倾向，所以通常被投射者更不易察觉，甚至晕乎乎地接受了投射过来的情感。比如，团体中常会突显一两位"最有爱心、照顾人的人"或是"唯一让团体觉得有价值的人"。正向能力的外投不只是使投射的自我贫乏(崇拜他人而贬抑自己)；更痛苦的是，投射者到后来又会"嫉妒"那些被投射者，对"有能力的被投射者"做出太聪明了、有野心及竞争强等论断，甚至有时还会攻击他们(Main，1975)。

嫉妒是一种自我贫乏的病症。但嫉妒通常又是被个体所否认而不明白揭露的，这使得被投射者会感受到自己处在被大众嫉妒的危险位置上。正向能力投射历程的后果，便是团体中存在着"害怕被嫉妒"的气氛，与投射者对那些拥有自己外投能力的对象的攻击倾向。这种害怕与攻击性，使团体中的成员趋向于隐藏自己的能力及思想。确保安全的"概化"便易出现了。大团体中这种过度匿名化与概化的倾向，使得有才能的成员在团体中小心翼翼地"做一个平凡者"；没有人敢展现他的原创或独特的思想或能力。每一个人寻求与他人联盟以凸显彼此的相似性——"我们有相同的需要及权利"。比如，团体中出现每个人都是平等的、每个人的意见都是好的意见等说法。"民主"变成大家挂在嘴边的价值观。但这并不是真正的民主。真正的民主是社会结构的创造体,不同的角色需要具备不同能力的人来扮演。因此,一个个压抑的个体出现在团体或社会中时,是不可能创造出民主过程的。

前述大团体中令人感到困扰的三种现象,反映了大团体经验较小团体经验复杂。除此之外,在一些治疗或教育性的无结构性大团体聚会的研究中却也发现,成员在这种大团体中会经验到"自我复原"(the recovery of the self)的过程——在团体历程中,个体重新发现他们失去的部分,并且再度把他人当成一个完整的个体。探讨日常生活中大团体经验的主要意义,也就在于发展出如何解放人们在大团体中被过度压抑及扭曲的部分。

第四节　社会防卫系统

在介绍心理分析对大团体理论贡献的最后部分,我们不能不介绍社会防卫系统的概念。

简单地说,社会防卫系统(social defense system)是人们非常原始的心理防卫机制体制化的一种表征(the institutionalization of very primitive psychic defense mechanism)。它们协助个体逃避焦虑、罪恶、怀疑与不确定的经验,但对降低焦虑却并没有什么助益。

这里所谓非常原始的心理防卫机制,是指婴儿时期所用来处理本能焦虑的机制。随着个体的成熟,个体逐渐扬弃婴儿时期的防卫方式,发展出处理焦虑的其他方法。这些方法包括对抗焦虑情境的各种象征形式的能力、容忍与逼近现实、分辨焦虑的来源及性质,并且成功地通过活动和客体(他人)及现实建立起关系。在成人参与社会的过程中,个体为了对抗精神焦虑(psychotic anxiety)所采取的防卫方式,会将个体束缚进社会体制之中。社会体制是"社会结构"加上主导其中人群关系的"文化机制"(cultural mechanism);社会结构是角色或位置的系统;文化机制则是习惯、禁忌与规则,被用来规约社会成员间的关系。因此,社会防卫系统,一方面使个人与集体得以逃避焦虑，另一方面抑制了个体及集体自主性发展的空间（Menzies，1975）。

要了解社会防卫系统概念，伊莎贝尔·孟席斯（Isabel E. P. Menzies）对医院护理工作的本质及护士某些共通集体防卫行为的分析，提供了一个鲜活的实例。孟席斯在"社会系统的功能是对抗焦虑的一种防卫"的案例报告中，先指出了护理工作的性质及护士在医院护理的工作情境中容易引发的原始焦虑，接着分析了护理服务行动及方式中存在的十种防卫性技巧（Menzies，1975）。

一、护理工作与护士的潜意识幻想情境

护士负责了医院中主要的照顾病患的工作。护理工作的强大压力不只是来自日夜不息的医护与照顾病人的职责，直接照料病人的工作性质极易引发每个人面对病痛折磨与死亡的恐惧（照料病危的病人）以及原始的、性的冲动（和病人亲近的身体接触）。孟席斯直接地指出护士的工作情境所带给护士自己都不易觉察的焦虑来源：

> 护理工作的情境触动了护士心中强烈而混杂的感觉：怜悯、关怀、爱、罪恶感和焦虑。但同时他们厌恶带给自己这么复杂感觉的病人，又嫉妒病人得到这么多的照顾。
>
> 护理工作的这种客观情境冲击着护士。也就是说，每一个人几乎是不可避免地被触动深埋在早年成长经验所存留在自己心中表现其原始焦虑的潜意识幻想情境（phantasy situation）及相伴随的情绪。（Menzies，1975）

护士在工作过程中所可能被引发的原始焦虑与潜意识幻想，同样极易发生在病人对医护人员的互动关系中。对病人及其家属而言，医院及医护人员的照料，也容易变成他们逃避照料病人的压力及做重要决定责任的借口；护士在第一线工作，首当其冲地，成为病人和家属依赖或指责的对

象。整个医疗工作的性质与医院医护的情境，使得护士必须在应付"客观现实"（objective reality）的同时，在潜意识的层次上经验着自己的幻想情境。所以在专业化护理技能中，我们可以观察到处理这些焦虑与修正幻想情境的技术。

二、护理服务工作中的防卫技术

当护士在医疗情境中遭遇到上述的焦虑与潜意识幻想的投射过程时，是和所谓护理专业与医院体制相互建构的。这一相互建构的性质就是孟席斯所描述的一个"社会性的结构防卫机制"（socially structured defense mechanism）。

组织成员对抗原始焦虑的挣扎，导致组织中"社会性结构防卫机制"的发展。这种机制会通过组织的结构、文化及功能的某种运作方式表现出来。这种机制的一个重要面相，是个人将自己那些具有特色的心理防卫机制外化（externalize），并赋予客观实体的实质。社会防卫系统是组织成员长期联盟性质的互动及协议的结果。这一联盟互动与协议的过程，通常在成员间的潜意识层面上进行。之后，这一社会性结构防卫机制便变成了组织外在实体的一个面相，老的及新的组织成员都屈从于它（Menzies，1975）。

孟席斯接着列举了护理服务及护理制度中所反映出来的十种社会防卫机制（Menzies，1975）。

（一）护士—病人关系的分裂

护士与病人间的关系，是前述护士原始焦虑发生的主要脉络。二者的关系越接近，互动越频繁，护士就越容易经验到原始焦虑的作用。长久以来，护理服务系统处理这种焦虑的一种方式，便是将护士与病人的"接触"（contact）分割成系列的工作项目，并由不同的护士面对病房中众多的病人，分别负担不同的项目。一般来说，在美国的大医院中，一个护士大概要分担照顾三十位以上病患的某几项例行工作项目。这种分割工作项目的分工合作方式，可以避免护士因和特定的少数病人深入接触而产生焦虑。

（二）去人格化、类别化，与对个人意义的否认

前一种分裂护士与病人关系的工作项目系统，需要组织在结构及文化层面上的其他设计的搭配，才能抑制住护士与病人全人对待关系（a full person-to-person relationship）的发展。这些设计的共通点，就是尽可能地降低或消除病人和护士的个体独特性。例如，护士称病人时常说"12号病床"而不是名字。当然，项目分工的工作系统也使得护士不易记住众多病人的名字。此外，除了特殊的情况外，大部分病人都是因其疾病性质及程度而被分类，再因其分类而得到某种照料，个别病人的需要及希望是不被考虑的。例如，每天早上固定时段接受盥洗照料。这些制度及文化习惯上的设计，都降低了病人与护士作为独特个人的意义。

（三）超然与对感觉的否认

"专业超然"（professional detachment）是护理专业入门的一项要求。护理教育中强调护士要学习控制自己的情绪，避免过度情感的投入及维持专业的独立性，都削弱了护士对病人个人化的互动方式。这些或明示或隐含的工作操作方式及政策，强化了专业的"超然"性。这里要指出的是，所谓"专业超然"的工作关系或政策，其实是一种否认关系中痛苦与困扰情绪的防卫机制。

在护理服务这种依存在护士与病人互动与关系脉络中推展的医疗工作而言，稳定和持续关系的重要性却是一再被护理工作系统中的各种设计所否认。除了所谓专业超然态度外，护士们对自己情绪的否认以及互动中习惯性的人际压抑技巧（interpersonal repressive technique），都是典型的处理情绪压力的模式。

（四）以仪式性工作表现来降低做决定的意图

仪式性工作表现，指照章办事、按工作指令操作如仪式的工作方式。在医院中，实习护士常被要求以一种仪式化的动作及工作程序来完成她该做的项目；精确的指导及详细秩序步骤的安排，可以使护士在医疗服务过程中尽可能不必去面对做决定的焦虑。

（五）用来回检查的工作程序降低在做决定中负责任的程度

医疗与护理工作中做适当的决定，不只直接影响了病人，也带给医护人员心理压力；一个普遍容易观察到的现象是，我们常看到医护人员来回检查以确保"效度"，因而延缓了做出最后决定的时间。这种现象并不是指那些发生在用药容易发生危险的情况下所必须谨慎的医疗行为，而是指在一般性的医护情况中，护士时而来回复查或是为了做一个决定不断询问督导意见与指示的现象。

（六）共同分担责任或是规避责任的社会性联盟

护士的角色责任是充满令人痛苦的压力，所以护士会用一起分担责任的集体联盟方式来规避面对个人的责任；而资深护士和资浅护士之间相互的抱怨，也时常是一种联盟性规避责任的人际策略。

（七）蓄意模糊责任分工的正式化角色系统

前面说过，实习护士会接受一套工作项目精确分工的操作程序训练，但对正式或资深护士来说，角色责任的分际及角色关系的界定，却又常是未形诸文字、模糊不清的。

（八）将责任推给上一级代言人的方式来规避责任

护士群体内部的阶层性是很明显的，而这种阶层性的一个功能是，下位者可以依赖上位者为自己做决定。

（九）对个人发展可能性的理想化与低估

在护理教育的文化中经常传递的一个信念是，负责任及个人成熟的理想护士性格不是可以"教"出来的。南丁格尔是一种理想化的人格形象。的确，我们在许多护士培育的教育课程中发现，课程主要传授的是护理技巧及医学知识，而很少花心力在如何通过医疗与护理情境中的真实事件来引导学生个人成熟发展的课程设计上；许多大型医院也普遍缺乏对护士的个别督导。

（十）逃避变革

要求与渴望护理制度与组织有所变革的呼声一直是存在的，但变革所带来的不确定性与焦虑通常会引发人们的抗拒；抗拒变革的力量会展现在人们对既存体制的攀附与依存上。在护理服务的变革经验中，美国国家健康服务的变革计划就曾引发病患及流动率明显增加的后果，这种现象是面对焦虑时寻求再保证的重复就医的行为。

通过孟席斯对护理服务工作中所展现出来的社会防卫系统的描绘，不难了解前面曾指出有关社会防卫系统的基本功能——逃避了焦虑却抑制了自主性的发展及问题的解决。它也是心理分析理论中，对大团体历程及体制变革的一个重要分析概念。

小　结

由前面四部分的说明中，我们可以说，心理分析（特别以克莱因的理论为主）对大团体理论的贡献是以个体在客体关系中的心理防卫历程为其核心概念，继而对社会关系中人际互动的防卫机制及社会组织中集体防卫机制系统进行了诠释与分析。换言之，心理分析理论是由个体心理防卫机制的概念为基石，来处理个人与集体间关系的议题。从大团体与社会变革的关系来说，心理分析的概念特别能协助我们理解在社会关系变化的过程中，人们在潜意识幻想层面上如何能发生一个关系重建的心理历程。原则上，心理分析的大团体工作者认为：有效的社会（或制度）变革，需要团体或社会成员对自己和他人共享的焦虑及因应焦虑的个人与集体的防卫机制有所觉察与分析后，非幻想性的动态认识历程才可能获得发展的空间。所以，心理分析的大团体工作者一直致力于对防卫机制在个人与集体层面上如何相互构联的分析工作。

第九章　塔维斯托克团体理论

　　这一章主要要介绍的是英国有关大团体的理论。团体心理治疗在英国的发展，起源于第一次世界大战后的20世纪20年代到30年代之间。在当时战后社会文化的背景中，人们普遍面临哀伤、失落、哀悼的生命经验，以及对抗这些生命经验的心理及社会防卫机制。在这样的社会背景中，动态社会心理学（dynamic social psychology）的领域开始受到重视。英国心理分析学派的客体关系理论家，如鲍尔比（Bowlby）与克莱因等人，都是在这时崛起的。这股由心理分析的起点走向动态社会过程与现象的学术，带动了英国小团体及大团体理论的发展。塔维斯托克临床中心就是在这个时期设立的。这个中心曾吸纳了许多著名的心理学者。第二次世界大战后，比昂成为塔维斯托克中心的领导者。在他的努力下，英国的团体理论及方法形成了独树一帜的训练模式。严格地来说，比昂的理论和福克斯各自领导了英国团体理论的两个主要流派。福克斯的理论被后继学者接续地发展成"团体分析心理治疗"（group analytic psychotherapy）。一个中肯且为大家共同接受的说法是，"福克斯的理论及方法是有效的治疗取向模式，而比昂的则是有效的训练模式"（Pines, 1991）。在这一章中，我选择以比昂及赖斯（A. K. Rice）的团体理论为主。因为团体分析心理治疗取向是以小团体为主的一种方法，而比昂的训练模式则以大团体为基本设计的模式。

　　到目前为止，"塔维斯托克"一词有三种意义：①它指英国伦敦的"塔维斯托克"人类关系机构，在这一机构中，"塔维斯托克"取向的团体及组织研究工作及训练工作已进行了六七十年；②它指一种行为的理论，认为

"团体中存在一种潜意识的因素在影响人们的行为"，以及"将团体设想为整体要比设想为个别人格的集合体"要来得恰当；③"塔维斯托克"是指一种研究团体及组织的方法，它将团体动力、心理分析及开放系统的知识结合在一起。"塔维斯托克"一词是视为一种团体理论及方法来介绍的。

当然在这一章中，"塔维斯托克"团体理论之所以成功地整合系统理论、心理分析理论及场地理论而成为独树一帜的团体理论，主要依赖英国的比昂及赖斯两人。比昂为"塔维斯托克"团体理论的创始者，赖斯则将比昂的团体理论与系统理论结合，建立了一种研究组织运作的理论。事实上，即便是比昂，也并不只是讨论团体现象，他同时也对军队及教堂等社会机构的运作功能有所讨论。换言之，比昂的团体理论同时是他用来分析社会组织的工具。赖斯曾于 20 世纪 60 年代针对一纺织厂的生产运作流程进行分析研究。他们两人的努力，使"塔维斯托克"团体理论免于局限于小团体情境的命运而与社会脉络建立实在的联系。比昂对团体过程的兴趣源自他在第二次世界大战中服役的经验。在第二次世界大战时，比昂被任命为一家精神军医院的精神科复健部门的领导。也就是在那个时候，比昂开始经验并意识到如何视医院为一个小社会，并由这一角度来思考病人的治疗方法。

他认为病人无论是在大的社会系统中或是在医院的社群中，都缺乏做一个团体成员的能力。第二次世界大战后，比昂到伦敦负责塔维斯托克训练团体的计划，而赖斯则在 1947 年至 1948 年到伦敦的"塔维斯托克"人类关系应用社会研究中心(the Center for Applied Social Research of the Tavistock Institute of Human Relations)接受比昂所带领的训练团体的训练。在接受比昂深刻的影响后，他亦于 1962 年开始在英、美两地持续地带领塔维斯托克模式的团体关系研习营(group relation conference)。塔维斯托克团体关系研习营提供了成员研究大团体(50～70 人)与小团体(10～12 人)中的行为以及团体间互动(intergroup interaction)行为的机会。

第一节　比昂的团体理论

一、团体是个人集合体的一种功能

将团体界定为一群人的一种功能或多种功能的组合，是比昂最根本的看法。换言之，团体不是一个或部分成员的某种功能，也不是不具有任何功能的一群人的聚合。例如，一群人在沙滩上散步时，并不构成一个团体，但当一泳客在海中呼救，而原来在散步的这群人立即协力地去援救溺海者，这时，一个团体就形成了。而这一功能可能只维持了十分钟，亦可能因这一事件而延续发展长达一年。视团体为个人集合体的功能的观点，也是比昂团体理论和心理分析理论的一个分野处。也就是说，虽然比昂也讨论"本能"（instinct），但他并未预设一个"团体心灵"（group mind）的存在；相反地，比昂认为"团体心灵"事实上只是一种退化的表征。

比昂以为团体退化的这种状态绝非少见的现象，而是一种常态。就像是每个人身上都具有正常与精神官能性的行为一样，比昂认为每一个人都具有某些精神异常现象的经验。所谓"团体"，除了包括一群人聚合而发生的特定功能之外，也同时包括了成员投射出来的扭曲想象。而这些想象之所以产生，是因为成员在团体情境中发生了失落其个体独特性的威胁经验。心理分析学者克莱因所谓过度退化（massive regression）的心理防卫机制概念，是比昂团体理论所借用的心理分析的一个重要概念。

二、个体过度退化与基本假设团体

早在1913与1921年，弗洛伊德便曾试图运用心理分析的概念研究人类的团体现象。在近代心理分析学者的诸多发展中，克莱因对婴儿通过与母亲（哺乳者）乳房接触过程中所迅速发展的原始觉察（primitive awareness），再到后来与家庭团体（family group）的互动对人格发展作用的描述，对比昂团体理论的建构发挥了深刻的影响。

"过度退化"便是克莱因用来描述婴儿在面对生存威胁经验时所进入的一种原始的防卫性位置(the primitive defensive position)。分裂与投射认同是此时所易运用的防卫机制。每一个成人在其生命阶段的初期需要和他赖以生存的团体(多半是家庭)的情绪生命(the emotional life of the group)接触;对任一婴儿来说,和外界接触的任务并非易事,倘若他未能达成这一任务时,退化的现象便产生了。对比昂而言,成人在团体情境中所展现的成员们潜意识的共享情绪经验及相互联盟的一个行为世界,即拜个体退化机制所赐。比昂称一团体成员在潜意识层面所共享的情绪经验与联盟的行为世界为"基本假设团体"(the basic assumption group)。基本假设团体是团体中既存的潜意识面相,而相对于这一面相,团体中同时也存在着一个能面对及处理团体真实工作的团体功能的面相,即"工作团体"(work group)。简而言之,基本假设团体与工作团体是团体中同时存在但发挥不同作用的面相;我们也可以将之理解为团体中两种不同的行为方式。这两种力量中的一股力量纠结了成员不真实的看法及情绪,形成了团体前进的阻力,而另一股力量则反映了成员试图合作与共同学习的努力。

　　在团体中,个体过度退化的防卫机制的发生,乃是因为团体过程中所发生的复杂人际经验,对某些个别成员而言,是深具威胁性的,而在潜意识层面上引发了他的精神性的焦虑(psychotic anxiety)。这时,一种退化与防卫的操作机制便被个体用来处理他的焦虑了(Colman, 1976)。这就是比昂所说的"当个体在团体中接触到生命的复杂性时,成人会退缩到一种克莱因所描述的过度退化的机制中,而这种机制正是人们生命最初期用来面对生存威胁所必要的机制"(Colman, 1976)。

　　比昂并不是第一位论及"共享团体意识"的学者,但他对克莱因学说的倚重,却是其他人所不及的。接受克莱因的学说,使比昂认为团体易被其成员在潜意识中知觉成一个母性似的整体(a maternal entity):成员对团体的知觉是永远等待、共生的母亲。

　　和比昂略为不同的一种说法,是客体关系学者温尼科特对团体的描述。温尼科特认为团体可能被成员知觉为"情感转移的客体"(transitional object)。

但不论是比昂或温尼科特的说法，都认为团体在发展历程上是先于个别化及个体认同（individuation and individual identity）阶段的。在这里，我们可以说，心理分析之客体关系的理论是比昂团体理论中人格论的主要基石。

三、个体意识的发展

除了克莱因过度退化的概念外，科尔曼（Arthur D. Colman）认为，客体关系心理学者马勒（Margaret Mahler）解释婴儿意识（infant consciousness）萌芽与发展的概念，为比昂提供了人格理论的基础。简而言之，在婴儿人格发展阶段中，团体意识是在三四岁时紧接着两人意识（dyadic consciousness）之后而发展出来的一种意识。科尔曼便是在接受"马勒分离—个体化"（Mahler's Theory of Separation-Individuation）的理论后，建立起"团体意识是婴儿人格发展的一个阶段"的说法。

马勒认为，婴儿的生物或身体的诞生（biological birth）与心理的诞生（psychological birth）并不是同步发展的；前者是可清晰被观察到的，而后者是一缓慢开展的内在心理历程（intrapsychic process）（Mahler，1972）。她认为心理的诞生是个体达到其主体性（subjectivity）的过程——即"分离—个体化过程"；这一过程通常发生在 0～2 岁，但若两岁以前未能顺利完成，则可能延续到成人的生命发展中。"分离—个体化过程"可分成下面三个阶段（Colman，1976）。

（一）正常痴呆状态

婴儿刚出生之际(0～3 个月)是没有任何有关"他人"的知觉与概念的。也就是说，新生婴儿处在一种所谓原始幻觉的无定性（primitive hallucinatory disorientation）状态中——无自我内在与外在世界的分际，"我即宇宙，宇宙即我"的一种混沌的存在经验。在新生婴儿的这种意识状态中，母亲并不是另一个体，而是一种功能。一种敏感而正确地了解婴儿的需要并满足其需求的功能；这时，"母亲"喂食或是其他人喂食是不重要的，重要的是提供这种功能。

(二)共生阶段

大约在过了三个月之后，婴儿的行为表现反映了他可能开始渐能知觉到外在世界是一个与自己分离的世界，这就是马勒所谓婴儿度过了正常痴呆阶段而进入了共生的阶段。这时，婴儿开始知觉到自我的界线（boundary of self），但这个界线是十分模糊且扩散的，特别是婴儿将母亲包括在自我之内而非之外的；现在婴儿与母亲是交融的一对（a merged dyad），马勒称之为"婴儿母亲的共生圈"——在婴儿与母亲之间不存在明显的自我界线，他们是一体的且将其他人排除在外的。这个阶段对婴儿意识发展的意义是指，婴儿的知觉经验开始由混沌一片的外在世界转移到特定的一个人身上，这个人虽然尚未被婴儿视为分离的个体，但这一交融的共生经验正是婴儿要迈向个体化的第一步，在共生阶段中，婴儿在母子一体关系中所经验到的安全感，对婴儿个体的发展十分重要。婴儿在关系中知觉到母亲与自我之间界线的存在，是一非常缓慢的过程，通常它发生在 6~7 个月之后。逐渐地，婴儿开始能知觉到自己的身体及身体的功能是独立于母亲而存在的；这个过程，通过婴儿逐渐增加的口语及动作的能力而加速发展；婴儿对"非自我"（non-self）世界的知觉变得复杂起来。

(三)分离—个体化阶段

分离—个体化阶段是马勒用来称呼婴儿由"婴儿母亲共生圈"逐渐分离出来的一个过程。这一阶段大约是由 6 个月（共生阶段的结束）一直延续到 3 岁。马勒将这一阶段分成：分化（differentiation）、练习（practicing）与再趋近（reapproachement）三个阶段。这三个分阶段描述了母亲与婴儿关系由一共生的功能状态转化到"当婴儿在与母亲保持可接近的空间距离时，婴儿自主的自我（autonomous ego）始得以运作，并呈现出一种成长的功能状态"。用发展过程的语言来说，就是指婴儿的意识状态由"两人意识"（dyadic consciousness）转化为"个体意识"（individual consciousness）。

四、团体意识也是发展的一个阶段

婴儿开始"认生"（stranger-reaction）通常发生在六个月大之后到一岁之

前。"认生"对意识发展而言是一个重要的现象，当婴儿对母亲表示出明显的喜好时，代表着他开始能分辨不同的关系。婴儿体能的发展催化了他与母亲及外在世界发展关系的能力。比如说，爬行与学步均使婴儿可以独立地探索母亲之外的他人及环境。换言之，"认生"代表婴儿在知觉发展上，展开一个新的、复杂的层面。此时，两人共生的关系被一清楚划分内与外的关系形态所取代；"内"包括了婴儿自己以及熟悉的大人，而"非自我"的外在环境，则包括了被婴儿视为"不属于"自己的人及物。

科尔曼掌握了婴儿在这一阶段的意识变化，并用"团体意识"来描述在婴儿意识中紧接着"两人意识"而发生的，辨识主客体关系的一个新的阶段。当婴儿的自我世界中，母/子联合（the mother/child union）的意识状态渐渐削弱，而转进为家庭环境中其他成员（如父、兄、爷爷、奶奶）与自我相结合的一种关系状态时，这种包括了家庭成员的意识状态与关系方式的阶段，被科尔曼称为"团体意识"。婴儿在这一阶段所意识到的这种原始团体意识（the kind of primitive group consciousness），就是成人团体中所展现出来的基本假设生命的前身（Colman，1976）。儿童这种原始团体意识与成人团体中的基本假设生命的共通特征是：对团体的认同是超越于个体性（individuality）之上的，个人的行为几乎全然被"角色"决定，而个人的思考也是团体心态的一个部分而已。科尔曼对成人在团体中个体性失落的现象做了如下的说明：

> 对成人而言，个体的失落是一种深刻的团体经验；成人对这一团体经验的知觉包括两部分：①对团体中顺从压力的觉察；②个体无法超越团体所设定的角色而自主行动，亦即自我失去了超越角色规范的行动能力。个体在觉察到这两部分的同时，经验到"和大家（团体）一致"与"在团体中做我自己"这两者间的冲突。

"团体意识"对儿童发展的重要性在于：团体意识扩大了儿童行动的范围及主客体关系发展的视野；儿童开始独立地与其他社会人物发展关系，

在任一新的团体情境中探索着自己和别人的关系。在家庭中，儿童逐渐发展出他和不同成员的关系方式，父子、兄弟姐妹的关系皆各具特色。在家庭的小社会中，他建立了自己的特殊地位。简而言之，团体意识便是指儿童在家庭团体中对自己与他人不同关系的觉察以及在关系中运作的行为能力。科尔曼认为在家庭团体中，儿童发展了一种"我"的意识：

> 毫无疑问，这一个体化的过程与马勒所说的分离/个体化的阶段同时平行地发生着（Colman, 1976）。

科尔曼认为马勒只由母子关系的变化来论个体化意识的发展是不足以解释成人在社会团体中复杂的行动的，他试图借马勒的人格理论作为塔维斯托克团体理论中的基础人格论。

科尔曼进一步说到，对多数的婴儿来说，与母亲的关系联结要比他和家庭团体的关系联结来得强烈；以成人经验来说，个体和团体的关系通常较爱人/夫妻关系来得表面化一些。两人关系与团体关系的这种差别性，更增加了我们视团体意识为个体发展过程中某一阶段的重要性。因为个体的认同不只是由母子关系，同时也得出在团体关系中转化形成的。"团体意识"的概念为个人意识发展的连续性，提供了一衔接的功能：它衔接了主导个人生命早期母/子联结与稍后发展出来的与家庭及社会群体的联结；而"团体意识"之所以能发挥这一衔接的功能，是因为团体意识的发展使得个体不只是在与其母亲，同时也在与家庭社群中其他成员的关系中，认清了自己是与他们"分离"与具"差异性"的"独特的一个人"。

团体意识的概念使我们看到，比昂所谓基本假设团体生命是团体成员儿童期发展阶段中的一个部分。

科尔曼的努力，除了为比昂的理论建立了发展理论，也使我们对两人关系及团体关系对成人认同及发展的重要性增进了更深切的认识。我们可以想象，那些在幼年成长经验中被母子亲密关系所主导的儿童长大后，在情感认识及行为方式上，对社会群体生活的投入及对团体的认同，和一般儿童会有相当大的差异。

五、基本假设团体与工作团体

比昂认为团体中存在着潜意识联盟的行为世界，基本假设团体的概念便是描述任一团体中存在着的潜意识面相。相对于潜意识的面相，团体中同时也存在着能面对及处理团体真实工作的团体功能面相，即工作团体的概念。简而言之，基本假设与工作团体是团体中两个同时存在，但不同作用的面相；这两个面相也可说是两种不同的行为方式。一股力量纠结了成员不真实的看法及情绪而形成了团体前进的阻力；另一股力量则反映了成员试图合作以完成团体真实任务(the real task of the group)的努力。

(一)工作团体

当都市规划委员会一起完成一项设计方案，一群工人合力打造出一台机器，或是一小团体固定聚会以研究团体的行为，都是工作团体的表现。

成员作为独立的个体相互合作以完成工作，成员之所以认同团体，是因为他在团体的工作目标中看到与自己的兴趣、利益或是学习的关联；他选择投入并乐意看到团体的目标被实现出来。工作团体在其目标实现的过程中，会时常以一种科学的精神验证它自己所做的假设或结论；成员主动寻求知识，由经验中学习并常反问自己怎么样才是达成目标的最佳办法。团体清楚地意识到自己学习与发展的过程及工作的进度(Rioch, 1975)。工作团体的特征与弗洛伊德的"自我"的概念十分近似，但在现实生活中，期待一纯然理性而又成熟的团体表现是不可能的；团体中无效而互相矛盾的行为表现也是司空见惯的现象——即使如此，团体仍可能在其他时刻十分有效地在工作着。焦虑挫折时并不意味着这是一个无法工作的团体，它仍有其工作团体的面相存在。

比昂曾以下面的一个治疗团体的一幕来说明工作团体的概念(Bion, 1959)：

我和六个病人围坐在一小房间内，A小姐建议说："我们直呼彼此的名字，好不好？"A的提议带给团体一些轻松的气氛，成员互相友善地、不好意思地笑着。B 先生回应道："这是一个好主意!"C 先生也表示这样大家会更接近一点。A 受到 B 及 C 的鼓励正预备开口时，D 小姐却说："我不喜欢自己的名字，所以不想被你们叫名字。"E 先生即建议："那取个假名好了。"F 小姐一语不发地坐在一旁玩着自己的指甲。接下来一小段时间的团体讨论不再有生气，大家小心翼翼地瞟着别人，几个人开始对我投以询问与求助的眼光，B 先生提了一下声音说："我们总要称呼别人啊!"现在，团体的气氛夹杂着焦虑与挫折!这个团体在前面的发展阶段中，曾一直把焦点放在我身上，而我的名字是团体中出现最多的。现在，团体开始试着寻找解决问题的方法。

这一段团体过程中，有一点是显而易见的，那就是七个人要一起交谈，知道彼此的名字确实是有帮助的。团体开始觉察到这个事实并有所行动，这便是工作团体的活动。对比昂来说，上面这一工作团体的功能面相要被证实是存在的，须包括三点：

(1)建立一种能设计及转化成行动的想法(如叫彼此名字以增加友善)。

(2)相信外在环境的改变是要个人相对地做改变，以带动团体的改变(当大家称呼彼此名字时，团体就更接近了)。

(3)成员相信这些设计及行动是"真实"的，并需要自己去完成的(名字若不适当就取假名、小名等)。

也就是这三个条件使得团体一起去做某件事，在团体的活动中，成员依各自的能力互相合作。

(二)三种基本假设团体

在前面描述的团体中，成员焦虑与挫折时，玩弄指甲与闪烁眼神的表现似乎不能解释为工作团体的功能，那么它们是什么呢？比昂将团体中的情绪力量称为基本假设团体的功能。

基本假设团体便是想描述成员的情绪状态在团体情境中是如何地相互

影响，进而形成了成员在知觉和行为上的特定形态。虽然由心理机制的眼光来看，每一成员都在团体中有其心理机制的运作，但一团体在其动力发展的历程中却不一定都会出现明显的、可观察到的特定形态。原则上，当团体越大，成员直接面对沟通的机会越少时，成员对外界现实的试探就越缺乏检验。此时，个人对团体某些成员的投射认同便易与现实脱节而形成特定的知觉与行为倾向。团体中易出现的三类特定的知觉与行为有以下三类（Bion，1959）。

1. 依赖基本假设团体

团体成员倾向于由一个人（领导者或是被赋予领导功能的成员）身上去得到安全感及保护的感觉，团体的维持有赖于领导者所给予的关心保护以及物质与精神上的引领。例如，英雄式的、偶像崇拜式的团体，以神化的领袖来带领一个状似无能与愚昧的团体。

比昂相信，团体成员对领导者的这些反应正是克莱因所谓投射认同机制，领导者是接受成员投射的对象；投射认同与团体中易产生的反转移（counter-transference）是不同的。反转移是领导者经验到自己对成员投射出某种情感，而投射认同则是领导者在团体中有被操纵的感觉，觉得团体中隐然有一股力量迫使自己扮演某些成员幻想中的某一部分。在依赖的基本假设团体中，如果领导者并不能符合成员的期待，成员会另外寻找一位符合他们幻想的领导者。成员的贪心（greedy）与不负责任的欲望（desire），和希望自己更成熟及负责任的欲望之间常是冲突着的，而依赖团体正是成员贪心及不负责任的表现。比昂同时认为，宗教与科学之间的冲突也正像是依赖团体与工作团体两种功能矛盾性的一种表现。

2. 战斗/逃走基本假设团体

团体成员对团体生存的知觉反映在战斗（主动的攻击、寻找代罪羔羊）或是逃避及逃离工作（团体讨论时则以开玩笑、离题等方式出现）的行为倾向上，团体行为的特征是退缩、被动、逃避、反刍过去的历史等。

战斗与逃走像是铜板的两面，它们可能在团体中交替出现，也可能一种倾向较另一种明显。不过，不论是在战斗还是逃走倾向的团体中，个人都是次要的，团体的生存是先于个人的。在象征的层面上，为了团体的生存而战斗或遁走时，个人是可以被放弃的；在依赖团体中，软弱的人是有价值的，因为他才有能力驱使领导者来照顾自己，但在战斗/逃走团体中，软弱是可能被攻击的。适合这种团体的领导者是一位能动员团体进行攻击或遁走的人物，团体期待他能辨认出危险及敌人，他代表了勇气与自我牺牲的精神。甚至，他的性格中还应该带一点妄想的成分，即便是外在环境中并没有明显的敌人，他也会去找一个敌人。被战斗/逃走团体所接受的领导者，提供了成员攻击或遁逃的机会；如果他不这么做的话，他就会被团体所忽略。

在战斗/逃走团体中，恐惧（panic）是常浮现的一种气氛。比昂表示，恐惧、逃走及不可控制的攻击其实都是一件事。当愤怒（rage）在团体中升起时，恐惧便随之而来；若团体未给予愤怒与恐惧任何出口时，挫折感便油然而生。而"挫折"是基本假设团体所不能忍受的，"逃走"于是提供给成员一个立即的、方便的机会来表达他们挫折的情绪（攻击也提供了一条立即的情绪出路）。因此在战斗/逃走团体中，推动攻击力量的成员或者是淡化工作的重要性并促使团体远离此时此刻情境的成员，容易成为领导者。

3. 配对基本假设团体

团体中两个突出的成员相互表达对彼此欣赏的感情；两人彼此的呼应与支持使得其他成员变得被动，团体对生存的认知是寄望于再生产（reproduction），即等待另一位"解救者"出现来拯救团体。

比昂在文章中描述他第一次被配对基本假设的团体现象所吸引的情形：

团体中的对话被一男一女所主控，他们两人的表现状似其他人是不存在的。其他人在沉默中交换着眼神，虽然不是那么全然在一旁欣赏取乐，但却是暗示着这两人正在发生暧昧的恋情似的关系。我对团体其他成员的表现十分惊讶，因为这些成员的表现不像他们平日的敏锐；他们似乎有意地将舞台让给这一对！（Bion, 1959）

虽然比昂在这一次团体事件中观察到的主角是一男一女，但配对的基本假设团体却并没有必要是一男一女，它也可以是同性别的两个人，只要这两个人的对话及互动关系一扫团体中的"挫折"与"烦闷"，并带给团体希望与期待的气氛。

配对团体的主要特征就是团体中洋溢着希望与期盼，在成员的对谈中常会出现下列的话题：如只要结婚就会医好他的焦虑反应；或是如果团体治疗广泛应用的话，可以带来社会革命；或是春天时一切就会好转等希望的语言。在这样的团体中，大家谈论着未来的某些事件，其实是对当下的一种反应——"有希望的感觉"。维持这种"有希望的感觉"对配对团体及其"领导者"是重要的，因为与前面两种团体不同的是：配对团体的领导者应该是"尚未出现但是却被那些满心希望的成员所期待着的"。与战斗/逃走团体相反的一个现象，是配对团体中成员的"容忍"（挫折容忍）力很高，但这种容忍绝非是个人发展成熟的一种表征。

简而言之，配对团体的目标可以说是"再生产"——成员衷心的期待是为了弥赛亚或救世主的诞生而做准备。为了维持希望，新的领导者（救世主）必须是未出世的（unborn）（若真出生了，人类不就没有希望了吗？）。

从三种基本假设团体的描述中可以发现，它们的发生和形成均与个人在团体情境中对"生存威胁"的知觉历程有关。因此，基本假设团体的出现可以被视为成员在团体中生存挣扎的呼声，虽然它们可能并不真实（它们可能是成员知觉到的现实，却不等于真实）。总的来说，基本假设团体有下列两项共通的特点：

（1）基本假设的团体生命不是外在现实取向而是内在幻想取向的，事实上，它是原始冲动行动外化（action out）的表现。团体中对待探究（inquiry）的态度是缺乏耐心的，成员甚少检查自己行为的后果，大家的记忆与思考能力显得很弱，但对情绪却很坚持地固守着。

（2）基本假设团体的匿名倾向强烈，我们很难将团体的行为归因到任一特定成员身上。没有人会出来为自己的行为负责任；团体中的叙述都是模糊不明的，成员间的名字有时也会张冠李戴。

这三种基本假设团体对成员试图改变现状的新想法均是压抑的，因为改变对它而言是具威胁性的，所以它是维持"既存现状"（the status quo）的一种挣扎。

基本假设团体形成的心理基础是个体对权威的害怕。

在以上三种基本假设团体中，成员均共享一对生存知觉的心理基础：即与"我的生存和权威者（他可能是团体的领导者，也可能是团体中我认为高高在上影响我的人）有直接的关联，他会依我在团体中的表现来评价我"。为什么一个权威角色对个人的评价这么重要呢？这是因为在当事人的知觉里，权威在关系中的被评价，是和"我是被拒绝或是接受"的结果相等同连接的。这种对自我价值的知觉，是和个人幼年和权威关系者的相处经验有关的；每个人生命的最初十多年，均不得不强烈地依赖抚育他的成人（父、母或是代表抚育职责的成人），因而这个成人对"我"的拒绝或接受便直接地影响到"我"的生存。"他若拒绝我，我的生命延续都受到威胁；我害怕被他拒绝。"这种在与我视之为权威角色的关系中所潜藏着的害怕（害怕被拒绝），是在团体情境中影响了我对自己生存知觉的一个主要的心理动力因素。个体若想要在团体情境中发挥自己的力量以促进团体的发展，并希望能对其他成员之权威关系反应模式有清晰的察觉力的话，担任团体领导角色的人就不仅要能察觉到成员可能对自己（领导者）的情感投射和知觉反应，还要能进一步地协助成员在和自己的关系中厘清他对权威的不真实的害怕，以使个体能从这种害怕中解放出来，这时成员才得以学习在团体中做一个自主的、独立思考的个人，自在地和他人互动。

简单来说，基本假设团体经常地引诱团体领导者放下他作为领导者的工作角色及功能。不过，虽然基本假设团体对工作任务有所打断，它也不全然是负向的；如果领导者能擅自运用团体中潜在的情绪生命，它们也可以回过头来更动员成员走向工作。我们可以说，一个有效的团体是有能力驱使其基本假设团体为其工作团体服务的。赖希比喻工作团体像专注在如何睿智规划生命的一位态度严肃的父母，而基本假设团体则像贪玩或害怕的小孩，只想要得到欲望上的立即满足。

比昂特别强调的一点就是，工作与基本假设团体存在于任一团体的过程中，而且二者都是必要的。基本假设团体的存在是无须我们费力去催生的，它一定就存在那儿，但工作团体的进展则有赖成员的专注、技巧与知识的学习，以及能将创造性的动力组织起来。比昂对人们在工作团体中的能力持有健康与尊重的态度；他认为，只要团体能学习反观与研究自己的行为，并能对基本假设的团体倾向提出合宜的分析，就可以使成员的意识提升而不被幻想性质的"生存威胁"所主控。因此，比昂指出，团体经验的一大价值就在于它开启了人们对共享潜意识世界的觉知，并有意识地经验了工作团体的各种可能性。但值得提醒的一点是，他特别指出工作团体所需要的并不是大量的爱或温情，而是每一成员逐渐增加的能力，并以负责任的态度去运用自己的能力，为了共同的任务而努力。

六、团体发展的阶段

塔维斯托克的团体工作者依据他们的理论，设计了一种十分独特的实践方法——团体关系研习会（group relation conference）（见本章附录）。

通过对大团体及小团体的观察后，他们将团体发展的两大阶段归纳在表9-1、表9-2中（Bion，1959）。

（1）团体发展的第一阶段：依赖—权力关系（dependence-power relations）。内文请见表9-1。

（2）团体发展的第二阶段：相互依赖—个人关系（interdependence-personal relations）。内文请见表9-2。

表 9-1 团体发展的第一阶段：依赖—权力关系

各层面	分阶段(1)依赖—顺从	分阶段(2)反依赖	分阶段(3)解决
情绪的呈现形式	依赖—逃走	反依赖—逃走。成员之间的战斗，但未锁定目标。对领导者的不信任、矛盾的情绪	配对。强度与密集地投入团体的工作中
内容主题	讨论训练团体之外的人际问题	团体组织的讨论。例如，为了"有效的"团体行为，团体需要多少程度的结构性	对训练员角色的定义及讨论
主要角色	具有丰富组织或社会经验的自我肯定的、攻击性的成员	自我肯定的、反依赖及依赖的成员是主要角色。而较不自我肯定的独立与依赖的成员会比较退缩	自我肯定的独立者
团体结构	依据成员的过去经验而组成的多种次团体（multi-subgroup）	小派系形成：各派系分别由反依赖与依赖性成员组成，亦各有领导者及成员	团体重整以追求目标并建立内在的权威系统
团体活动	自我取向行为，且多属对最近各种社交聚会的回忆性叙述	意见调查机构的追求：如投票、设立主席、寻找"有效的"主题(内容)	团体成员取代过去认为是训练员才可以做的领导角色
催化团体运动的主要因素	领导者（训练员）拒绝结构化情境所需的传统角色，设立公平游戏的规则以及参与的规则	团体中最为反依赖及依赖的成员：他们对不确定的团体情境已能接受，但伴随着他们对领导者的不服从，成员为了逃避焦虑而形成团体	自我肯定的、独立性高的成员发挥着触媒的作用；他通过发动与设计某些事件使领导者"出局"，并因此将次团体混合成一个大团体
防卫	投射 对权威的否定		团体进入第二阶段

表9-2 团体发展第二阶段：相互依赖—个人关系

各层面	分阶段(1)喜悦	分阶段(2)失去欢乐	分阶段(3)相互协同的效度
情绪呈现的形式	配对—逃走 团体变成被成员尊重的偶像，而且不是不可分析的	战斗—逃走 焦虑反应，对不同团体成员的不信任与怀疑	配对了解、接纳
内容主题	"团体历史"的讨论，通常是对团体成员有益的、正向的讨论	分阶段(1)时的内容主题再次浮现：团体是什么？我们在这里做什么？团体的目标是什么？我个人需要放弃什么才能属于这个团体(团体要求亲密与情感投入的程度)。从对"自我私人领域的入侵"到"团体的礼物"的辩证过程中，建立社会行为的合适规则	内在评估系统(或一课程评估系统)的建立、成员角色及评估的讨论
主要角色	第一次对参与的重新分配；个人化被过度地凸显出来	最为个人化与过度个人化的个体；特别是反个人化的成员易成为主要角色	自我肯定的独立者
团体结构	团结、联合。十分容易接受建议。勒庞所描述的"群体心灵"可以适用在这里	成员资格重新结构成二相互竞争的次团体；次团体是由对在社会互动中的亲密程度具有相似性的成员组成。例如，反个人化及过度个人化的次团体。其实不论是哪一种次团体，私人的个人部分其实仍是维持在未给予承诺的状态中，个人是视情境需要而行动的	基于个人取向的人际联结减少。团体结构现在被预设为基于工作实质而非情绪取向的情绪需要而设定的。成员在重要议题上易取得一致性

各层面	分阶段(1)喜悦	分阶段(2)失去欢乐	分阶段(3)相互协同的效度
团体活动	笑、开玩笑、幽默。计划团体外(课堂外)的活动。伴随着"玩乐"活动，快乐被纳入体制中。互动及参与的比例很高	以不同的方式对团体进行非难：高缺席率，团体整体互动的中断或迟缓，时常出现团体意义感不足的话题，否认团体的重要性。寻求个人协助成员被团体拒绝	和其他人沟通自己的人际关系的自我系统(self-system of inter-person relations)。例如，对自我意识的觉察，对他人用来预测个人行为后果的概念系统有所觉察，以更贴近团体现实的说法接纳团体
催化团体运动的主要因素	成员因训练员拒绝与团体幻想"同流合污"而得到独立及成就感，发展或衍生出某些有效的沟通方式	团体失去欢乐是因为团体生命的幻想与期待。成员对自尊威胁的知觉促使团体依据他们所期望的亲密及情感的多寡而分裂。反个人化及过度个人化的个别成员用非难或否认进一步团体投入的方式来缓和焦虑的来源。子团体形成以逃避焦虑	因为外在现实团体的结果以及一课程评估系统的需要，在个别成员的领导下，团体试探与检证现实，成员在投入团体的前提下，降低了自己的抽离

此表资料取自1959年塔维斯托克机构所发行的期刊《人类关系》第9期。此资料的原始来源系一次为期17周的训练大团体的团体过程。

第二节 赖斯组织系统理论与团体关系训练模式

塔维斯托克团体理论的另一大支柱，便是以赖斯为代表的组织系统理论(a system theory of organization)。组织系统理论将比昂的团体理论与系统理论相结合，使我们得以对团体任一既存组织系统的维持及运作的作用进行分析。组织系统理论视任一企业整体或一部分都是开放系统；所谓开放系统的意思就是指该系统为了生存并得以和其外在环境互动、互换物质。大致来说，赖斯的理论包括两大部分：活动系统（system of activity）的概念与团体间交流（或称群际交流）（intergroup transaction）的概念。

一、活动系统

首先，赖斯视企业体或一组织为活动的系统，即通过系统的活动（输入→转化→输出）的过程得以完成一组织的任务。活动是指工作的单元；活动是可以被人或机器等其他工具所完成的。系统一词，在此处是指一系统中作为元素的活动，多少与系统中的其他活动相互依赖；而这一系统作为一个整体来说，又与其他相关的系统有某种独立性。因此，一个系统有其界线，这些界线使系统得以与其环境有所区别与分隔，也才使得系统得以由其输入与输出的差别而被测量（Miller & Rice, 1975）。赖斯将任一组织活动系统中的活动，依其功能区分为三类：

（1）操作活动（operating activity）：直接对输入→转化→输出过程有所贡献的活动。例如，皮鞋厂将皮革转化成皮鞋的操作活动。

（2）维持性活动（maintenance activity）：取得及补充生产操作活动的资源。例如，学校的总务工作、招生工作等。

（3）调节活动（regulatory activity）：使前二者及组织之内在活动与外在环境相关的活动。例如，工厂中的品管工作、学校的毕业考。

上面三类活动中，调节活动具有一特别的作用，因为调节活动的存在，才使得一个系统不同于"一堆"活动并保有其界线。调节活动与输出活动有关，调节活动使输出活动秩序化，以确保此过程之完成，并使系统作为一整体时是和环境相互关联的。调节活动的功能又需靠下面两类不同功能的活动合力完成：检视活动（monitoring activity）与界线控制（boundary control activity）。检视活动是一系统内的调节活动，它是用来确定操作活动是否达到目标。例如，木匠切割木头后，停顿一下检查方向是否正确，随即再进行操作活动，这种检视与修正的活动并不会停止生产过程，如图9-1所示。

图9-1　调节活动系统图

界线控制功能是指控制了系统与其外在环境间的输入及输出的功能；它是由一组发生在系统及其环境之界线上的活动来完成的，它是操作活动之外的活动，如图9-2所示。

图9-2　界限控制功能图

界线控制功能是赖斯最为倚重的一个概念。因为他认为，一个系统中，界线控制的功能与团体的领导功能具有相似性。

如前所述，在任务团体中，每一个成员工作角色所要求的是：必须在现实生活中完成工作，为了工作表现，他们必须理性地行动着；但在同时，他们的行动中亦出现着某些基本假设团体的倾向。赖斯由系统的观点对团体领导的功能做了一个重要的提示，他说：

领导者或领导的功能相等于人格的自我功能（不论团体是大还是小），领导者被团体要求的一项主要功能便是使团体的内在和外在环境相关联，即团体的领导者具有一界线功能，它控制了团体内在世界与外在环境的交流。领导功能并不一定是一个人完成的，在不同的时间、不同的情境，亦可由不同成员发挥这一功能。

图9-3中的虚线均表示基本假设团体。当基本假设团体发生作用时，一方面会对理性的工作团体部分进行影响，另一方面个别成员在团体外过去生命经验与人际的联盟也会侵入团体。

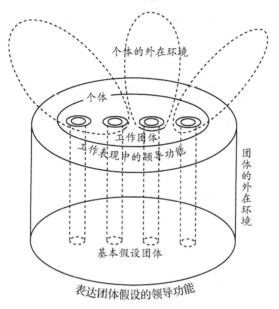

图9-3 团体内在世界与外在环境界线图

赖斯更进一步地用上面的图解，来说明"工作团体"与"基本假设团体"作为一团体的内在世界的两层面和外在环境间的界线。

赖斯的努力主要在于他将比昂的团体理论应用到组织系统中，从而看到了基本假设的情绪生命对"界线"的影响。如果我们将视野拉回到日常生活中任一组织系统中的团体经验，便会发现，除了在最上层与最下层的成员，绝大多数的成员都至少同时是两个团体的成员。因此，团体与团体之间的关系及互动就是一种非常重要的现象了，团体的界线亦随着各团体之间的互动而有所变动。

二、团体间的交流(或称群际交流)

任何一群人或是一个团体也像个体一样，有它希望被尊重、被看到的需要。为了生存发展，它也需要与外界(其他团体)发展互动的关系。当一个团体 A 选出一名代表和另一团体 B 进行沟通时，四个新的范畴就产生了：①A 团体与代表 a；②a 代表与 B 团体；③加入了 a 的 B 团体；④失去了 a 的 A 团体。当任一团体选派出一名代表出去沟通与互动时，该团体的发展有可能减弱，亦可能更为成长。主要的关键在于，当代表不在时，团体其他成员变得更为主动还是被动。赖斯指出任何团体间的交流与互动关系一旦设定后，新的界线随之发生，这些新的界线有可能强过旧有的界线。团体间交流的关系也有可能是破坏性的，因为它削弱了熟悉的界线。但是任一开放系统，为了生存一定得某种程度地深入与其他团体的交流。所以，团体成员不可避免地会面临一种两难的处境：一方面留在原来的界线内是安全的，所以想避免跨越界线的互动；但一方面，为了生存就一定得冒险和外在环境互动。图 9-4 就是四个团体各自推派代表而形成一团体(representatives group)的界线变化状况(Miller & Rice，1975)。

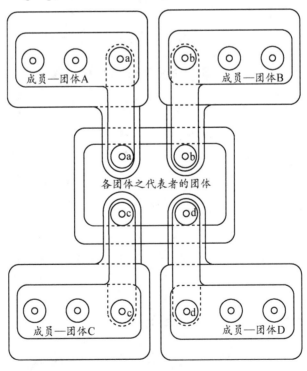

图 9-4　代表团体界线变化图(Colman，1975)

赖斯的概念使得我们对一个组织或大团体中的各小团体间关系变化，以及组织系统与环境的多种交流，得以进行分析。因此，赖希认为塔维斯托克理论在注入了赖斯的概念后，所设计的团体关系研习会为成员创造的学习经验像对"社会的一种反映"（a reflection of society）（Rioch，1975）。这时，我们再回头来说明一下"塔维斯托克团体关系研习会"的实际设计，就更可以了解比昂的团体理论与赖斯的活动系统理论是如何相整合形成一个大团体训练的基本模式了。

简略地说，"团体关系研习会"的设计，包括了：无结构性的小团体（8～12人）及大团体聚会时段、议题主导的工作小团体时段及工作小团体间互动的组织过程时段，再加上最后回顾团体经验及衔接实验性质的研习经验与成员真实生活的小团体时段（请参考本章附录的模式说明）。在这么复杂的设计中，团体成员在不同性质的活动中来往于大小团体之间，不只体验了比昂所描述的基本假设历程及工作团体历程的矛盾动力，也参与到一个组织功能系统的运作机制中；这种激发了个人心理、人际、团体，以至组织系统的多层面的大团体经验，却是任何小团体训练模式所无法取代的。

小　结

塔维斯托克团体理论和心理分析大团体理论，同样地借重客体关系理论，不同的是，在融合了赖斯组织系统与活动系统理论之后，塔维斯托克团体工作者建立了一套独特的"训练模式"。这里必须再次强调，比昂的团体理论及方法是一个侧重训练而非治疗的取向。另外，赖斯的组织系统及界线的概念，使得塔维斯托克团体工作者能对工业组织的运作进行活动系统的分析。

附录：典型研习会议模式的描述

塔维斯托克研习会议的性质，在赖斯所著的《领导的学习》(1965)一书中有最清楚的说明。为了能以具体实例来说明这种特殊的研习会议，我们有时会以 1972 年 5 月所举办的一次周末研究营中的团体历程为实例来说明。这一次的会议有特定的主题——探索团体处境中的两性工作关系——而会议的设计则十分清楚的是与塔维斯托克模式相一致的。

研习会议从一个简短的始业式开始。始业式以大团体的形式展开，这之间有某些仪式的层面(Rice, 1965)。它同时提供了整个团体共聚一堂的功能。在整个研习过程中，也会有几次是大团体共聚一堂来回顾团体的时间。因为此次研习会采用住宿式，所以某些重要的生活起居细节(如餐点时间)，可能在始业式中会被提出来，并且介绍了研习会的行政秘书给大众认识。至于研习会的目标，则以一种简短的叙述写在成员的手册或单张的活动说明上。这一简易陈述设定了研习会中团体事件的流程，咨询者甚少去重复说明它。成员被告知研习会的主要工作是探索潜在的团体历程，特别是那些和权威有关的事件，团体中也没有对一个人会学到什么有明确的描绘。换言之，鼓励成员为自己能由经验中得到什么负起主动的责任；而且，成员最好放弃能由工作者身上学到特殊的"功课"或认知刺激的期待。

一、小研究团体

小研究团体由 8~12 人组成。人数要少到是成员之间能够感受到某种程度的私人关系，而又大到能够使成员不必持续地感到自己必须要一直说话的压力。研习会议的设计者试图增加团体成员的异质性，而降低成员彼此间有正式或非正式关联的程度，以使团体能由原点起步。

小研究团体通常在开始仪式之后随即展开。这么设定的想法，是它应该构成第一个基本的团体事件，因为：

（1）它是研习会中最频繁也是最密集的事件。

（2）它通常是令成员最为焦虑的事件。

（3）这种面对面的团体能提供成员的一种原始团体的认同，而在有此认同后成员能参与之后的其他研习会事件。

在研习会课程表安排下，小研究团体在正式结束的前一段时间结束；研习会前四分之三的时间是小团体固定的聚会时间，而到最后四分之一的时段时，小团体便不再有聚会时间。如此设计的信念，是相信这种程序可使成员先有分离结束的经验，而这有助于成员有较现实的期望，并对整个研习会的结束有一较好的准备。这样的话，他不至于会一下子有同时失去小学习团体及大研习团体的感觉。赖斯及其他工作者更进一步地认为，研习会要在与成员在会外的生活有直接关系的团体事件中结束——应用团体与团体间事件（下面会说明）——这有助于成员完成一平顺而不突兀的转折，能由密集强烈的研习会经验回到日常生活中去。

典型的小研究团体的领导——咨询者，是研习会的工作者。通常他不给团体任何正式的说明或介绍，而只是在团体中等待成员发言与互动。保持这一沉默的原因，是希望建立与一般正式的工作团体所不同的团体文化。在一般工作团体中，领导者倾向于较权威的角色。另一原因是，因为研习会的根本目标就是在研究潜在的历程，而这已在开班仪式及会前大家收到研习资料时便发生了！

如赖斯所定义的，小研究团体的目标是"提供一机会来学习团体中所发生的人际生命"（Rice，1965），因此团体重视此时此刻的经验。个人的行为不可避免地被视为团体力量的一种表达。因此，所有咨询者的介入，都直接指向整个团体而非特定的个体行为；这一方法也不试图去解析一个人，让他以为他是因为具有和他人不同的特性，所以才在团体中发挥着特定的团体的功能性的作用。

在塔维斯托克的有关文章中，咨询者的介入通常被称为解释，这样的"解释"具有较广的用意，它涵盖了多种不同的陈述。

虽然咨询者的许多介入看来像是传统的解释，因为它们都是在探索某一特定行为可能的意义是什么。其他的介入则较倾向于行为取向，以指出团体互动中的明显行为，但不倾向去认定它们隐含的意义。例如，在一团体初期的某次聚会时，当团体成员经过了20分钟左右无伤大雅的闲聊后，领导者(咨询者)可能指出，团体对话的主题完全是团体外的事情，而没有一个成员说了任何与团体情境有关的事。当该领导者的介入，指向了对每一成员而言均十分明显的行为层面时，这一介入的潜在效果是使得团体对这些闲聊行为的防卫逃避性质有所敏感，即指这些行为是成员试图用来对付焦虑的防卫性逃避行为。我们可以再一次地发现，这里与个别的心理分析有一相当直接的平行关系，因为分析者的解释均指向病人或成员的抗拒关系及逃避，特别是在治疗的初期阶段。

依塔维斯托克的理论，大部分的研究团体在初期所经验到的抗拒，是成员们为了对抗自己在此时此刻对领导者的幻想与感觉而产生的。以赖斯所带的一个团体为例(1965)，当该团体成员以讨论最近发生的一件谋杀案开始他们的团体时，赖斯打断团体讨论并说，到目前为止，团体的讨论事实上使他(赖斯)变成了谋杀的对象，因为团体忽略了他的存在，并防止他去帮助团体更有效地追求它的工作。随后，在另一事件中，当一成员在团体成员一直逃避去面对他们的感觉而参与一些无效的挣扎活动后，用手拍着桌子大声说："好了，让我们清洗干净我们的甲板。"这时，赖斯说他怀疑甲板之所以要清洗是因为团体想与他打一仗，因为他拒绝以成员所期待的方式来领导他们。

大部分团体的初期活动，均试图要咨询者告诉他们做些什么。而作为该团体的领导者，赖斯并未满足这一要求，反而在他的解释中点出，团体的这一行为像婴儿似的试图逃避认真工作的责任。因此"作为一个领导者"，赖斯在他的解释中暗示性地指出，是每一成员都有能力做的特殊活动，简而言之，即对自己行为的原始资料能产生理性意识的一种意图。咨询者说："我没什么特别的把戏；我所做的只是反映了观察的力量以及运用自己的观察力量，以了解什么事情正在发生；我邀请你们也来运用你的观察能力及以和我相似的方式来从事理性分析。"在日常生活中的工作团体也有一相似的倾向——期待来自领导者的魔力，面对失败时对领导者的指责是对抗无助感的一种防卫，同时也视他为团体中所有好的感觉的源头。然而，在大多数工作团体中领导者所扮演的权威与管理的角色，以及将成员的注意力引导至必须完成的工作(如实施计划、完成预算等工作)的需要，都减缓了团体觉察到团体内这些倾向的可能性。小研究团体是十分独特的，像心理分析的情境一样，成员的注意力由外在刺激及事物，被带到平常未被探索的有关团体生命的资料上去，特别是有关感觉的部分。领导者在不去实现成员期待的情形下，去帮助成员更觉知到自己婴儿似的幻想，而这些幻想常粉饰着一般的团体。

在经过挫折与困惑的初阶段之后，成员通常从咨询者的冷淡中获益；团体成员集合性的心理生命部分，都是可被探索的(不管是多原始、害怕或是期待的)，这些探索都是"人类条件"的另一面相。另外，成员所流露出的任何有关自己的部分，均被解释成大家在团体中所共同享有的，而非某些有别于其他人的特点，这可帮助成员降低他们的自我防卫，随后成员可能对团体的率直坦白及自由随意开始有所评价。逐渐地，成员对领导者所带动的这种发展表达出非常正向的感觉。即使如此，领导者对分析了解的追求可是毫不含糊的，因为他将自我评估及自我肯定的需要，解释成对一事实的否定。这一事实便是，成员的经验基本上是一种混杂的经验，所有的学习和进步是不确定及不完全的，而不久又得为了团体结束的痛苦而有所准备。当领导者拒绝与成员一道来肯定及评估在团体已学习到什么的时候，领导者再次打消了团体的期待，而这种评估正是在组织的会议中常发生的。

在小研究团体中，有关学习是如何发生的描述，在塔维斯托克的贡献中并未明白指出。有关的文章，隐约地暗示着这些学习与心理分析中的改变理论近似。塔维斯托克的一个假设是：在一种"被赞同"与"结构"的需要被否定，以及在强烈的幻想及情感被煽动的气氛中，学习是最多的。通过咨询者非权威的催化行为，成员扭曲的知觉被抛掷到一个释放的历程中；

当感觉得以公开表达及被接受时，它们就不再那么令人害怕了！同时，成员经历了一领导者避免自己陷入全能角色的领导模式，虽然这种领导模式是较有限制的，但却是较有用的，能协助成员去观察、衡量各种可能性以达到合适结论的一种领导模式。

研究团体中获得的领悟通常是近似本能的，仅有个人才能体会到的。因此，它是针对当下情境的一种独特学习，而非"科学的"，是可被拟化至许多情境中的。如我们所看到的，学员并未学习到可直接应用到日常生活中的工作团体，有关团体行为的通则，但他却对可能发生在团体中的丰富、细微但复杂的历程有所体会。每一个团体有它自己特殊的问题，一旦它回到自己的组织之内，他就必须做自己的主人，而且将为自己做选择，来决定在团体中哪些特殊的张力是需要被干预介入的。

二、讲课

塔维斯托克研习会包括了一系列的讲课，可能一天一次。这些课程试图提供纯然认知的内容。通常这一系列的讲课分成两部分，第一部分是关于团体行为的理论，第二部分则是有关应用这些理论到真实工作情境中的论述。虽然这些讲课的目标摆明的是教导性的，但它们却也像传统教育取向与研习会强烈的非直接经验性取向间的桥梁一样，使得研习会的气氛稍微减轻了成员焦虑的程度。

在美国举办的研习会，特别是短期的研习会，倾向于省略了直接的授课部分。自从成员对这种经验性取向的研习会渐渐习惯，因而省略授课部分也是恰当的，因为成员也较少去期待他们会被学术性教室的形式来"被教导"。

三、大团体事件

与其他模式相比，塔维斯托克模式对大团体的特殊动力，有系统地付出了它的注意力。"大研究团体"的目标和小研究团体是相似的，只是团体由30～50人组成(包括研习会的所有成员)。因为团体是如此之大，所以它的过程要比小研究团体来得复杂。因此，一个大团体有两名被指定的咨询者。通常，小研究团体在大团体事件被介绍给大家之前已先有了几次的聚会，因为小团体比大团体更容易引导出成员对它认同的意识（Rice，1965）；这种认同，应能帮助成员减轻他对研习会的焦虑，同时为个人说明了团体生命的基本动力。在研习会中，会有几次的大团体时间；不过在接近尾声时，大团体的结束是设计在小研究团体之前结束的，如此成员才能利用小研究团体中较熟悉和一致的气氛，来度过在大团体中被激起时对忠诚的高度紧张与焦虑。

咨询者领导大团体的角色亦无异于小研究团体。他不做正式的介绍，因为成员已依团体的目标而自然地聚合成一大团体，所以他便等待某位成员开始大团体的讨论。如同在小团体中，他的介入主要采取观察与解释的形式。因此，我们下面的讨论将专注在那些小团体不同的动力呈现及运作的方式上。

赖斯(1965)对从小团体到大团体事件时某成员的情境是如何在改变的过程中，提出了现象学的分析。虽然不论是在大团体还是小团体中，只要是坦露与出现自己的现象，都毫无疑问地会有某些焦虑。但在亲密度较低的大团体情境中，这种焦虑感会更为强烈。成员在大团体中要有勇气发言可能会觉得有罪恶感，因为有更多的成员在竞争这一席之地。然而，也正是由于大团体可被视为增加紧张的来源，它也同时增加了成员通过匿名与隐藏自己来防卫自我的机会。因为任何人在大团体中的沉默是较不可能被注意和批评的。

冲击大团体的根本问题，是它要能以某些方式来界定自己以及界定个人与团体、团体与团体间，以及时间与空间的重要界线；这个任务并不容易达成，因为对这一大团体而言，要能产生成员所分享而能给予大家一集合性认同意识的共有经验是不容易的。例如，一项清楚界定的工作或目标，一个标语或鲜明的旗帜，或是一个共同的敌人等。再说，从研习会经验来看，触手可及的认同来源——小研究团体——却又是独树一帜地形成割据一方的局面。最后，大团体也就因为它的人数过多而更不可能如小团体般，能生产一致的、退化的自卫性策略以抵抗团体工作。所有这些因素形成的矛盾结果，使大团体时常被迫地绕着内部彼此争斗或分裂的部分，并以其为主题而进行着。如比昂所指出的，咨询者可对这一现象做如下的切实解释："看来只有在分裂时我们才能整合（Rice，1959）。"咨询者的这个解释却时常被成员听成一种建议——建议团体分成两个较小的团体以便利于管理及运作。接着，通常是另一小团体会发出反对这种建议的声浪，结果团体不必在形体上真正一分成二，但现在却在这一事件清楚地分成两股对立的力量。

如前所指出的，团体的分裂部分是反映了此团体的一个现实——它缺少一种清楚明确的内在和谐或结构。赖斯也指出，导致团体内这种分裂的心理动力因素，是团体成员对团体潜在的暴力与毁灭力量的恐惧。所以当团体被分化时，这一危险就降低了。至于这种害怕与恐惧是如何运作的呢？赖斯认为基本上是依靠投射的机制。换言之，因为大团体比小团体来得散漫和不容易清楚界定，所以它便成为一个更适合于成员投射出内心敌视的对象。所以大团体的易变与流动的潜能，为群众形成原始与无政府状态的潜力提供了某些现实的基础；而这种现象（原始与无政府的群众现象）是弗洛伊德试图创立团体心理学所低估了的。

四、团体间的互动练习

如前所示，小研究团体是整个研习会的第一个主要事件，再就是大团体。在大团体已聚过一两次后，小团体间互动的练习便开始了。这时，成员同时面对他的研究团体以及所有小团体一起参与的一大团体情境。通过团体间的互动练习，成员进入更为复杂的情境，这时，他必须成为一面对面的小团体中的成员，我们称这个小团体为"会员资格团体"（membership group）。会员资格团体与小研究团体的组成分子是不同的。这时，他得与其他会员资格团体中的成员开始某一种正式的协商。当团体开始与另一团体协商时，这种学习就被促动而产生了。这是在研习会中成员第一次面对一项工作，这个经验是小研究团体所没有的。现在成员必须得试着去和其他团体沟通，也就是此时，研习会议的生命开始更接近组织的问题及机构中政治权力的问题，而这些都与回家后的真实生活情境十分相似。

在早期的塔维斯托克研习会中，有关团体间关系的研究，是通过指定

"会员资格团体"这项任务来推动的。这项任务是要团体去填满研习课程表上预留的某些空白的日子。研习会的设计就只是告诉成员以他们想要的任何方式来分成小会员资格团体，然后这些团体要以某种方式来达到对研习活动所留给团体的四次聚会内容的一致看法。因此，团体的原始工作是计划这四次聚会，而同时成员的副学习将学习到——当团体围绕一项特定作业互动时发生了些什么。这是初期的设计，尔后，赖斯与其他人认为，如果这一项练习的主要目标是学习有关团体间互动的关系，它就应成为一个主要而非次要的焦点。所以在一开始形成会员资格团体时，给予某些一般性的方向后，指定作业是并不被明白揭示出来的。成员被告之他们的基本任务是"研究成员团体与工作者团体间的关系"。换言之，这等于是研究这整个研习会。面对会员资格团体致力于完成这项交给他们的工作，他们的决定将传递给其他会员资格团体哪些信息；在这之间，他们将设立政治的运作机制，以传送这些沟通以及团体间之互动做决定，这些都是成员必须面对的艰难问题。

为了说明这种练习是怎样被介绍给成员的，我们用前面提过的，以探究男女关系为主题的三天研习会经验为实例来说明。一开始，在简短的导向说明后，男、女成员便分别聚会。成员被告之在导向简介之后，工作者与咨询者将在一特别指定的房间内(一间房内有一个咨询者)，以便于协助成员完成团体间任务的工作表现。在这第一个时段里，成员的任务是：在他们之间形成团体，并当他们彼此互动时，研究团体间的关系 (The Institute for Applied Study of Social System, 1972)。成员有自由来选择进入已坐着某位咨询者的房间内以形成他们的团体，或是在某些其他的基础上形成一个不要咨询者的小团体。唯一的限制是，他们必须要在这些特别为这一练习而设定的房间内聚会。随后，由第二个时段开始，工作者在剩下的团体互动时段中，均自行组成他们自己的团体，待在一特定的房间内。对成员来说，如果他们邀请的话，工作者仍可作为单独的小团体或是两团体间聚会时的咨询者。换句话说，在小研究团体和大团体中，咨询者一直是在场的，但在团体间互动的时段中是否要运用咨询者，则是会员资格团体自由选择的。

成员在这时也同时被告知，如果一会员资格团体要让一位成员作为与他团体互动沟通大使或代表时，他有三种不同层次的代表位置：

（1）观察者的位置：这时他可以观察并获得有关其他团体的资料，但他不能以团体之名发表自己的观点及有所行动。

（2）发言人的位置：这时，这位代表可以团体之名传递信息，或是对一特定事件陈述他所代表的意见；不过，他不能自己任意修改团体的意见，也不可以在回到团体取得大家意见前采取任何进一步的行动。

（3）全权大使的位置：这位代表拥有弹性的协商权力，他被允许能以团体之名做决定及采取行动，而不必先回到团体以征求大家的同意。

现在，你可以想象，当会员资格团体试图建立一种结构以与其他团体来往时，会面对到的种种基本政治问题了吧！一旦其他团体的代表敲着一团体所处房间的房门时，即"跨过界线"（across boundary），团体便被迫得做一项基本的决定：是否要接受这一信息，以及是否允许观察员与可能的新成员参与团体的聚会。团体可能会决定在开门时设定一个"守门者"，由他来传递团体的决定给门外的人，但是即便如此，团体也必须要能建立起达到共同意见的基础。当团体派出一位全权大使时，团体要赋予他多大的权力就得先谈妥；一位全权大使有过下面的经验：当他代表团体在其他团体中做决议而承诺后，回到团体时发现，当他缺席时，团体决定不被他的所作所为约束。相反，有时团体会学习到它的发言人做出其职权之外的允诺。

当团体进行建构这种与其他团体协商的运作机制时，他们可能会将如何来实现活动功能的这一根本问题遗忘了。他们应不应该在研习会之前便设定邀请，要求一位女性咨询者在研习会中的地位提升到副主任的位置呢？应不应该形成较大的团体来讨论两性关系？由于此次研习的主题是两性关系，这些可能性便都在考虑之中。在理性理解的层次上，成员知道他们是可自由采用任何一项所想要的方案，并且得对自己的学习负责，但成员却也倾向于认定什么才是成功的工作表现。一旦他们如此认定后，某些成员就会试图设计令工作者高兴和喜欢的活动，而有些人则以逃避互动练习指示语的方式来反抗这个活动。然而不论有多么挣扎、不确定及令人害怕的事发生，会员资格团体仍都卖力地在接近它的任务，不由自主地就已在表现着它的任务了！因为由团体选择一代表的那时开始，它就已涉入某种形式的互动关系。不管一成员观察到了什么，只要他试图去由他的观察中做某些结论时，他就正在研究团体间的历程了。

会员同时也是自由的，可利用这一活动来学习会员资格与管理间的关系，因为由第二个时段开始，咨询者就形成一人独立于成员的团体。咨询者的团体是贯穿这一团体互动时段的一个团体，但其他的成员却是可自由地选择离开他们的团体，或是重组成新团体。成员可以随时去观察工作者的聚会。工作者能以两种明显不同的方式运作他们的团体以作为大家的模式：

(1) 它说明了做决定、代替权威发言以及感觉表达的某些可行的方式。

(2) 它可以通过自己的错误、盲点及中断等证明了研习会的领导者也与成员一样，易被团体过程的非理性力量所伤害。

如前所述，会员资格团体有随时邀请咨询者来协助自己的选择权。咨询者在团体互动活动中一个接一个离开工作者本身的团体聚会。但他们只有在当他们知觉到团体对咨询者提出的协助的要求有一合法、合理的需要时，他们才会答应去为一特定团体服务。重要的是，我们要记住权威与成员间的不信任可能会变成他们潜意识的目标——在要求咨询者时以某种方式打击他，以"赢"过他。如果程度再强一点，团体可能会觉得他们的咨询者在协助团体的时候，实际上是别有用心地想破坏团体完成工作的意图。更有甚者，因为工作者也可能被自己非理性的敌意及投射所影响，团体这些"妄想"性害怕(paranoid fear)可能也就偶尔地会被视为正当的了！

在既存任务的模糊、会员资格的挫折，以及工作者与成员间敌视的基础上，增加的紧张与困惑，发挥了时间空间的界线作用。工作者在团体间互动时段的开始及结尾，给予清楚有力的指导与规则，有些房间开放给团体间互动时聚会所用(以有别于单独一会员资格团体的聚会)。在我们参与这次塔维斯托克研习会中，成员的紧张被工作者对空间使用的限制以及突然又删减一间原本可使用房间的行为，刺激得高涨起来。成员的气愤高涨至某一程度时，一团体便以身试法，趁咖啡时间的空当占据了工作者聚会的房间；工作者回来后，他们仍拒绝让出房间。如赖斯所指出的，团体间互动时段像是一场游戏，它所引发的经验与成员真实生活中的组织经验十分相似。然而，所描述的行为说明了这场游戏引发了可观的情绪，多数成员也都一本正经地投入其中。

五、全体出席的回顾大会

回顾大会通常是在研习会结束的时候举行，而所揭示的目标只是对成员在研习会中的经验做一概述与摘要。这时，成员有机会一起来回顾与探索研习会团体的简短历史，回顾团体不同危机的意义，以及用概念资料来整合某些情绪主导的事件。一开始，工作者倾向于视回顾大会为大型的研究团体，咨询者解释着成员行为的潜在意义，但这一倾向逐渐因大团体事件的发展而降低了。因大团体事件已集中在了解大团体互动的潜在历程，所以至少在理论上看来，回顾大会应可以较直接地专注于总结及统合的功能上。

然而，在我们的印象里，暧昧不明仍保留着，回顾大会却看来以某种粗糙的、仪式化的方式进行着。这种冲突着实令人惊讶，因为在塔维斯托克的观点中，学习是在一根本上挑战到所有传统师生相待之道的方式中产生的。因此，看起来塔维斯托克模式的工作者，对舒服自在和直接地来满足这种挑战传统的学习需要，也是觉得有困难的。我们所观察到的回顾大会所出现的形式便是一个反映。例如，在两性关系的这次研习会中，咨询者对分享他在对其他研习会事件的解释上显得犹豫不定，特别是当成员想知道咨询者是如何来看前面团体中的冲突及危机时，他们反而限制了自己只对此时此刻回顾大会中的事件做解释。在我们所参与的这次研习会中，潜在意义解释的部分显得是不足够的。

六、应用团体

在研习会的课程表上，即便不是最后一个部分，也会在近尾声的一个时段中进行所谓"应用团体"。如其名称所指，应用团体的目的是在探索研习会中的学习可以如何应用到成员职业情境当中。因此，团体此时的组合以同质性为标准。例如，依相同的职业背景来分成数个小团体。以应用团体来作为研习会的结束，是想协助成员的情绪能缓和地转移到他的外在生活中去。

因为咨询者在应用团体中的出现，教导性与认知性的部分较强，所以与其他时段比较下来，成员常经验到一种近似"谄媚讨喜"的团体经验（Rice, 1965）。咨询者鼓励成员追忆对他个人有意义的学习经验，并将这些经验与生活及工作情境中相似的事件做一个联结。赖斯相信团体领导者并不需要对成员的专业领域及受雇专长特别熟悉，重要的是在于他能由成员的描述中捕捉到独特组织情境的某些意识，然后他便得以协助成员将自己在研习会中的洞察，与组织情境的特点做一个联结与整理。

我们所参与的这个为期三天的两性工作关系研习会，设计了一次应用团体来作为研习的结束。成员虽然还没能专注在研习会学习与工作间的关联，但他们的确以一种非正式及放松的方式，带出了对个人具有意义的偶发事件。咨询者依他自己的感觉来引导团体讨论，他介绍某些理论的概念来讨论团体事件及经验的应用性。此时，团体气氛已不再像小研究团体，而是近乎舒服的学术研讨会。

第十章　集体潜意识与社会变革

在这一章中，我要介绍的是法国社会心理学者马克斯·帕格斯的团体理论。1968 年 5 月(法国革命)以后，法国的人文社会科学家对研究人类现象的各学科的理论系统与方法，普遍地进行意识形态功能的精确检查。帕格斯便是在法国这样的一个富有批判精神的环境中展开了他对当代(特别是美国)的小团体理论的严厉批判。帕格斯认为训练团体"死于其口语表达以及在一团体情境中的感觉分析，即对在威权影响(指领导者)的参与过程进行分析的做法中死亡。"他同时提出过去 20 年中，在团体理论与实践领域中三个最重要的面相是：

  (1)非口语及身体技巧的大量被运用；
  (2)对集体防卫系统(collective system of defense)的分析；
  (3)对政治—经济—文化范畴理论的介绍。

非口语及身体技巧的层面与政治—经济—文化范畴的层面，则时而结合，时而相互排斥，造成了心理社会学中最大的问题。有关集体潜意识与社会变革的理论，正是试图整合这两个层面的一项努力；对集体防卫系统现象的分析是一个示例(Pages，1980)。

第一节　团体是什么

一、团体现象的界定

帕格斯对团体现象的描述迥异于英、美的团体学者，也同时反映出上述的整合意图。他对团体现象的界定，主要可归纳成下列三点(Pages, 1980)。

(一)团体现象坐落、发生在多向度的场地中

多向度在此有两层意义：①社会实体(social reality)的矛盾及可变性，均反映在团体内在的生命上，没有一个团体是孤立的，外在的社会实体绝对是会影响与渗透到团体内的。简而言之，团体是个开放的系统，社会实体的矛盾性及可变化性影响着团体。②任一团体，无论是其内在或外在的结构均是多向度的。这些向度包括了政治、经济、心理、生物及文化的面相；帕格斯用"社会情感结构"(social effective structure)一词称呼这些面相所形成的某种结构。例如，社会政治经济制度的维持及运作，依靠在团体中发生作用的信念系统(system of belief)；而该社会中的特权团体或个人，则有赖于在团体中发生作用的情感系统(affective system)，即团体成员在潜意识感觉中，或认同、或依赖、或敌视这些特权团体。团体中，这些涉及了人群经验的变革力量，都具有人类生命力比多的面相(libidinal aspect)。它们侵入了人们生活与互动着的社会场地(social field)，并激发了政治、经济以及文化的变革。

(二)团体现象得以被揭露与认识，得通过团体变革的一个改变历程

团体中并没有一种中立、中性的行为，团体中所出现的各种动力及方向，是成员在意识与潜意识层面上的目标。团体现象暴露了成员意识与潜意识目标的表露与冲突，也唯有通过冲突，成员对自我真实目标的意识才被解放出来。

(三)团体中存在着感觉的集合组织

帕格斯用"感觉的集合组织"来表达团体经验中存在一个横断时空的向度；他认为这个向度，即感觉的集合组织，由两个层面组成：

(1)潜意识防卫系统(the unconscious defense system)。这是与比昂的基本假设团体相似的一个概念；人们在日常生活行动中运作着的潜意识防卫系统，是一个与社会政治、经济、文化等其他结构相结合的

感觉结构层面，这种结合是为了维持一个社会某一特定的生活框架及社会组织。

(2) 人类被压抑及被控制的集体性欲望及目标(the collective desires and aims)。帕格斯认为全球的人类都共享这一欲望及目标，也正因为这一共享的欲求，人类关系才有可能有一全球性再组织的根源。下面便针对团体理论的这一中心假设，做进一步的说明。

二、潜意识团体目标的存在

对团体中常易出现的"成员对领导者的对抗现象"进行潜意识集体经验的诠释。他认为，成员对训练员或领导者的抗议是生命的欲望对抗生命窒息感的一种斗争，它反映了人类企求生命、影响力及行动的欲望。团体中的这种经验，多半是一种欢乐、快乐但掺杂着焦虑的经验。帕格斯"潜意识团体目标"的中心假设，有下列四个重点。

(1)每一个团体均有一潜意识的自主目标。所谓"潜意识自主目标"，是指团体成员想要对自己生命的所有面相(不论是愉快或痛苦)负起责任来的欲望或意图。这种自主目标并不因不同的意识形态或成员资格的要求而受影响，换言之，它是独立存在的。

(2)潜意识自主目标展现在个体的行动以及人们的互动之中。当个体表达了他自主的欲望时(或是以集体行动的方式出现)，便不可避免地会导致与他人关系中的矛盾性。

(3)潜意识自主目标同时是一个没有界线的团体目标，因而它也是使得个体无法完全整合的一种团体结构的根本特质。团体结构会被人们彼此之间偶发的、弹性的、自由的个人联结所松动或取而代之。从这个观点来看，它是一种反组织的目标(anti-organizational aim)。这种反组织自主欲望，不会被团体既定的结构、社会控制系统、意识形态的理由或是增加团体黏度的心理防卫的聚合所限制。

（4）潜意识自主目标也同时是一种"力比多—性秩序"（libidinal-sexual order）以及"政治经济文化的秩序"（political-economic-cultural order）。也可以说，潜意识自主目标深入了人类全部的社会场地，而且它由一开始是有限的、压抑的形式，提出它对既存社会关系模式的挑战，并进行改变。

帕格斯对潜意识自主目标的认定，使他由社会变革动力来源的角度重新界定团体实体。

三、团体是变革发生的真实场所

团体绝不只是存在于人们的幻想中，而是存在于现实中。团体是以下图中两种相互矛盾的力量而存在着的。我用图 10-1 及图 10-2 来归纳帕格斯对团体矛盾动力的理解。

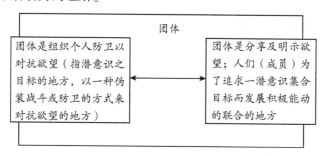

图 10-1　团体中的矛盾力量

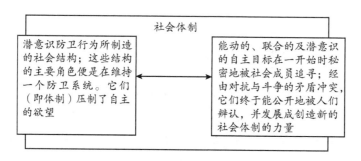

图 10-2　社会体制的矛盾面相

不同团体中皆存在着这两种相互矛盾且各自运作的力量，当它们扩展、延伸到社会中，便形成社会体制的两个矛盾的面相。

团体及社会体制中相矛盾力量的展现及发展，需要个体有能力对自己生命的两种体验有所认识并联结：①对自己潜意识自主欲望的体察与肯定；②对毁坏及死亡焦虑的觉识；③对他人的自主欲求及死亡焦虑的觉识。

最后，帕格斯特别强调他的团体理论与心理分析理论的分界点，从而对"团体是变革发生(甚至是为了变革而准备)的真实场所"做了下面的分辨(Pages，1980)。

无论对防卫系统的分析是多么称职，但它若未能认明人们自主需求的这种集体性与社会性的本质，而只描述它是家庭历史、团体历史或社会历史的话，我们便只是对它的防卫系统进行描述而已。依我之见，这样的知识会误导并扮演维持既存政治、经济、文化及心理结构的主要角色。

我们可以看到，帕格斯是不愿意他的团体理论只停留在描述既存现实的层面上，他试图建立一种回应人类自主欲求及社会改变动力的团体实践理论。为了达成这个目的，他一方面严厉批评个人主义倾向浓厚的小团体理论与激进的体制革命论；另一方面，他对人类潜意识经验的意义与作用做了更进一步的探讨。

第二节　团体中的集体潜意识

一、社会幻想与非口语语言

帕格斯认为，人们的非口语沟通能使我们更直接地了解与接近"被压抑的冲动"，团体也常使用非口语沟通来表达他们的潜意识的需求。在团体中进行非口语游戏或活动，常使参与者能以一种更清楚的态度表达自己。对个人而言，非口语的表达具有保护及冲突的双重功能。

（一）保护功能

当我们使用非口语的表达方式时，我们可以说"它只是一场游戏"，因为它可以逃避口语沟通的一般规则。

（二）冲突功能

当我们使用非口语沟通时，它表达了我们对社会所接受语言的一个反击效果。正因为非口语沟通的保护与冲突的功能，所以被社会所压抑下来的冲动才能在非口语的沟通领域中被释放出来。这使得人们非口语的沟通中具有社会幻想(social fantasy)的性质。

与美国加州身体运作学派(以舒茨为代表)不同的是，帕格斯对人们在团体中非口语信息的解释是不从个人身心与人格等个人化的概念去解释。他认为团体中的非口语信息是团体中潜意识自主目标的一种隐藏性的表达。这涉及帕格斯对一个社会团体自主性团体目标发展的一个重要看法。帕格斯认为，任一社会团体的自主目标在要能转化到成员的意识层面并可用口语表达之前，会先经过一个"史前团体"(prehistory of group)过程。在这一时期，团体的自主生产主要是靠想象的，是用身体、非口语作为表达的工具(途径)的；换言之，当团体成员在缺乏对既存社会关系结构有任何直接的通路时，人们只有先通过非口语的表达透露出被压抑的自主需求。因此帕格斯强调，对舞蹈、音乐、绘画等艺术媒介的运用，不应落入加州个人主义取向的学派路线上，而应注重如何通过非口语的媒介解放整个团体的活力、能量与潜意识的自主需求。他认为，这些非口语的媒介均可以成为团体中的自发运动及行动；同时，他认为"舞蹈"是最有效的媒介转化工具。

二、团体的迷思与迷思的团体

在人类的历史中，团体常易被夸大、被神化，如义和团的神力及牺牲奉献的教士团体。有的学者称这种伴着特定情结生命的意识形态(如牺牲奉献的信念系统)为团体的迷思(神话)，但帕格斯认为这些迷思其实正是团体与社会的共同产物。团体迷思是成员集体潜意识中所操作着的防卫系统；从这个角度看，它是集体潜意识所产生的内在行动。但同时，团体迷思所代表的信念系统或意识形态，正是限制人们潜意识驱力的社会压抑机制；从这个角度看，它是社会体制所生产的外在行动。因此，团体迷思是团体内在与外在行动相结合的结果。

前一部分曾提及，借助非口语的媒介，人们得以在想象或幻想中解放了潜意识的自主需求；这种创造性的幻想和这里所谈的团体迷思是截然不同的。团体迷思是一种防卫系统，这种防卫系统与团体中既存的政治、经济、文化结构，形成了整合得相当好的结构性单元。团体的这一社会情感性结构是会抗拒变革的；在团体发展的过程中，创造性的幻想有可能对团体迷思带来威胁与冲击，并取而代之。

三、死亡焦虑与防卫

当帕格斯对人们潜意识自主渴求加以肯定时，也就暗示了自主渴求的对立面——死亡焦虑（破坏的可能性）的存在，即当人们分享彼此的需求并致力于建立一种新的联结时，人们也极可能展现他们破坏性的潜能。在这里，他接受心理分析对死亡焦虑的观点，但也提出了他的批评。

按心理分析观点的说法，死亡焦虑是一种被阉割或吞食的害怕，它的来源是个体对破坏性父母形象的幻想，特别是在被强烈压迫及压抑的情境中，这种害怕会主宰潜意识。帕格斯认为，心理分析观点所指出的这种害怕（阉割或被吞食的恐惧）是一种次级与部分的防卫系统，它们是社会制约的结果。帕格斯对死亡焦虑的性质及人们为了对抗焦虑而衍生的原始防卫系统，做了进一步的说明。

首先我们要先分辨"死亡焦虑"（anxiety about death）、"死亡渴求"（desire for death）与"死亡恐惧"（fear of death）这三个概念。依帕格斯的看法，死亡焦虑是对生命渴求所暗示的死亡（或毁坏）的危险有所意识。这里的讲法是生之渴求与死亡的危险（可能性）是并存的。当个体允许自己表达及追寻生命自主的渴求时，会意识到死亡（毁坏）的可能性；这种对死亡的感觉或意识，就是"死亡焦虑"的本质。倘若个体拒绝面对这种焦虑，就会导致"死亡渴求"与"死亡恐惧"的出现。换言之，死亡渴求与死亡恐惧是为了对抗死亡焦虑而形成的防卫部分。当人们未面对焦虑时，焦虑便转化成恐惧。帕格斯描述，这一焦虑转化为恐惧的原始防卫系统由一个双重过程所组成。我用简图(图10-3)来呈现他的概念。

对帕格斯而言，原始防卫系统是力比多和社会系统的中介者。在日常现象中，我们不难发现个人对那些压抑自己与导致人际疏离结果的社会结

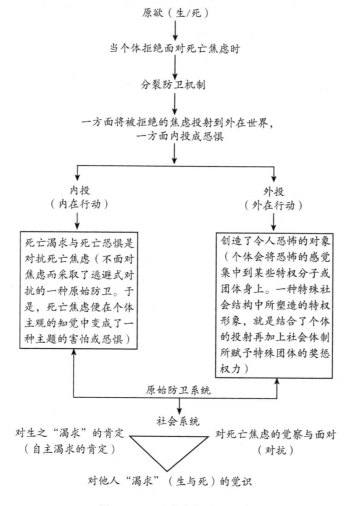

图10-3　死亡焦虑与防卫系统

构，不但不去反抗它，反而在情绪上表示出依附的情感。前面死亡焦虑的投射机制，或多或少地解释了人们这种状似矛盾的行为特质。

帕格斯对死亡焦虑的正视，也清楚地反映在他对"改变"的概念中。他认为改变的发生得依赖个人建立起下面三种觉察之间的联系：

> 个体唯有在认清自己的渴求及焦虑之后，才可能真诚地与他人接触。帕格斯的这一概念，可以说是"本体起源"（ontological origin）的说法，即一个孩童或一个团体所经验到的恐惧，在本质上已是一种防卫系统。在成长的初阶段已经建构了一种防卫系统来对抗个体潜意识本体起源（unconscious ontological origin）的害怕；而团体中或个体生命中所经验到的恐惧或死亡的渴求，正是这种防卫系统的运作。接着，帕格斯进一步提出他对社会结构与人们这一原始防卫系统相结合的观点，以支持本体起源的说法。

四、概化的恐惧与体制暴力

如果帕格斯不能在"潜意识自主渴求"与"死亡焦虑的原始防卫系统"概念与社会结构及体制面相之间做某种联系的话，团体现象的集体潜意识经验与社会改变的理论就不可能形成了。因此，帕格斯清晰地指出，社会结构对人类原始防卫系统的干预如何反映在团体发展过程的某些现象之中，下列是两种常易观察到的现象。

（一）概化的偏执与混乱（Generalized Paranoid and Chaos）

帕格斯由所观察与带领的团体经验中发现，团体发展到某个程度，传统的权威角色（如政党及教会的领袖）不再是团体中对成员具有威胁性的人物或不再成为攻击的靶子；这时其他的成员在某种程度上都变成具潜力的攻击者。团体不再有任何僵硬不可变通的规范，也没有被整个团体所攻击的权威。权力分解成多个分散的中心；没有任一个次群体能主导全局，虽然它们彼此会试图去影响对方。这时，团体内存在着一种能动性强与创造力丰沛的状态；人们原始的自主渴求集结凝聚、彼此的概念与态度相互撞击。毫无疑问，团体成员一方面在偏执与混乱中释放自己对权威的攻击性并分享权力的分散时，而另一方面却也正是个人与团体改变的可能性上升到最高的一种状态。

（二）体制暴力与恐怖(The Institutional Violence and the Terror)

在这种案例中，一个团体领导者的位置受到威胁。这时，领导者的恐惧极可能掩盖或取代了团体成员的概化恐惧，情况转变成领导者用对抗、压制的手段来保护自己。这就是为何当团体中的个体公开表达他们的自主渴求时，革命的领导者可能比传统的领导者更为强硬地压抑，甚至镇压这一团体。团体的成员如果坚信领导者必须有责任及能力来保护社会使其免于混乱，这种不真实的信念，会使得团体更不可能面对及因应领导者心中恐惧及强硬的打压做法。这种领导者的恐惧转化为体制暴力与恐怖主义，常是并存的一种团体现象，如图 10-4 所示。

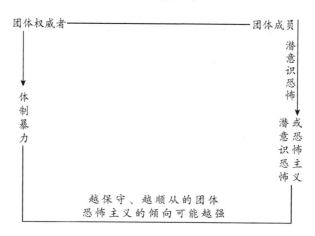

图10-4　领导者的内心恐慌与体制暴力的转化机制

恐慌(terror)是潜意识的害怕以及谋杀他人的欲望，是对死亡危险的一种拼命的否认机制(a desperate denial)；恐怖比偏执(paranoid)更为暴力，而且是集中在权威者身上。

当团体面对体体制力的时候，前述概化的偏执及混乱的倾向可以发挥一正向的作用，因为它使得团体得以在一共同目标上工作，个人能有效地对抗体制暴力。当然，恐怖主义的可能性也同时存在于团体中。帕格斯认为，这种以偏执、混乱对抗体制暴力的阶段是社会重组的必要阶段。于是，在一个社会变革的过程中，人们要能发展策略结合生物、心理、经济、政治及文化等层面以解放被潜在抑制住的社会混乱（能动、活力充沛、多产、富创造力的社会阶段）。

第三节 团体工作与社会变革

帕格斯对团体工作所发出的一个强而有力的诤言是，他认为团体工作有必要为社会变革打开一条理论与方法论的道路，而过去团体工作的各种模式充斥着两极化的矛盾，心理社会学者的首要工作，便是面对这种矛盾并学习如何辩证地来对待这些矛盾。他指出了下列五组矛盾。

一、生物心理取向与社会政治取向之间的矛盾

生物心理取向的代表者为美国加州生物反馈、完形治疗及会心团体学派，社会政治取向最极端的代表则为极左派政治运动与体制分析。这两种取向已建立起来的技巧及因走极端而造成的错误，被帕格斯清楚地指出来（表10-1）：

帕格斯强调心理社会学者的首要工作是——避免分裂而去整合以上两极端的走向；因为力比多与社会政治这两类刺激在人们的现实生活中原本是单一的一个整体，只是学者专家把它们分开了（因为分析的方便）。

表10-1 两种取向已建立的技巧及错误

	生物心理取向	社会政治取向
极端代表	加州生物反馈、完形治疗及会心团体学派	极左派政治运动与体制分析

已建立的技巧	短时间内使个体能正确及强烈的解放了生命早期(婴童时期)的冲突;而这些冲突通常在传统分析中要经过几年后才会浮现出来	揭露社会冲突:对压抑个体的体制进行斗争
造成的错误	由个人主义、个人化的治疗观点出发,不允许团体自主性地去证明它自己的能量,更甚少应用到对外的社会行动上去。时常伴随着"回到自然的意识形态及东方的平衡与智慧的迷思"。他们逃避与工业社会对抗,也对每日的劳工等受压迫阶层采取漠视与不攻击的态度	低估了生物心理范畴对人类行为及社会体制的影响;对人们潜意识经验及防卫系统未投注应有的认识

二、行动与分析之间的矛盾

这一组矛盾,主要显现在传统心理分析与生物心理学者或政治极端主义者之间。传统的心理分析学派在分析的架构内界定着人们的行动;心理分析者则保持其神圣且舒适的中性位置。对当事人来说,他的社会行动力,其实是非常有效地被阉割了。相对于心理分析对行动力的阉割,生物心理学者与政治极端主义者却过度重视行动而轻视分析。比如,美国有某些极端的政治激进主义者对"智性"的分析十分蔑视,而倡议不断的行动、斗争是最重要的。但他们的这种视分析为抑制行动的做法不过是将行动从分析中逃离出来的一种反应。这种反智倾向的问题是:这一位置,使得个体对自己行为中防卫系统的作用,以及社会结构如何被人们内化的历程均无法意识到,我们甚至可以说这是一种盲动或激进幼稚主义的方式。至于生物心理学的个人主义取向的身体运作等团体,也常落入过度强化参与经验,任由感官经验主导方向而排斥智性的分析。帕格斯批评这种导致行动与分析两极化的做法,说道:

行动与分析在任一改变的历程中,都非彼此排斥的两件事,甚至它们是相互支持彼此的,并且以循环的关系相互关联着。否则,行动

便只是遁入想象世界的逃避而已。这样的行动是和团体的真实生命相矛盾的。(Pages, 1980)

团体的真实生命及其改变历程，正是行动与分析辩证前进的一个场地。对从事团体工作的改变中介者来说，提出切中要害的"分析"正是他们的任务，但同时他也是一个"行动者"以及能催化他人行动的人。换句话说，改变中介的角色本身就具有矛盾性——颠覆及压抑的角色矛盾。所谓角色中压抑的面相，是指当一改变中介者是社会力量的一个中介的代理人时，他们所持有的概念及方法论的工具，一定在某种程度上支持着既存的结构，否则他不可能是其中的一部分并成为代理人；但同时他的目标却是转化既存现实，他是不可能放弃这一"颠覆"的任务(若放弃了，他就不是一位改变中介者了)。所以，倘若他否定角色中压抑的这一面，他就会变成煽情与泛政治化的组织工作者；倘若他否定颠覆的一面，团体领导者或是成员会带领团体遁入理想化或简化的变革蓝图中，并且拒绝团体分享权力。

正因为改变中介者的角色具有这一颠覆与压抑的矛盾特性，所以帕格斯认为，只有那些在改变过程，经得起在矛盾对应的过程中，实验自己的角色并转化自己人格的人，才能推动与掌握团体变革及发展的脉络。

三、安全需要与变革需要间的矛盾

由集合性防卫系统的观点来看，体制化(institutionalization)正是将一个特定社会中人们集合性的防卫系统纳入社会结构的过程。集合性防卫系统与社会结构之间平衡关系的维持，亦是体制化的重要功能。社会变革的历程，并不是指防卫系统或社会结构可以被全然地消除，而是指二者间平衡的关系发生了变化(平衡不再，但多少仍是稳定的关系)。这种关系改变的动力，主要靠人们对自己潜意识渴求的觉察与开发；而与潜意识渴求运作同步发生的，会是人们经验到改变可能性与安全极限间的矛盾张力。对待变革的一个主要问题，毫无疑问的是正确地认明这些限制，高估或低估都不成。

团体成员对他们自己改变渴求或安全需要的高估或低估，均会导致个人或团体发展的停滞。面对这一涉及变革的根本问题，改变中介者所能贡献的就是——意识到自己在一情境中安全感的极限，以及这些极限的改变会如何带动情境的变化。帕格斯并不是说改变中介者本身安全感的极限是和团体成员所知觉到的程度是一样的；团体可能比改变中介者更激进或保守，但不论团体是激进或保守的，改变中介者都是通过自己的行动，展现出什么是对自己可能，什么是不可能的信息来协助团体，也就是说，改变中介者在口语或非口语的行动中清楚地告诉团体成员他自己的位置及冲突。帕格斯对改变中介者功能的认定基于他的一项假设（Pages，1980）。

改变中介者是这一情境真实的部分，他通过自己被压抑的冲动与被压抑的改变（指安全极限）在行动中的揭露而带动了团体的改变。对这一改变与安全冲突的否认，不论这一否认发生在情绪或政治层面，都会是变革的阻碍。

因此，改变中介者的工作便是去降低自己否认（逃避面对）矛盾与冲突的倾向，允许团体协助自己进入他们的冲突，也协助团体面对这些冲突。

四、小团体层面介入与大团体①层面介入的矛盾

在现实的情况中，改变中介者常具有介入影响的机会，是在较大与复杂但又十分受限制的团体之中。在这些大团体中，"去人格化"（depersonalizing）的气氛十分强烈，去人格化的机制常形成一种暂时性的防卫系统并产生横跨组织的压力；这种防卫系统切断了社会群体单位间产生联系、行动与分析并借以穿透团体的机会。另一相反的陷阱是将大团体分成了小团体，并以一种军事化的方式带领他们攻击主要系统；但如此一来，却也同时崩解了成员的精力以及自己发生行动的可能性。帕格斯用下面这一段传神的描述说明了改变中介者的作用：

---

① 大团体包括企业组织、全球性民众组织、班级团体、少数民族团体，以及尚未组织起来的群体。——作者注

改变中介者应在封闭团体中打开门窗，而且特别要关心且进入那些自己打开门窗的团体。他应该接受被分割与需要重组的事实，但他不宜跑得太快、超越了安全的限制。（Pages，1980）

五、训练与现场中介入的矛盾

最后，帕格斯对"训练"的工作方式是否能真正解决问题提出质疑。改变中介者所提供的团体训练（特别是在心理学、心理社会、社会心理分析及生物反馈）建构了一种一般性的方法论（有关互动、沟通、正视我们的话）。但是，这些技巧不论是多么熟练、细微与广泛地被运用，它们真的可以带来有意义的改变吗？都市问题、工作问题、政治权力问题等有所改善吗？

帕格斯并不是否定这些训练的方式，但是他认为团体工作者应将这些方法加以延伸发展——"更直指明确的社会问题，并且将焦点放在训练与准备针对特定社会问题所必需的行动上"。最后，他用坐标图来区辨自己的团体理论与其他团体理论的分别（见图10-5）（Pages，1980）。

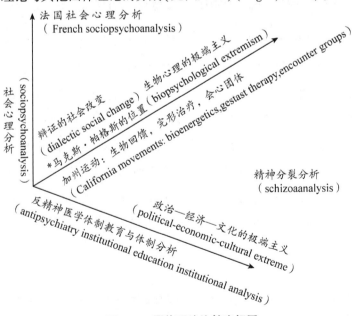

图10-5　团体理论比较坐标图

"生物心理的极端主义"运用密集性非语言活动致力于性欲求的解放，这一取向在鼓励人际情境中全然表达欲求的同时，降低了心理学者对情绪与力比多投入的分析。在这样的团体中，个体层面的工作能力受到限制，而且团体的政治、经济及文化的范畴被隔离成"秘密"或其他"神秘"性的事物。

　　"政治—经济—文化的极端主义"则视社会结构的变革为最主要的工作。它抑制分析性活动、鼓励、颠覆社会体制的行动（只在社会政治的层面上）；它尤其以大型的体制化团体为主要工作对象。它加速了改变中介者政治投入的程度，同时掩盖了心理生物的因素。

　　"社会心理分析取向"则看重对个人与集体幻想及防卫系统的分析。它并不鼓励在分析架构之内的任何行动，并称这些行动为"行动外化"。它强调对人们心灵组织做理性控制（a rational control of psychic organization），而否认渴求具有解放的功能角色。在这一取向中，分析者之间有清楚的界线，他们之间存在一种稳定的权力结构；分析者要控制住自己的情绪及政治的投入。

　　最后，帕格斯给自己的定位是辩证或多向度的改变取向。它和精神分析平行，但较接近社会心理分析取向。它一方面承认而且试图推动集体潜意识的同时有性及政治的本质的解放角色，另一方面看到了对防卫系统及压制自主渴求的社会情感结构进行分析是很重要的任务。所以，帕格斯的批判性观点是针对英美团体的分析工作理论，他指出了前述所探讨的问题，并强调了团体现象所内含的社会改变的经验质地，团体的工作方法亦不应回避社会冲突与社会改变的主题。

第十一章　社会生活中的群己关系

　　自 1987 年至今，除了中间停顿了四五年，我每两年便在台湾辅仁大学大学部开设让学生有体验大小团体过程的"大团体动力实验室"课程①；除了台湾辅仁大学心理系外，我也在芦荻社区大学开展过数次这一课程。2002 年，我开始在"快乐学堂人民连线"（简称"快连线"）设置这一课程②。这门课陪我走过 30 余载与台湾大学生相遇、相熟的心境及历程，伴随着我于过去 30 多年在台湾社会的参与和体悟（夏林清，2005，2008，2009）。欧美近代心理学所发展出来的大小团体方法，被我落回置于"社会生活"与"群己关系"的概念中。这就是说，我在不同操作形式的团体方法中遇见参与到不同社会活动中的人们，与他们所存在的社会条件和身心构形的样态相遇，容不得我只是漂浮于工具性地抓着所谓"团体方法"。在大学校园之外的工作场景中，在团体与社群经验的现象场中，工作者被挑战与要求的是：如何"随顺众生"地，在研究现场中研发出下一程的社会活动与方法进路；在大学里，则是在课程结构的限制中，在与学生一起体认"大学生日常生活"的某些折射影像时，引导他们认识团体方法的要义。这篇文章是我在"大团体课程"的空间中，对台湾当代大学生的一个侧角掠影式的勾

---

　　① 团体动力与方法是欧美心理学领域中的工作方法之一，20 世纪 40 年代库尔特·勒温于美国成立团体动力研究中心后，伴随 60 年代人本心理学的发展，有各式各样的工作模型，大团体方法则以英国塔维斯托克诊所为一重要的研发组织，比昂为主要带领者，赖斯则在美国推动了这一包含了大小团体运作形式的讨论会方法。

　　② "快乐学堂人民连线"成立于 2010 年，是不同领域的人们共同支持而成立的学习园地，夏林清是主要创始推动人，并于"快连线"内设立"社会学习学院"。"社会生活与群己关系"已是这一小小学院的一组课程的名称。

勒，同时也是社会科学的教学即在地化教育实践的一个示例笔记。

一、"基础"与"应用"之间的大团体动力课

在台湾升学制度筛选机制中，被输送到辅仁大学心理系的年轻人大约有几个来处：

(1)在大台北都会区升学率中上的学校中，考试成绩中间或偏低，但从高中就渴望自主，而无法被考试驯服的中学生；

(2)中南部公、私立高中或向往台北都会氛围与知识文化动机或想离家(父母)远一点来发展自己的学生；

(3)在高中就锁定要念心理系来搞定自己的学生(到1996年多元渠道使用后，这类学生增多)。

那辅仁大学与心理系又该有什么特点呢？

1961年，台北辅仁大学复校；1972年，心理系成立。辅仁大学是一所1927年由辅仁大学学堂转设成立的、有历史的大学。在我年轻的学生时代(20世纪六七十年代)，一般社会大众印象中的辅仁大学，是学费比较贵的，是有着和善的神父与修女的教会大学；1978年，我开始在辅仁大学学生辅导中心工作并在心理系教书后，才发现学生群中，来自劳动家庭的学生并不在少数。他们都是在台湾工业化与现代化发展进程中，一生辛苦劳动，由农转工的劳动父母省吃俭用培养长大的孩子。

认识了这些背景，促使我思考要开什么课。因被排除于师资培训机构外，不宜叫教育心理系，辅仁大学心理系便于1978年更名为应用心理系。这一更改系名的变化，使得看重务实应用的需要被全系师生意识到。在当时的氛围中，系上开课极富开放实验性。我所开的"大小团体动力""家庭关系与个人发展""社会变革与心理系"及"方案实习"等课均是在1980—1990年开始实验与变化的。在这个发展阶段中，台湾几乎所有的心理系均是沿袭台湾大学心理系课程结构并引用之；课程结构中存在着清晰的"基

础心理"与"应用心理"知识的二分思维。"应用心理"的系名也是这种思维的表现,然而我所设想的几门课却是理论与实践方法相互关联与合一的课。换言之,实作方法本身为介入现实的探究之道,亦为辨识现象发现知识的认识过程。所以,我在应用心理系的课程结构中,便插入了基础与应用之间的课程与教学位置。这也支持了日后,在硕士博士课程设立后,行动研究方法的开设与发展。

20 世纪 70 年代初到 1985 年,我在求学历程中所获得的团体方法的学习,都不是在学院内,这种经验学习(experiential learning)的知识取径不易在学院课程中被看重。例如,20 世纪 80 年代早期,我在哈佛大学学习时的博士课程中也没有团体的课,只有一门研究家庭发展的课,而当时我已在台湾接受过维吉尼亚·萨提亚(Virginia Stair)的培训,也跟着吴就君老师做了几年小团体动力的工作①,因而学校内的课当然是无法满足我的。所以 1983—1985 年,我趁人在波士顿,便参加了国家训练实验室在缅因州贝兹镇进行的为期两年的团体训练计划,也参加了由赖斯中心(A. K. Rice Center)主办的塔维斯托克团体会议,这些都是学院外的训练机构。其实,对大学生与硕士学生而言,这些立基于参与学习(participating learning)性质的课均极为根本和重要,因为他们是一毕业就投入实务工作中的!与此同时,1983—1985 年,我在哈佛大学进入了行动科学与反映实践的方法论训练。在阿吉里斯与舍恩的工作中,我确认了自己踩上"基础"与"应用"二分阵地中间的课程位置是对的做法。1985 年,我再返回辅仁大学应用心理系,便于 1986 年左右开始了"大团体动力"课程的设计与教学。

二、"课堂空间"中的社会系统母子盒

若视每一门在学校中开设的课为师生协同共构的学习空间,那它就是

---

① 吴就君老师是因开设台湾小团体方法、心理剧与家族治疗进入台湾社会专业社群中的重要人物之一。她最早为台湾大学附属医院精神科社工,20 世纪 70 年代初到夏威夷大学攻读硕士,回来后即带领当时的一群年轻工作者进行训练团体;70 年代末,她转至台湾师范大学任教,1981 年即邀请维吉尼亚·萨提亚举办家族治疗工作坊。

承载了多重社会系统交相渗透与交织作用的一个学习场域，这一道理可以借用社会系统母子盒的概念①来理解。

要知道，教室里的每个学生都承载着他及他们祖辈，乃至于过去学习过程中诸多教师的交流经验。他与他们经验中的社会性与历史性信息，其实都是在现场的。你自己可能看不见这些丰沛的信息，但它们可是可感可知的在场，特别是对人文社会科学的高校教师而言，这些都是有待开发的教与习的好素材。

图 11-1 是一个多层次社会系统母子盒意像化的表达。

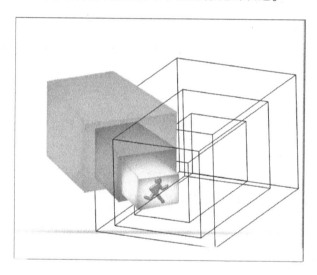

图 11-1　社会系统母子盒

以"大团体"课程②为例来说，此课程旨在引导学生借力使力地进行一项三面向的学习：

---

① "母子盒"的概念是用以形容人的经验世界是具有阶层性、迂回性的，人与体制系统的关系就犹如母子盒般，每个个体都是各种层次之组织的一部分，而每个社会机制都被更大的社会机制包覆，并以迂回的方式包覆下去。所有的系统和反馈回圈都像母子盒一样层层自我包覆。但我在与人们家庭经验一起工作的过程中，将之扩充为"社会系统母子盒"，以便辨识经验的社会脉络质地。

② 团体课的学生作业均是共享，可互相阅读的，学生若不希望被认出，则可用化名将作业上传到公开空间中。

第十一章　社会生活中的群己关系 ｜ 253

面向 1：经验一次以塔维斯托克团体研习会运作模式为依据的一个历时约 30 小时的、无结构的、过程取向的大小团体经验：使学生对"过程取向"的团体有初步的认识，并有机会对"团体中的自己"进行反映。

面向 2：在大小团体参与现场的动力共振的效应中，返身向内辨识自己于过去生活经验中所存有携带着的团体经验的记忆痕迹。例如，学校生活中仪式化的周会与班会或家庭与学校友伴关系中的评价与竞争的经验刻痕，这是一向内解构的学习。

面向 3：使用上述两种自己与全班同学共同生产的属于台湾社会生活中的经验作为土壤，得以阅读与理解欧美大小团体方法的研发历史及方法的特性。

在学生的社会生活世界中，这三个面向也正是下面三个经验范畴相结合的作用界面：

第 1 范畴：日常生活经验中所承载的社会关系构形①。

第 2 范畴：大学生自我反映与社会意识的启蒙(指在人生活的体制环境中，自身的作为是如何与制度性作用力量相互缠绕的觉察)。

第 3 范畴：课程结构与知识性质。

所谓"相接合"则是教师教学与学生参与学习合力的效应，也是学生内在学习活动发生的见证。

前述的教学概念，20 年没变过。

辅仁大学心理系学生在"大团体动力"课堂中的参与表现，反映了台湾

---

① 夏林清用"社会关系构形"的概念来表达在任何一种特定社会生活的空间中，均存在反映多种、多层、多面社会实体范畴的社会关系，而一组一组的社会关系之间有着不同的关联性，因而存在一种形构彼此的作用场域。构形的意象可以协助我们掌握抽象存在，但发生重复社会作用力道的"社会关系"。

大学生大学生活的一个小剖面，也于 20 年中带领我见识了在 1987 年台湾社会的松动到网络世代的殊异样态。

1985 年，我在哈佛大学进修两年后回来，1986—1990 年带了两次大团体课，和学生共同经历了 1987 年的台湾社会的松动。1990—1991 年，我到哈佛写论文，回来后停了五年没开设此课，1996 年重新开课，迄今尚未断过。1990—2000 年，对学生生活世界发生结构化影响的网络科技勃然发展。1996 年，微软发表 Windows NT4.0；1999 年，蓝牙技术问世；2000 年，微软发表 Windows 2000；1996—2000 年，辅仁大学心理系学生也成立了"应用心理系情治社区"网络论坛（BBS），学生参与热烈。2001 年，苹果电脑发行 iPod，音乐可以随身带着四处游走，部落格（Blogger）与脸书（Facebook）也陆续活络缤纷地发展（卢宗荣，2009）。

（一）"大团体"是一个小社会

一个过程取向的非结构性的团体，是指团体的进行未依预设的计划使用议题或团体活动，"团体"就因着所有成员在场中自行决定之言行表现及彼此之间的牵引动力而演变着。大团体中组成成员身心所承载着特定社会存在的经历，在该团体特定的动力表现中，折射地表达与显现着大社会的特定面向。这是"塔维斯托克团体研习会"①的工作模式得以促进成员学习的作用。因而在成员相互关系中所折射呈现的、成员和权威之间相连而产生关系的方式（ways of relating）、成员经历未知焦虑与挫败无助的情绪经验，寄望于何处又如何共谋出路等的诸多动能，均反映（reflect）出人类社会群体经验的某些共通性与特定社会运转机制的在地性（地方性）。

（二）大团体是一个经验容器

视团体为"容器"（container）的概念源于心理分析。用"容器"来隐喻时，它可指涉个人记忆与身心经历中所存载的自己与外来环境和他人来往

---

① "塔维斯托克团体研习会"是由比昂发展出来的一种以大团体过程（人数 40 以上，可以到一两百人）为主的学习方法。可参考：《团体敏感度训练：历史、概念与方法》《大团体动力：理念、结构与现象》这两本书。

的经验性感知的存置处；亦可指涉人与特定他人的关系。所有团体治疗方法得以发挥作用，就是因为在团体情境里，成员在互动中提供给了彼此各种不同的机遇，个体内在存放携带着的记忆碎片、感知方式及情绪经验有可能被勾动而流溢出来，也正是这些素材促进了对自己和他人的反映与辨识。相较于小团体，"大团体"中群己关系的表现样态，就特别显出成员对自己的生命和彼此间关系的对待方式的做法，也是成员自己生命欲望动能出现的场域。

在大团体相关的欧美理论中，团体是自主欲望的集合性表现，现场则是法国心理学者马克斯·帕格斯对英美小团体理论进行批判时，所提出的观念。在这种概念的支持下，"大团体"动力的学习方法就与大社会中仪式性的群体经验和社会运动里群体经验的脉络联系起来，"行动者"与能动性的解放论述也就有迹可循了。

三、群己关系断代史

西方心理、教育与社工专业领域中的大小团体方法都是工作者在特定社会生活脉络中，对群己关系特殊的构成机制有所感悟而研发的。例如，比昂是在第二次世界大战后英国军医院的时代背景中研发出大团体的知识与方法。在历史长河中，用近代社会科学的眼光来看各类社会组织，如何对待群己关系的不同做法亦历历可考，如墨家所建立且发挥政治影响力的群体组织(李绍崑，1971)。

宗教文化传承中的群己关系更是各有特色。中国社会组织体制(如公社制度)的变革经验也都是具体地介入人民生活世界的群己关系中，运用了各种形式的团体做法。到目前为止，这些历史资产已开始被当代人文与社会科学工作，特别是历史、哲学、社会学与心理学跨领域的合作研究来回观辨识了。

师从欧陆与美国现代心理学的工作者则不是被一味传输而入的工具化与专业化的偏窄思维逻辑所框限，就是被移植置入的体制化专业理性(如各种证照制度政策与做法的挪用)和专业阶层的权力利益(如被西方医院体例、药品销售利益团体及被侵蚀的健康保险制度的设计）所挟持。在这里，我们所面对的是一个十分严肃的课题：肩负知识传播与生产主要责任的大学教师，如何能在其教学与研究工作中，发展出在地知识与践行方法的拮抗性。从这个立场来说，我曾于20世纪80年代所开设的"家族治疗"课程，现已在更动课名为"家庭关系与个人发展"后，发展出视"家庭为社会田野"的一种探究方法（夏林清，2011）①。有关团体动力的教学实验，则是以"社会生活中的群己关系"来作为团体动力方法着床与拆解、重构的发展脉络。在前述交织着台湾社会与世界网络科技演进之历史脉络里，在辅仁大学心理系的小环境中，学生群在大团体课堂的参与行动所表达呈现的样态折射地反映出了这30多年来台湾社会的变化。

（一）解严前后对抗权威的能动性（1986—1990）

1986年，台湾解严前一年，在这一年的大团体课堂中，参与的学生是最直接表达对台湾当局威权的愤怒与恐惧的一次。愤怒、恐惧与寄托希望于智性的对话是1986年学生大团体的情绪生命。

团体进行到中期的某一次，已当过兵来念书的男学生彭，同另外两位男同学，穿上绿色军服进入团体，并邀请同学列队参与，全班角色扮演军队踏步的操练。3名男生着军服，立正于前排，以军训方式对同学吆喝起来。当其他同学半真半假地配合玩耍演出时，一名香港的女同学珠实实在在地被激怒了。珠往前猛跨一步，贴近站立在她面前演出军官的同学余，快速抽出右手由胸前下方往上拉住军官的衣领。珠激昂愤怒的动作吓到了演出军官角色的余，余一脸惊吓后退一步，整个课堂气氛为之凝结数秒！这一年的团体女多男少，男学生的这一举措，不只激起了香港来台求学的珠对威权的愤怒，也挑动了潜在于男女两性之间的张力。团体往末尾走时，两名男生在团体中自在地一来一往地进行智性的思辨式交谈，这一类近塔维斯托克所辨识出来的"配对"（pairing）的情绪结盟表现，刺激了团体

---

① "斗室星空"家庭经验工作坊（或称晒谷场）是一种不将家庭经验推向私密化的共同学习的方法。可参考夏林清：《斗室星空：家的社会田野》，台北，台湾财团法人导航基金会出版社，2011年。

中的女同学。团体在多数沉默女生纷纷发言进攻两位自顾自愉悦对话着的男生的氛围中结束。

(二)个体与群体的主体性/BBS空间的出现与使用

大团体课程的设计是无结构式的每周1.5~2小时,同样过程取向的小团体同步每周进行。1989年,开始招收硕士生后,硕士班学生被我设计进入大团体课担任小团体的催化员,同时他们也是大团体的成员之一。这一设计激发成员生活中角色阶层关系的经验(如小学到高中经验到的具有位阶管理权力的班级干部),也带出一个私立学校、小系所、少资源与高教育负担情境中,所实质存在的师资与课程资源分配压挤的学习利益的矛盾议题。

从大团体恰似一小社会的缩影来说,这种大小团体与角色关系的设计也与外在大社会的现实相呼应。"团体"作为一个多层次社会系统同时在场的学习现场,成员的学习是可以发生在至少4个层次上的。

(1)个人系统:一个特定的个体,居于他自己过去生命所形塑而成的身心构形的表现,也就是戈夫曼(Evin Goffman)所谓自我呈现的形式(the forms of self-presentation)或威廉·托尔伯特(William Tolbert)所谓自我之内(intrapersonal)的小系统。

(2)成员系统:作为团体成员(membership)在个人与群体交互作用下所展现出来的"成员"表现。例如,"等待他人发言,以免枪打出头鸟"的成员角色行为习惯。

(3)团体作为一个整体的系统:这一层次的学习是大团体课程的特殊贡献。比昂用潜意识的情绪联盟来分析,群体生命是如何被某些种模式化的成员行动联盟作用所主导的,以至于团体整体的表现方式或发展格局,就被成员们自己所生产的行动方式所框定限制住了。

(4)团体与团体间(intergroup)的互动系统:即便是在学校课堂中的大团体情境里,小团体与小团体间交互影响的动力也是可清晰被辨识的。它会带给团体成员和大社会环境中组织部门与部门之间,或工会组织中小组与小组之间真实动力的一种参照学习的机会。"大团体"之所以是好的参与学习的实验方法，就是因为它能开启学生对系统层次的认识与觉察力。

大社会中有由战斗—逃走组织文化所主导的军队及被依赖领导或上师心态所主导的企业及宗教团体。在课堂的大与小团体过程中也会展现出某种聚合凝结或逃逸的特性，如前述对抗权威的一波又一波的冲突，如嬉笑玩耍、逃逸不面对团体何去何从的表现。当我们说"团体作为一个整体"时，不只是在说一个团体因着成员所共享与牵扯制约的情绪和行动联盟的表现形态，它同时指涉，团体成员所合力建构出的特定的动力与关系的方式会回过头来制约了成员对"现实"的感知，成员极易在团体中失去对团体氛围与共构模式的探究能力，而将团体的共构感知为"现实"。在这一层面上，一个团体作为大社会中的一个小单元(a social unit)，它又是大社会中的一个参与成员，"团体作为一个整体"的特殊样态与行动表现的作用，就在反映了他和大社会环境及与其他团体间关系特性的同时，回过头来影响着这个团体对自身作为一个整体(一个团体的社会行动单位)的经验，而这些都决定了个人与群体所可能发生的学习与变革机会。

1. 在自习室中反映与解构自身与权威关系的"成员"

1997 年的大团体课，研究生珍描述当教师/咨询员不再负起学生早已习惯的领导责任时，团体的前期景象是：

> 随着上课时间的延长，老师也不在意底下的学生到底在干什么，而她也没有传递任何限制学生的信息时，学生觉得这节课没有意思，就可能产生了两种反应：一种就是所谓爱说话的人，另一种就是乖乖的学生。
> 爱说话的人，公然地反抗，"大声地说话"。
> 乖乖的学生，乖乖做自己的事，等待老师下一步的动作。

撑久了：

> 老师下一步指示的动作都不出现，同学们开始感到没什么想法可记及无事可聊的无聊，逐渐地焦躁。那些乖乖的学生也去寻求相互支持（支援）的团体，怯懦地小声私语（同时，也为着表示对教师权威的敬重），互相询问，"讨论的学习者"及"沉默的学习者"……

在这样的团体中，由外系考入应用心理所的珍是如下观看着大学生成员的：

> 应用心理系的教育态度一定程度也传给这群大二以上的学生，使得他们漠视威权的表现是很有力量的，可以在很长的时间内完全地漠视权威的在场，无视教师，无视这是一门课，……这是不容易的。
>
> 然而我所感到遗憾的是，他们在这么有力地去争取到的自由，却有着不知该如何展现开来的困难，仍以惯用的伎俩，为自己找一个方式来排遣无聊，也不能去思想自己究竟要的是什么？

研究生成员的这些省思，通常促使研究生在团体中，尝试去引发可能的对话，但大学生如何回应与是否领情，就与上述提及的系所学生群体间存在的资源分配倾斜与否，和知识阶序的关系预设有关了。研究生成员安在伴随大团体而运作的小团体中，经验了在大团体动力与小团体动力激荡下自己和另一位领导者之间的张力关系，而这一张力关系是浮沉受制于大团体的动能的。安在期末报告中说：

> 大学后几乎未曾和老师发生冲突，直到12月26日的团体课爆发了。没有冲突是因为我们接触得少，没有了继续升学的压力。学习是你家的事，又被丢回像小时候一样，你必须自己学习，因旁人也急不得。

人和人突然得又变成了独立的个体，于是忙着找到归属变成重要的事。课业又变成作为"社会化和身份证"，代表阶层、学士、地位。人找不到其他的方式可以相处，弄一张好的身份证变成重要的事。

经过这学期的团体，发现人的权威是会被他的位置所建构的。这位置可能是资源的供应、决定的权力、利益的优势等。我的不适多半来自未自觉这样的权威关系，而有着对人的某些期待或相信：我对人可以怎么样被对待而不用在意其位置和角色有预设。但是当结果和期待不符时，接踵而来的是失望和难过，积极地去相处而被否定。另外，我的问题和想法，并未通过行动被别人接到。

人有时就是很奇怪，自己不行动又被别人的行动打压，要去接招时，局势已不同了。

这种我称之为"团体"像是"解构的自习课"中的多数大学生成员又在哪里呢？大学生通常不会如研究生被"知识"学习的渴求推着投入团体。"沉默中的焦虑与挫折"是历届大学生共通的重要体悟。大学生成员盈习惯沉默地杵在团体中，当团体讨论着潜藏散布着的隐约焦虑时，盈并未发言，团体结束后，她在作业中说出在团体中她的沉默之声：

我，焦虑？我竟认真地思考了起来。"焦虑"像是一具木乃伊，安静地存在，同时也被忽略着。同学们都自在随性地交谈，我有时也该加入。事实上，我却不知该做什么才是正确的，也许是这样的焦虑引导我这次在团体中的位置——沉默。

有课堂上的制度存在吗？那么是种非正式的规范吧。有时，我感觉这种规范的力量比法律还强。

1997 年这一班的大学生，也在团体中对焦地交谈着外界的政治变局与自己被阉割的学习：

成员佳："我觉得关于政治的东西，已暗中被操控好了。我不知道，今天我一个大学生，到街头喊喊、去争取，我能改变什么！顶多会说我去参加游行，我可以了解到社会的边缘人，以一个学习的心态去参加。

对啊！然后你提到被阉割的学习，我很赞同你，但是有时候也不一定是逃避而是被阉割的学习。"

成员唐："说到懦弱，还有被压抑了十几年，我觉得那个字眼让我感觉很强烈。我觉得不是这样的。因为我觉得一个人，生下来不会是一个那种沉默的孩子，可能是我们平常呱呱呱，就会有一些人叫我们闭嘴不要说话，所以我们才会变成沉默的孩子。但是沉默的孩子背后一定有他的一些声音。如果在这个机会，你是那个沉默的孩子，是不是可以让你那个声音出来。我觉得我们有权力不说话、安静，但是我觉得我很想知道这个安静、不说话的意义是什么？"

成员如在作业中肯定了团体中大家进行质疑与解构交谈的自由，同时回看了自己在沉默中的安全：

团体中的对话很自由而且形成一种不同意见的交流，虽然主要发言的人仍是那几个，但是在其中已经有人质疑老师的权威，同学们之间会相互质疑，也有人对团体提出要求，希望从团体中获得支持的力量。

当然质疑会造成团体中的气氛较紧张，但总比沉默来的强。

以自己而言，或许从我的内心中未真正进入这个团体中，原因是我恐惧别人对我的拒绝，甚至是对我的眼光是喜欢或是厌恶都足以让我裹足不前，所以三次的团体课我都一直选择坐在最外围，对我而言是一种安全。

这一段团体经验或许是我最放松的时刻，因为借由倾听和偶尔的笑声，自己也成为团体中的一分子，可以排除我在沉默中的不知所措。

2. 个体化的性别差异的特性

1997年年初到1998年1月的团体，选课学生成员人数开始由上一年的30多位增加到60位，部分学生选择回锅再上一次课。这代表在系所的学生群体生活中，"团休课"往课外发生了延展性的学习效应，这一两年也是应用心理系BBS站学生活络参与的时代。

1997年年初的大团体有关性别经验的主题成为最明显的动力轴线。团体初期，即有男同学带来《花花公子》(Play Boy)传阅。女同学泰半沉默观看着骚动的男同学，但潜在流动的性/性别张力，触动了团体。团体走到中期，研究生明，在团体中表明自己的性别认同且有意挑战着其他成员：

> ……我今天主要的目的是要来试探大家的反应……剩下的时间大家可以问我或挑战我，没有也没有关系，因为我对自己的东西算是清楚的……

大团体中被挑动的动能会流泄到小团体中发酵，再被成员卷回大团体中。研究生娟描述她所在的小团体用了3次交流讨论了性与性别的主题。娟用"性感觉隔离状态的70分钟"来描述。在大团体中传阅《花花公子》时，女生沉默以对的状态：

> 团体中谈到看《花花公子》的感觉时，女性成员的沉默以对、不发言，都具有某些意义。女生是没感觉抑或有感觉不敢说？若是没感觉是什么原因造成"她的没感觉"？
>
> 她自己有没有察觉她的没感觉？而不敢说又有什么意涵？这些都是我脑中的疑惑。而其他组原则有些因为"性"的好奇或对"性感觉隔离"的好奇，三次小团体的经验，我们有一个共同的看法：若针对"性感觉隔离"状态的体会而言，在三次的讨论中我们清楚的经验到：①男成员在时，女成员的问题及经验则出不来，即使在男成员主动坦露

经验之后也是一样的；②女性成员在第三次男性成员离席后，出现一些性方面初阶的问题，如生殖器的解剖位置、什么是高潮、结婚后需不需要自慰等问题。

明对自己性别认同的现身则在挑战团体涵容性别差异性的同时，冲击着大团体中女性与男性成员；成员瑞在期末作业中描述明其实成为一个被团体投射的对象，而自己已被"卡住"：

> （明）成为这样的投射对象，我感受到了愤怒、敌意、恐惧、提防等情绪的综合出口，这点最近与几个同学的讨论更让我确定。而在这样的场景中的分化，给了我一个位置，不管我要不要去接，我被归类为"压迫者"与"既得利益者"，而且无法反驳。我虽然想多了解与认识，却觉得犯不着平白无故挨上一刀，那多悲哀啊！迫害者变成被迫害者，就在这样建构的场景中似乎迫害与被迫害者位置有了互换，我觉得卡住了，有问题想发问却只能安分点，或者小心翼翼不要被扣上"坏人"的帽子，想说但是说不出来。

当性别经验的差异性得以通过不同成员在大小团体中接续对话时，性别经验的分殊性表达取代了简化二分的男女性别角色的一般性讨论。也是这一个学期，在课后，潜在于大学生群体中的性别认同差异张力开始明朗地出现，被友伴群体交流讨论着。大团体课程空间中的动能跨越了课堂界线，转往学生群体间，发展了同学间的支持关系。

1998 年的 2 月，我接续开设了团体方法实作的课，前一学期大团体课堂中对成员之间差异的涵容性明显地推动了学生的自主能动性。

3. 群体的主体性

从 1998 年 2 月到 1999 年春，学生在"应用心理系情治社区"BBS 中热烈参与讨论：

一方面，为反映系内课程改革不合理处，几个比较了解状况的大三大四学生，忙着用各种令人注目的方式（贴海报、挂横幅）与老师们"沟通"。另一方面，有一群大三为主的学生则积极向校院争取心理系学生修习教育学课程的权益。

1998 年 5 月，由大学生列提纲、做策划执行的"大学生主体性论坛"，不只提供了系上教师协作参与的机会，也吸引了外校的学生来参加。"大学生主体性论坛"会谈小手册也延续了上学期团体不同成员的"和而不同的群相"。以下摘录数则学生对"大学生主体性"的描述：

> 我们像什么都可以做，却又什么都不能做的一群人。
> 在动静之间，坚定独立的灵魂有着广阔的生存空间，这是我身为应用心理系人最引以为傲之处。——荣

> ……我要我自己的心理学，现在的心理学家们真的知道自己要往哪里去吗？……人心岂是可以去操控的。被操控的人还有什么更美好的未来可言？如果说心理学能为人做什么的话，就像催眠一样，被催眠的人不知道自己被催眠了。当他受到暗示时会不自觉地去做某个动作，心理学就是要为人解除这些催眠指示，还给人他原来的自己。——动

> 我对"主体性"的定义为个人自我清楚的呈现，能让人一眼就明白这个人的观念、态度及看法等，也是了解大家均有自己的主体性存在的一种意念，进而达到尊重的态度。——豪

> ……提供了另一种面向来思索，就是自以为是知识分子的人对理性的一种幻想与崇拜，好像自己在朝一个神圣的殿堂走去，替主体性带来一个美丽的光圈。而事情的演变或许大多数人都清楚，所谓现实，就是脑中蓝图缺少的那一块东西。——凡

坦白地说，我是逃进来的。我要逃到一个父母看不到的地方、一个他们保护不到的地方。

很奇怪，他们并没有强迫我去做些什么事，也没有要求我一定要考到哪里。但是每当面对他们时，我就有一种压迫感，一种望子成龙的压力。

所以我想要逃避，联考完了有了一个正当的理由：离乡求学。同时也想要找寻自己为什么会这样的答案。——呆

论坛工作小组的学生很明白地描述了论坛的地位："论坛处的定位相当清楚，是对应用心理系系进来的学生开展活动：主要是对'争取进入教育学课程'及'抗议课程删减'这两个活动进行反思。论坛以探究学生主体为核心议题，借反思来了解活动和主体性实践和环境的关系。"

学生也都清楚地经历了"论坛"的设计到完成。作为一系列社会活动的演进过程，学生群体内的张力关系及个体的独立性如下被陈述：

团体和团体之间一旦互贴标签，对外的言论也开始变得尖锐，(耐人寻味的是，反思的声音至此才被正视)比如对于部分活动核心成员动机的批评，工作方法上的争论等，都在 BBS 上有着深度的讨论。虽然对动机的质疑过于不严肃，对方法上的争议像是后见之明，但所有的讨论都指出一个事实：有非常多的学生关心系里正面临的困境。只是受限于信息的不足，掌握"真实"的困难，每个人认知不同，所表达出的"关心"的信息也都不一样。(这个事实帮助了我厘清有关"怎样才算是有主体性"的争议)

在动静之间，独立坚定的灵魂有着广阔的生存空间，这是我身为应用心理系人最引以为傲之处。

(摘录自《论坛处白皮书》中《动静之间》一文，1998 年 5 月 23 日)

至此，我在和学生共同经验的"大团体动力"可以说是一种特定的空

间，这个空间是在现代心理学"自我"发展的个体意识与工作方法的知识介入行动（指心理系的课程）所支持与滋养的；心理系学生的群己关系得以在这一空间中发生一种折射的表达。然而，当 BBS 的公共空间，随即被部落格取代，再到脸书年代，我坐在团体课中，转入了另一种遭遇！

四、虚拟与真实两相依的社会生活

1999 到 2000 年是辅仁大学由应用心理系迁至理工学院被"正"名为心理系的动荡转折期。研究所的成立，给予诠释现象学与行动研究取径的师生带来了协作的机会与空间，也激起了系所教师之间的"典范"差异和行政权力相搓揉以致激化的冲突过程。

1998 年，主体论坛的举办也是应用心理系所部分教师将质性方法的路径明朗化的第一步。学生是明明白白地如此讽刺着教师间的"内斗"：

> 我们的舞台得以开展，多半要归功于老师的勇于内斗。他们基于学术立场不同而演成的权力斗争、门户之见，在显示学者的风范、维护学术的尊严方面足以成为我们的楷模。

> 并且在这个过程中，他们十分壮烈地舍弃了教育的专业理念，冒着被批评为不顾学生权益的风险也要将这个争取的机会留给学生。他们的用意就是期待我们能在这个孤独的环境中培养出主体性和自觉。这样的苦心，实在不是其他系老师可比拟的，同学们要好好珍惜。

学生眼中的"内斗"具体展现为应用心理系于 2000 年转到理工学院，迁移了建系即生活着的 28 年的文友楼大院。就在学生承受与担负了系所教师之间的强大矛盾张力的同时，网络科技文化悄然地进驻到年轻世代的日常生活世界中！

（一）"大团体"内外的结构性冲突经验

系所更名与迁移，对学生而言是系所存在处境与资源条件的结构性变化的程序。这两年大三与大四的学生班群内却也因而相互冲撞！2000年，我担任导师的那班大四学生，在毕业前夕就发生过激烈的吵架。对照于系所小历史中面对面交锋的冲突，网络生活显然不是人与人(师与师、师与生、生与生)之间直接面对面来回或交锋，但其悄然替换的力道，为年轻世代包裹上了一袭网衣，已然建构了虚拟真实两相依的社会生活！系所学习设备信息传输与互动的方式也快速地进入了网络系统。

(二)"双城围困"的社会生活

我是一个这几年才被迫用电脑处理信件、文档的教师，是在学生进出大团体课堂之际，在对学生身体疲困氛围及言行中断陷落的体会中，见识到社会生活结构的这一巨变。用"双城"而未用围城来形容，乃因学生悠悠然然地、不分日夜地在虚拟与真实两种不同信息，能量与通路的世界中来回穿梭，其自由移动这空间与过程甚大，何"围"之有？但仍用"围困"二字又是因为年轻一代从身体到心智、言行又尚未能对他们自身所处的"双城"社会生活地景与自身已然被形塑之样貌能明觉而行！

在2005年的大团体中，学生开始描述大团体的沉默与焦急内包了网络世界与随身听(音乐)的习惯。也是这一年，有学生开始在大团体空间中打开笔记本电脑，让他的网络世界与团体空间间接同在。每一年的大团体过程都必然针对"如何在差异中认识与了解彼此"，各自以不同的方式工作着。2005年，成员彰特别描绘了在大团体中，成员试图相互认识时，研究生与大学生间年龄差异搓揉着网络生活经验的冲突：

> 我觉得这并不是说想要了解就能接受的。有人能自在惬意地听着音乐，哼着歌；有人能自顾自地看着书，如入无人之境；有人可以拿着电脑，悠游网络世界，谈论着科技的进步，这些对于课堂不重视的行为，我们拿来抵制相互的争吵。认为不可思议的人，显出了年龄上的差异，世代间的鸿沟。
>
> 跟上的人却越来越少，不少人是感到疲累而逐渐落后，也有人是害怕被挖掘而停滞，更有那害怕针锋相对场面的人，这些也在团

体中。

我会说那是种感觉，经验是我的资产，我运用他，但我不想摊在阳光下。

在 2005 年的大团体中，我的隐喻式（塔维斯托克咨询员常用隐喻反映团体的现状）反映用语开始进入了对网络生活世界"经验是如何被架构与组织起来"的方向中。这一年我形容作为学习主体的学生成了笔记本电脑"配件"。成员仪如此回应着：

人们的配件拉开了人与人之间的距离。

享受身在其中的感觉，但他们却同时关闭了所有我和别人互动的大门，所以有点无奈，不过该认识的人，有机会还是会有所摩擦的吧！

这些网络科技的生活用品，已悄然而至地重构了年轻学生对"安全""危险"与"冲突"的感知方式。鸳这样写道：

从过程中，我发现我很需要很大的安全感，自己在一个有点熟悉的团体中，却是被视为陌生的人，我的焦虑感比完全陌生的团体更害怕。我也尽量以一个观察者的身份躲藏在团体中，只是观看每个人的肢体动作而已，并不想聆听他们在聊什么，因为为了令自己的焦虑感降低，我选择聆听音乐来让自己站在自己的世界，跟这个团体无关的地方，继而去忽视那些不舒服感，种种的行为都是要令自己在认知上达到平衡，不想出现任何的失调。为了继续保持自己的平衡，从第二堂课开始，我都会使用不同的方法令自己投入安全的领域，如带音乐去听，或者在课堂上睡觉。

同样，大团体因应焦虑的方式也映射出网络生活的特性，下面是维的描述：

（1）9：30 进场，现场所有人依然各自做着自己的事，信也拿出书来看。信在我来之前就在现场放了印度音乐，行试图和信产生对谈，但是信皆以短句回应，造成对谈无法连接，多次以后行就放弃了。

（2）淳试着播放其 mp3 中的一些歌曲来改善印度音乐造成的现场焦躁，和信对谈，信回应器材是现场的，大家都可以使用。因为淳的歌较少，我使用自己的 mp3 中的歌曲，最后使用 851（进行团体课的教室）的电脑中的歌曲。

（3）老师说了话，说音乐作为转移焦虑的一个模式……

（4）最后 10 分钟，自己试图播放较为摇滚的曲子并且慢慢地将音量转大，其过程极为缓慢，希望激起现场气氛，最后以没有结果收场。

这就是我所说的"双城"意象。大团体的空间已明显内含了一层网络消费的胞衣，而这层胞衣又是以十分个性化的呈现方式，兀自地各自舞动着！

五、迂回与直接交相缠绕的群己关系

2009 年的大团体，"双城记"的团体生命已是网络生活意象了。卢如下描述：

于是就像网络聊天室一样，团体作为最大的视窗，呈现许多的信息，而我们可以挑自己喜欢的信息进入。共同喜好的话题组成一个个视窗，我们选择游离，试图远离这团体的焦虑，于是小团体俨然成型，讨论各种事情的声音此起彼落。但我们从不会知道其他小视窗目前正在讨论什么。当这边正在讨论队聚、餐厅，另一头可能正在讨论篮球、音乐，就像在脸书一样，许多的社团、活动，而且可以只邀请自己想邀请的对象，我们安于这样的状态，也习惯或比较喜欢这样的方式来处理彼此的关系，表面上有七十几个好友，但真正互动的也仅只两三个。

在团体共构的等待、沉默中，我们已经可以安然自在，因为我们逃避了团体的焦虑等待、发呆、放空。

若返回年轻世代日常生活经验，在网络时代是如何被建构的这个视角来看，安的描绘文辞明晰且呈现了一种如磁流回转般的网络文字特性。安说她的生活是一个板块世界：

一块属于学校，包含所有的文艺消费行动与享受，几乎都在这一块里。

一块属于学校以外，但是一直维系着感情的朋友们。

一块曾经存在但现在也许不见了的是关于乐团的一块。

另外一块，是献给用网络维系的世界。便是我以文字生活的那一块，那一块蕴含思考、暧昧不清的世界互动与各说各话；说起来这几大块再加上一片片散落各处的孤独我，合起来竟是大略完整的那个面目，这是令人感到奇妙的感觉。

这一个散落各处的孤独的安用一般没有逗点，绵长流曳而出的文字，道出了她的小团体经验：

"消于暮春之后些许卑微的妄想是我如何也不能启口的辗转琢磨这般的微妙青杳，终归以拉扯回泥泞的处理方式由自我开口——你好，欢迎进入"中产阶级式"午前茶点间聊时光。"

以小团体的进场参与来说，我觉得身在这个小团体里大半是自由而且愉快的。

回归来说应当是这个小团体每个人的公共我彼此都处得很好，如同维提出的"中产阶级式"的相处之道——每个人飘浮在空中不扎根式的相处方式，抛出漂亮的公共我彼此交集则是建基于消费彼此的安全感之上，不着痕迹地试探、后退、试探再后退。

小团体中关系对待方式，相较于易沉浸在沉默溶液中的大团体而言，是较易被感受到演进与变化的：

一个"中产阶级式"关系相处的模范小团体，此时才真如同贴近了泥滩上的泡沫，在停顿与犹豫以及表达相互理解之中尝试处理这种比较不常见的团体关系，而非一如既往将群体放置在安全感的泡泡上飘在空中，每个人轻巧地抛接球。

"双城"的双层生活经验的结构方式，一为直接，如上课师生面对面与团体互动中的面对面关系，二为网络世界可躲、可藏、可明、可暗的迂回空间。

21世纪年轻世代的群己关系正是这种迂回与直接交相缠绕的地景人文面貌！

然而这一交相缠绕的群与己的关系方式，在2010—2011年的大团体的课堂中，出现了我称之为"沉默升级"的难题，我甚至视之为这是2000年迄今的另一个断代史的地标。

沉默的现象是这20年大团体课程不变的主题，通过共享的"沉默"经验，焦虑害怕与依赖逃避均是团体学习的主题。2010年年初到2011年年初的大团体课，是沉默升级的一次临界经验。这一年的大团体在成员组成上，因排课条件的变化，研究生仅有4位，没有研究生与大学生之间知识、位阶、学习资源分配与获取学习动力的差异作为关系张力的行动功能。大团体长长的沉默（30~40分钟）由2010年秋走到2011年年初的学期结束。

"沉默是这个团体的溶液"（成员涓的作业用语）和"看沉默消极如何获得最后的胜利"（成员羽的期末报告题目）的团体现象被经验成"黏

着力"：

> 然而这份沉默在这样发展下，也产生了一股"黏着"的力量，使得团体的发生产生了困难。在有成员选择沉默的情况之下，这样的状态渐渐地不单单属了个人，也扩及整个团体；这个团体处于沉默状态，这样的沉默如同泥泞一般，让所有成员陷在其中，即使想要敲开这样的沉默，却被其包覆、无法动弹。就是这样，使得团体有一种"窒息"的气氛，仿佛这个团体就快要停滞不前，有一种死寂之感。而这份感觉即使被老夏点出，也无法改变。（羽，2011 年期末报告）

团体之所以成为死寂般的进行曲，是因为甚少成员以身试法，而"不出现"也是另一种的在场选择：

> 这学期加总的状态，让我更加肯定自己不会在团体的进行中，踩在主动发言或是行动位置；又因为，每次大团体一开始因为焦虑而产生的沉默，让我能把这学期的研究与实习都在这段，说长不长说短也不短……这也让我更深刻地体会到，大团体就像（网络时代）的缩影，想要出现的时候就现身，想要做自己的事情，就将自己隐藏在一个始于自己却能看到彼此状态的空间中……我也在利用这个大团体制造的空间，让自己得到充足的休息与沉淀，也许这样的一个态度，正是现在这个时代大家常有的想法吧，利用别人或是已经存在的存在，去满足自己、让自己过得自在就好，让整个大容器在许多张力与拉扯下，开始扭曲变形。团体，还能称作团体吗？看起来不过是主体与客体的独立运作，不过个体与个体间无相关的碰撞罢了。（理，2011 年期末报告）

这样有人安之若素的沉默团体，真的没有发生过什么激荡吗？错了！2010 年 12 月 10 日的大团体，在我对团体像自习室的发言反映：

"这个大团体，面对面互相接触，面对面关系直接试探发展的机会，被这个团体自己的自习教室集体经验的联盟和偶尔上一上公布栏的小视窗的方式几乎完全被掩盖掉。

成员左努力地发言了。团体一两位成员有一搭没一搭地发言，团体充满着大量的沉默氛围，左坐着流出泪来。团体当下没人立即直接接触左，团体快结束时发生了下面一小段对话：

青："你为什么哭？（对左说）"
左："我不知道。"
大："我听起来比较像左觉得不喜欢这样的方式，团体前进的方式。"
夏："这个大团体可能会开始于焦虑和挫折的如实经验。"
鸿："是因为讲话的时候没有人回应？"
左："没有回应没关系，但恶意阻断……这种事情希望可以换一种处理。"

团体成员是恶意阻断吗？当然不是！但它被左当下感知为恶意，团体成员其实是被困在彼此关系之间不知别人在哪里，可又全在线上静默观察的距离里。2011 年 1 月 7 日，大团体倒数第 2 次，前 30 分钟的景象是：

一开始大家自顾自地聊天
约莫 5 分钟后
大家的音量由大声转为小声
由正常说话的音量转为由小声气音的方式
接着
除了气音式的讲话聊天
团体中的人们做着自己的事

用电脑的

玩手机的

看书的

看杂志的

观察别人的

就这样30分钟过去了

（记录：菁）

团体又撑了半小时，突然咳嗽声此起彼落，我在这时做了如下的反映："这个团体有四条规则——免于接触、免于受伤、免于挫折、免于尝试。团体就像是一个巨大的婴儿，哪里也不想去。只剩下不知道是不是'窒息'的咳嗽。"

成员谌在期末报告中呼应了巨大的婴儿的意象，但如实地描绘了网络世代社会生活地景中的群己关系：

"逃"是一种游戏，但从"逃"的行为看，刚开始是沉默不语，之后大家"同理"了彼此的无言，开始左右聊天，同时观望团体的发展与近况，最后凝聚越来越多"逃"的同好，彼此相聚，大聊特聊，孤立了整个团体。一个越来越普及的现象是，大家在网络上遥望远方的朋友，我可以选择我想要的回应，面对我不喜欢的或我不感兴趣的，我可以选择跳过去……这个团体反映了网络成为我们抒发能量最重要的场所。我们将所有的压力与焦虑全部丢在那一个垃圾桶中，让我们在生活中能够比较悠游自在地互动或生活，这种将挫折的压力不停地分散，让我仍能够"继续"生活，或许这是一个好事，却也流失了许多深刻的印痕、情感等，都像蘸酱油一样，又薄又轻盈。通过"世界"的平台，我们能够听到很多的故事、看见很多不公不义的事情，接触到我们平常不会碰到的人群，一起在遥远的距离共享同一个经验等，这些都让我们很容易感动、谩骂、批评、警奇、共享彼此的经验等，但这些很快地又闪过了，经验自己逃走了！

我称 2010—2011 年这个大团体为另一个断代史的表征，倒不仅是沉默升级了的群己关系机制，而是在大学生为主的团体课中，台湾政治历史的变化也在一叶知秋式的对话内容里。

六、社会生活中的群己关系

从 2005 年开始，辅仁大学心理系大四毕业生均役入完成了毕业展演的大型活动①。系里为了回应学生的文化行动，购置了多媒体工作室的电脑剪接制作的设备。每年毕业展演也是由一小群不甘心的学生，试探着全班，撑过了"不知道其他同学在哪里"的冷冷清清和"感知彼此有差异有意见却自动回避"的工作过程；却也都发生临到毕业典礼前一个月，大家突然都"上线"且日夜兼程赶工完成毕业展演的混战式协作！

"团体"是我们实实在在社会生活脉络中的生活与行动的单位，网络时代的社会生活已然发展出结构性关系地景与人们身心形貌的特殊性。

"团体动力"的精髓不在于哪一门哪一派的那种模式较优越，而在于它像是一种社会生活的学习实验室，群与己的发展样态能在互动关系中，得到反映观看的空间。

大团体现场
团体作为一整体的系统：整体的学生行为表现所呈现出的团体气氛与特质，团体的表现视为一整体所得的观感。

---

① 2005 年，90 级毕业展演：我。2006 年，91 级毕业展演：We are。2007 年，92 级毕业展演：青春低迷路线、边缘、妥协。2008 年，93 级毕业展演：暴露。2009 年，94 级毕业展演：转身。2010 年，95 级毕业展演：闯。

大团体催化员
夏林清老师作为团体的催化员，与团体成员一同在沉默中观察、试探与等待。

团体即社会
当我们将团体放置在一较广社会脉络之中的同时，提供了我们考察个体行动者在团体中特定的情感依附，以及认识发展过程的社会性线索。

结语：进入另一种想象空间

将欧陆与美国大小团体方法合在一本书进行了概述的介绍与简单的讨论，我希望是有助于学习团体工作方法的工作者，能发生不去脉络化与不去历史的一个提醒作用。我与许多心理、教育及社会工作者一样，都是先从课本上学到西方的小团体方法的。我是在应用10多年小团体方法后，才转入接上了对大团体方法的学习。视野的提升与对社会既存诸多群体事件的观察，都因对大团体动力的理解而多了一个思想沉淀的空间。以第十章为例，社会心理学家马克斯·帕格斯的集体欲望及潜意识团体目标的概念像是探针，可以指引教育工作者在面对学生集体行动冲击时，开展内在的想象空间。一个没有想象力的教师，在这个世纪转换、文化交替的变局中，是难以同理了解年青一代的。学生的各种集体行动蕴含着一个丰富的、想象的、多向度的社会场域或空间。

帕格斯说任何团体现象均是发生在一个多向度场域中的。首先，没有任何一个团体是孤立存在的，团体内在的生命均承载、反映了团体存在之社会现实的内部矛盾及可变性。团体从来是一个人们经验内外交相渗透流动的开放系统，教育体制与学校管理制度不过只是试图定性诠释经验与规约能量流转的社会设计。不论一种社会设计是多么精密有效地规约管控着成员对自己情感与思想的理解，每个人生活存有的本身就是一统摄了政治、经济、心理、生物及文化多面相的经验性存在单元。帕格斯认为人们经验的这些面相在社会制度性机制的运作下形成了某种特定的社会情感结构。

社会运作着特定的政治、经济、教育与文化制度，人在其中活着，就发展了与这些制度相对应结合的社会情感的结构（每个人的"感觉"亦都具社会情感的本质）。而这种结合是在维持一社会某一特定的发挥主导作用的社会组织模式与生活框架（主流意识形态）的同时，不可避免地，滋养了社会成员被抑制与被管控的集体经验，这些集体经验从而生产了集体欲望。帕格斯非常看重这种人类共享的集体欲望，因为正是人类共享的这一种集体欲望才使得人类关系存在一种既存组织革新的可能性。

对教育工作者而言，帕格斯的团体潜意识自主目标还有一个重要的对人性采取正向积极假设的立足点。潜意识自主目标指团体成员"想要"对自己生命的所有面相（不论是愉快或痛苦）负起责任来的欲望，而当个人表达他自主欲望时（有时是以集体行动的方式出现），便不可避免地会引发与他人关系中的矛盾冲突；恰恰团体工作的方法，不论大团体或小团体，矛盾与冲突是要被欣赏、涵容及转化的！

参考文献

1. 谢弗，加林斯基．团体治疗与敏感度训练：历史、概念与方法[M]．夏林清，麦丽蓉，译．台北：张老师文化事业股份有限公司，1987.

2. 夏林清．大团体动力——理念、结构与现象[M]．台北：五南出版社，2002.

3. J. L. Moreno. Who shall survive? A new approach to the problem of human interrelations. Washington, D. C.：Nervous and mental disease publishing Co.，1934.

4. 夏林清，郑村棋．行动科学——实践中的探究[M]．台北：张老师出版社，1989.

5. 夏林清．身体动作舞蹈在心理等上的应用[J]．舞蹈成长杂志创刊号，舞蹈成长杂志，1989(3).

6. 夏林清．大团体动力研究：社会关系模式之形成、维持与改变[R]．国科会研究，1990.

7. 夏林清．社会变动与成人学习：两个不同理论之比较与讨论[J]．辅仁大学文学院，1990(19).

8. 夏林清．Learning in conflict：emergence and sustenance of union leadership in thesis[D]．The Graduate School of Harvard University，未发表的博士论文．

9. 夏林清．由实务取向到社会实践有关台湾劳工生活的调查报告[M]．台北：张老师文化事业有限公司，1993.

10. 夏林清．大团体动力：理念、结构与现象之探讨[M]．台北：张老师文化事业股份有限公司，1994.

11. [美]Paul Watzlawisk，John，H. Weakland. & Richard Fisch. 变——问题的形成与解决[M]．夏林清，郑村棋，译．台北：张老师文化事业股份有限公司，1996.

12. Bion, W. R. Experience in groups[M]. New York：Basic Books，1959.

13. A. K. Rice. Learning for leadership[M]. London：Tavistock Press，1965.

14. Tom Main. Some psychodynamics of large groups[M]//Lionel Kreeger，The large group：

dynamics and therapy. London: Karnac Books, 1975.

15. Pierre Turquent. Threats to identity in the large group [M] // Lionel Kreeger. The large group: dynamics and therapy. London: karnac Books, 1975.

16. Margaret J. Rioch. The work of wilfred Bion on groups[M] // A. D. Colman & W. H. Bexton. Group relations readers. Sausalito, Calif: GREX, 1975.

17. A. D. Colman. Group consciousness as a developmental phase [M] // A. D. Colman & W. H. Bexton, Group relations readers. Sausalito, Calif: GREX, 1975.

18. Menzies Isabel E. P. A case-study in the functioning of social systems as a defense against anxiety[M] // A. D. Colman & W. H. Bexton, Group relations readers. Sausalito, Calif: GREX, 1975.

19. A. D. Colman(Ed.), Group relations readers[M]. Sausalito, Calif: GREX, 1975.

20. Max Pages. The collective unconscious and social change [M] // Trygve Johnstad, Group dynamics and society: a multinational approach. Cambridge: Oelgeschlagfer Gunu & Hain , Publishers, 1980.

21. T. Johnsted(Ed.). Group dynamic and society: a multinational approach[M]. Cambridge: Oelgeschager, Gunn&Hain, Publishers, Inc. 1980.

22. Argyris, C. & Schön, D. A. , Theory in practice: increasing professional effectiveness[M]. San Francisco: Jossey-Bass Publisher, 1992.

23. Wilfred, R. Bion. Elements of psycho-analysis[M]. London: Heinemann, 1963.

24. Malcolm Prines. Bionand group psychotherapy[M]. London: Jessica Kingsley Publishers, 1985.

25. Pettigrew, A. M. Contextualism research: a natural way to link theory and practice. [M] // Edward E. Lawler Ⅲ (Ed.). Doing research that is useful for theory practice. San Francisco: Jossey-Bass Publisher, 1985.

26. Peter Reason, John Rowan. Human inquiry: a sourcebook of new paradigm research[M]. New York: John Wiley, 1981.

27. Argyris, C. Robert Rutnam & Diana McLain Smith. Action science [M]. San Francisco: Jossey-Bass Publisher, 1985.

28. Brahler, E. (Ed.) Body experience: the subjective dimension of psyche and soma contributions to psychosomatic medicine[M]. New York: Springer-Verlag Berlin Heidllierg, 1988.

图书在版编目（CIP）数据

大小团体动力学：理论、结构与工作方法/夏林清著. —北京：北京师范大学出版社，2020.6（2023.11 重印）
（组织学习与进化丛书）
ISBN 978-7-303-25376-0

Ⅰ.①大… Ⅱ.①夏… Ⅲ.①社会团体 - 研究 Ⅳ.①C912.22

中国版本图书馆 CIP 数据核字（2019）第 263949 号

图书意见反馈　　gaozhifk@bnupg.com　　010-58805079

DAXIAO TUANTI DONGLIXUE：LILUN JIEGOU YU GONGZUO FANGFA

出版发行：北京师范大学出版社　www. bnup. com
　　　　　北京市西城区新街口外大街12-3 号
　　　　　邮政编码：100088
印　　刷：北京虎彩文化传播有限公司
经　　销：全国新华书店
开　　本：710 mm × 1000 mm　　1/16
印　　张：18. 25
字　　数：262 千字
版　　次：2020 年 6 月第 1 版
印　　次：2023 年 11 月第 2 次印刷
定　　价：87. 00 元

策划编辑：周益群　　　　　　责任编辑：马力敏　朱冉冉
美术编辑：李向昕　　　　　　装帧设计：李向昕
责任校对：康　悦　　　　　　责任印制：马　洁